毕节统计年鉴

BIJIE STATISTICAL YEARBOOK 2017

毕 节 市 统 计 局
国家统计局毕节调查队 编

中国统计出版社
China Statistics Press

图书在版编目（CIP）数据

毕节统计年鉴 . 2017 / 毕节市统计局，国家统计局毕节调查队编 . -- 北京：中国统计出版社，2017.10
ISBN 978-7-5037-8359-3

Ⅰ . ①毕… Ⅱ . ①毕… ②国… Ⅲ . ①统计资料—毕节— 2017 —年鉴 Ⅳ . ① C832.733-54

中国版本图书馆 CIP 数据核字（2017）第 231518 号

毕节统计年鉴 -2017

作　者 / 毕节市统计局 国家统计局毕节调查队
责任编辑 / 陈越月
出版发行 / 中国统计出版社
地　址 / 北京市丰台区西三环南路甲 6 号 邮政编码 /100073
电　话 / 邮购（010）63376909 书店（010）68783171
网　址 / http://csp.stats.gov.cn
印　刷 / 昆明鹰达印刷有限公司
经　销 / 新华书店
开　本 / 890mm × 1240mm 1/16
字　数 / 542 千字
印　张 / 21.25
版　别 / 2017 年 10 月第 1 版
版　次 / 2017 年 10 月第 1 次印刷
定　价 / 300.00 元

如有印装差错，由本社发行部调换。

编 者 说 明

一、本年鉴主要收录了 2016 年毕节市国民经济和社会发展等各方面的统计数据，是反映毕节市情的重要工具书。

二、本年鉴包括 17 个部分：行政区划、气象情况；综合；国民经济核算；人口、劳动就业；农业；工业；能源；建筑、投资、房地产；批发零售、住宿餐饮；财政、税收、金融、保险；城市（县城）建设；交通运输、邮电通信业；生态、环境、安全；物价；人民生活；文化、广播电视、旅游、科技、教育、卫生；社会保障。

三、本年鉴中，凡由有关部门（单位）提供的数据都在表式注释中说明了数据来源；部分指标统计范围、口径发生变化在标下均有注释，使用时请读者注意。

四、本年鉴中部分分县数据由于分级测算等原因不等于全市数据。

五、本年鉴中部分数据由于计算单位或取舍不同而产生的计算误差，均未作机械调整。

六、本年鉴表中符号使用说明："空格"或"–"表示该统计指标数据不详或无数据；"#"表示该指标的其中项。

本年鉴在编辑、出版、发行过程中，得到了有关部门（单位）的大力支持和帮助，在此谨致衷心感谢！

编 辑 人 员

年末户籍人口（万人）
851.7
858.0
870.6
880.8
904.2
916.9
2011年
2012年
2013年
2014年
2015年
2016年

年末常住人口（万人）
652.0
652.4
653.8
654.1
660.6
664.2
2011年
2012年
2013年
2014年
2015年
2016年

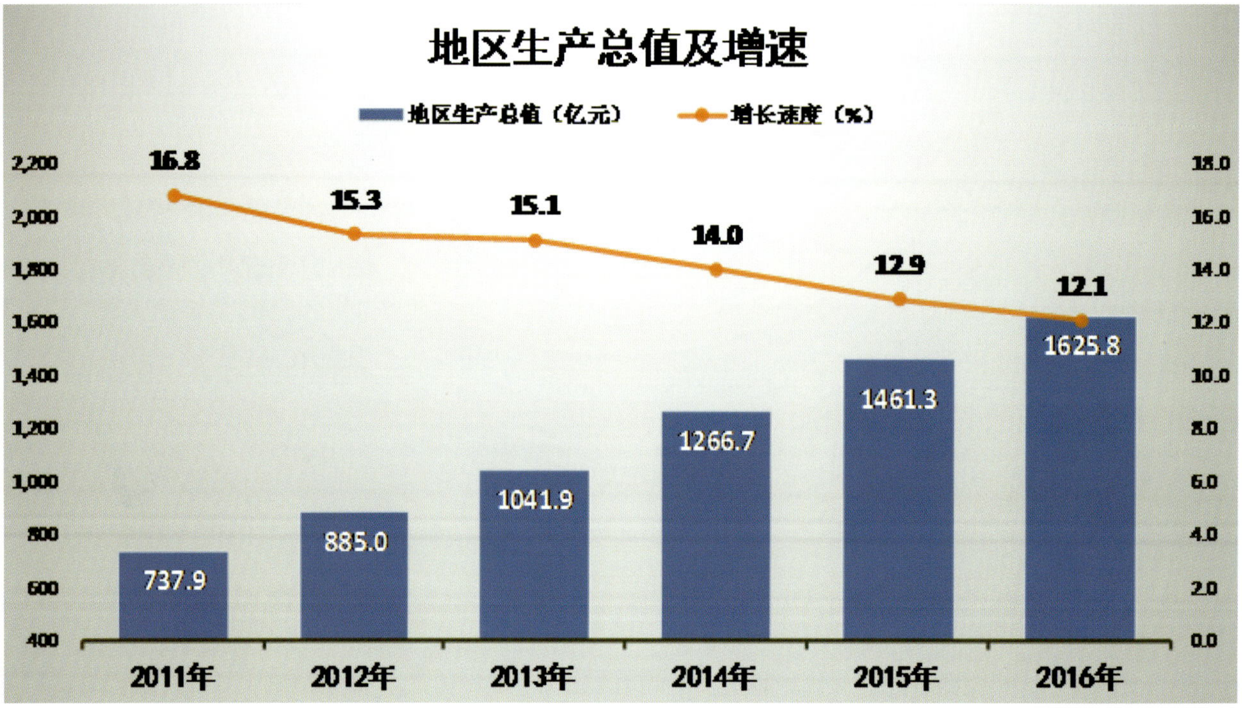
地区生产总值及增速
地区生产总值（亿元）
增长速度（%）
2,200
2,000
1,800
1,600
1,400
1,200
1,000
800
600
400
18.0
16.0
14.0
12.0
10.0
8.0
6.0
4.0
2.0
0.0
16.8
15.3
15.1
14.0
12.9
12.1
737.9
885.0
1041.9
1266.7
1461.3
1625.8
2011年
2012年
2013年
2014年
2015年
2016年

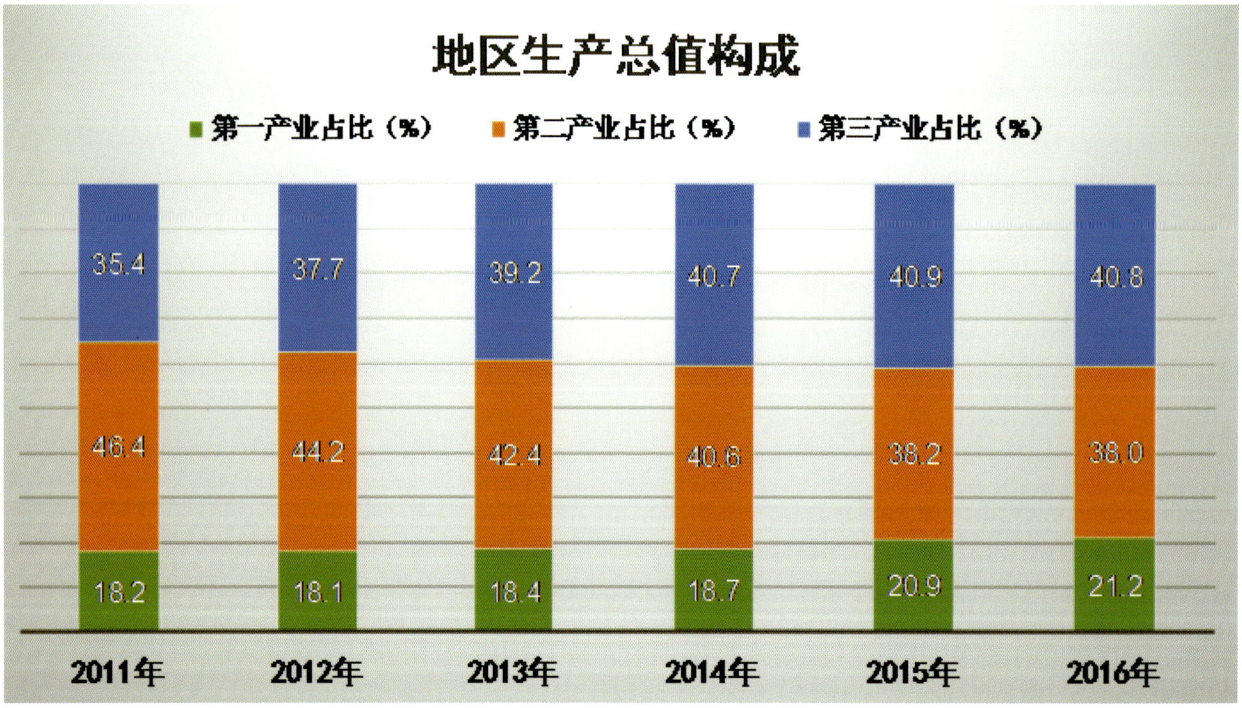
地区生产总值构成
第一产业占比（%）
第二产业占比（%）
第三产业占比（%）
35.4
37.7
39.2
40.7
40.9
40.8
46.4
44.2
42.4
40.6
38.2
38.0
18.2
18.1
18.4
18.7
20.9
21.2
2011年
2012年
2013年
2014年
2015年
2016年

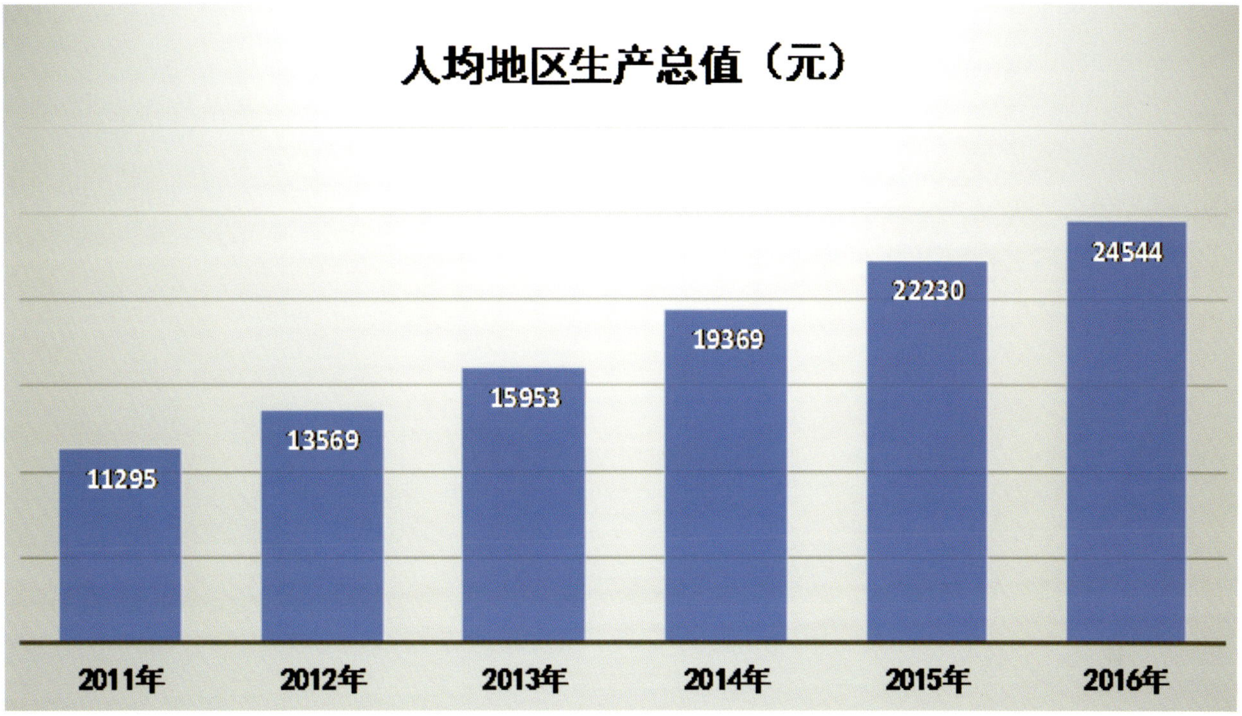
人均地区生产总值（元）
11295
13569
15953
19369
22230
24544
2011年
2012年
2013年
2014年
2015年
2016年

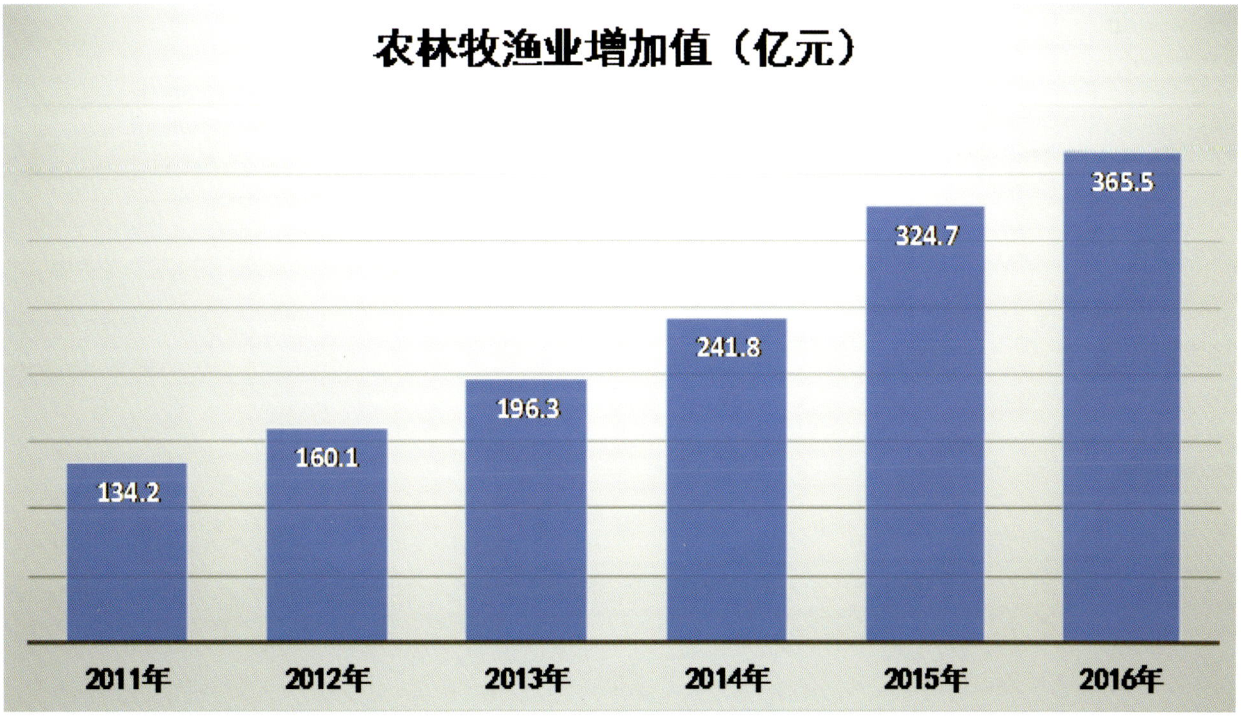
农林牧渔业增加值（亿元）
134.2
160.1
196.3
241.8
324.7
365.5
2011年
2012年
2013年
2014年
2015年
2016年

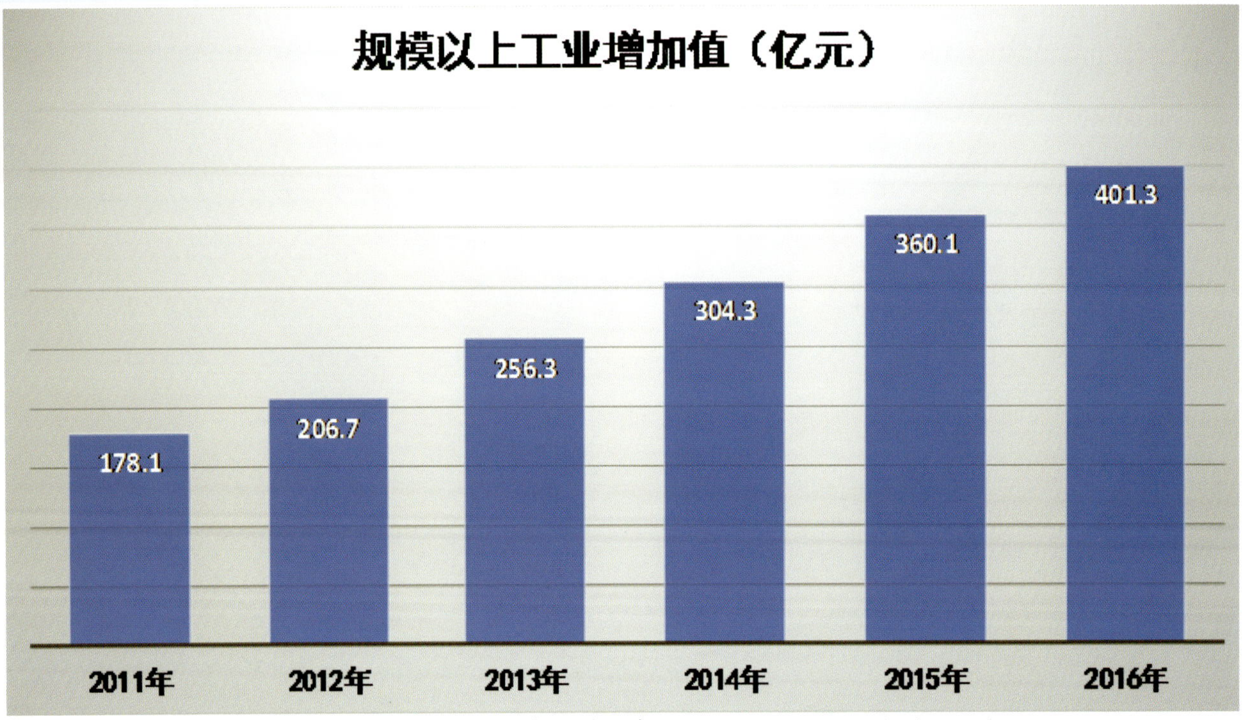

注：从 2011 年起，规模以上工业统计口径为全部主营业务收入 2000 万元及以上的工业企业。

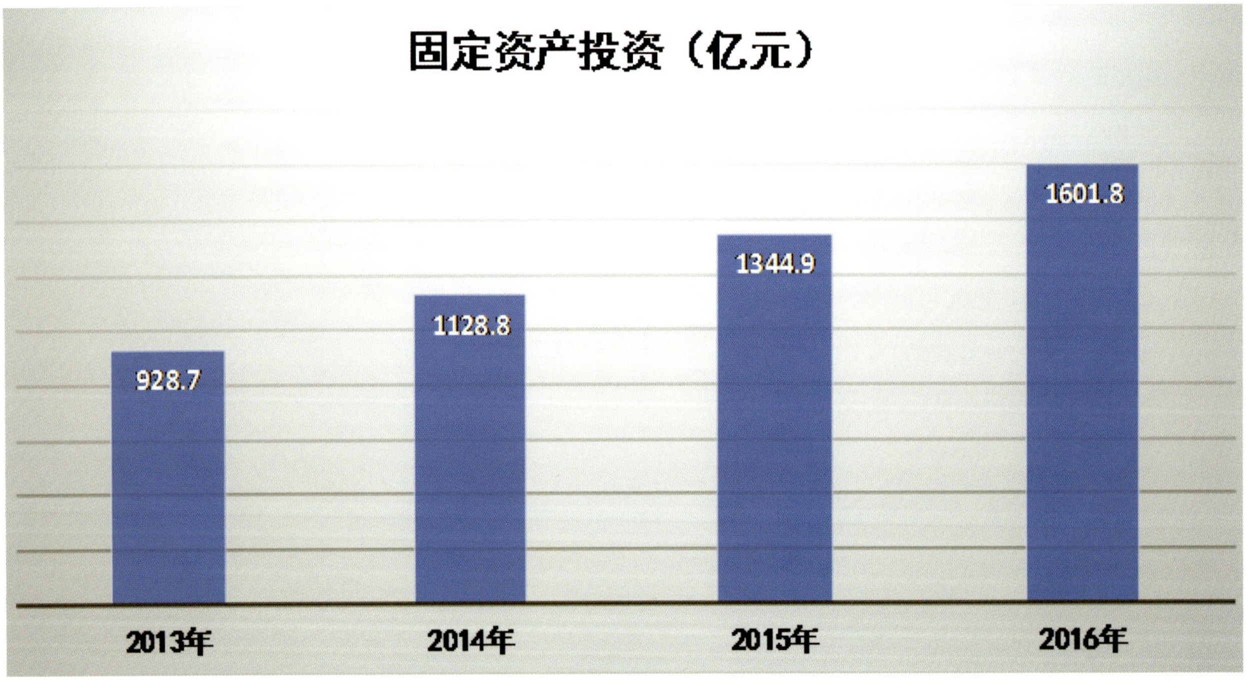

注：从 2013 年起，固定资产投资统计口径为计划总投资 500 万元及以上的固定资产项目投资和房地产开发项目投资。

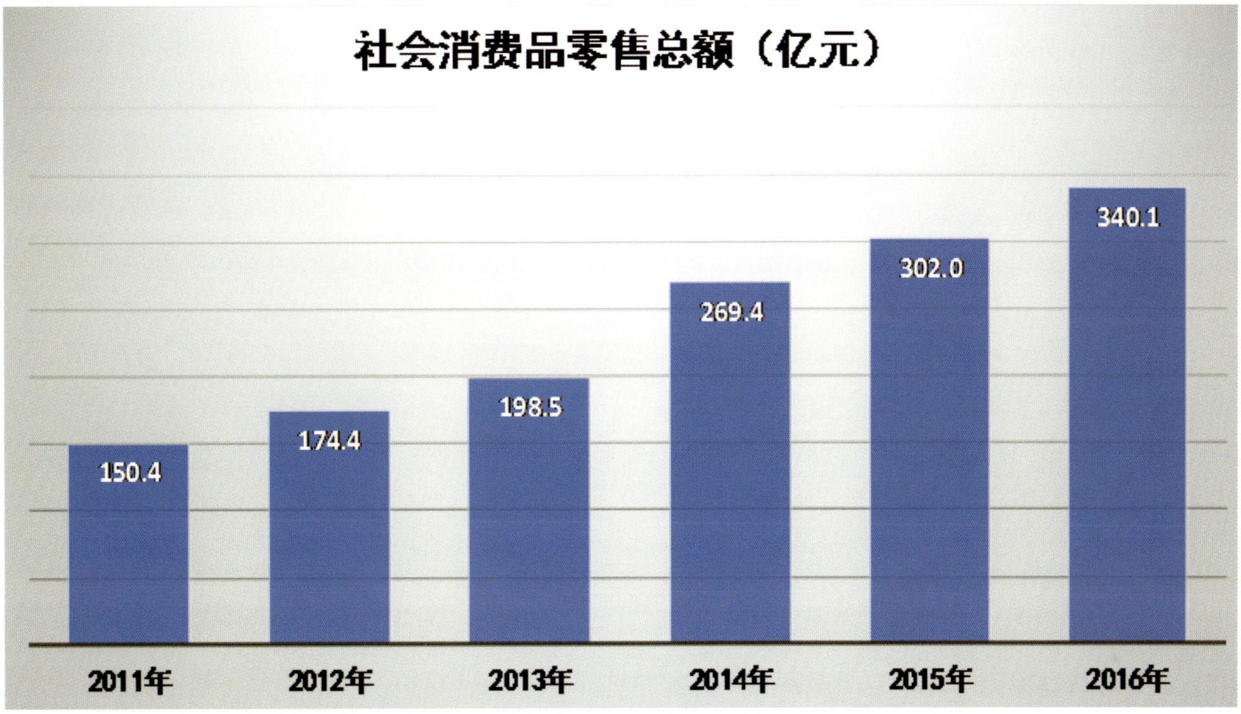
社会消费品零售总额（亿元）
150.4
174.4
198.5
269.4
302.0
340.1
2011年
2012年
2013年
2014年
2015年
2016年

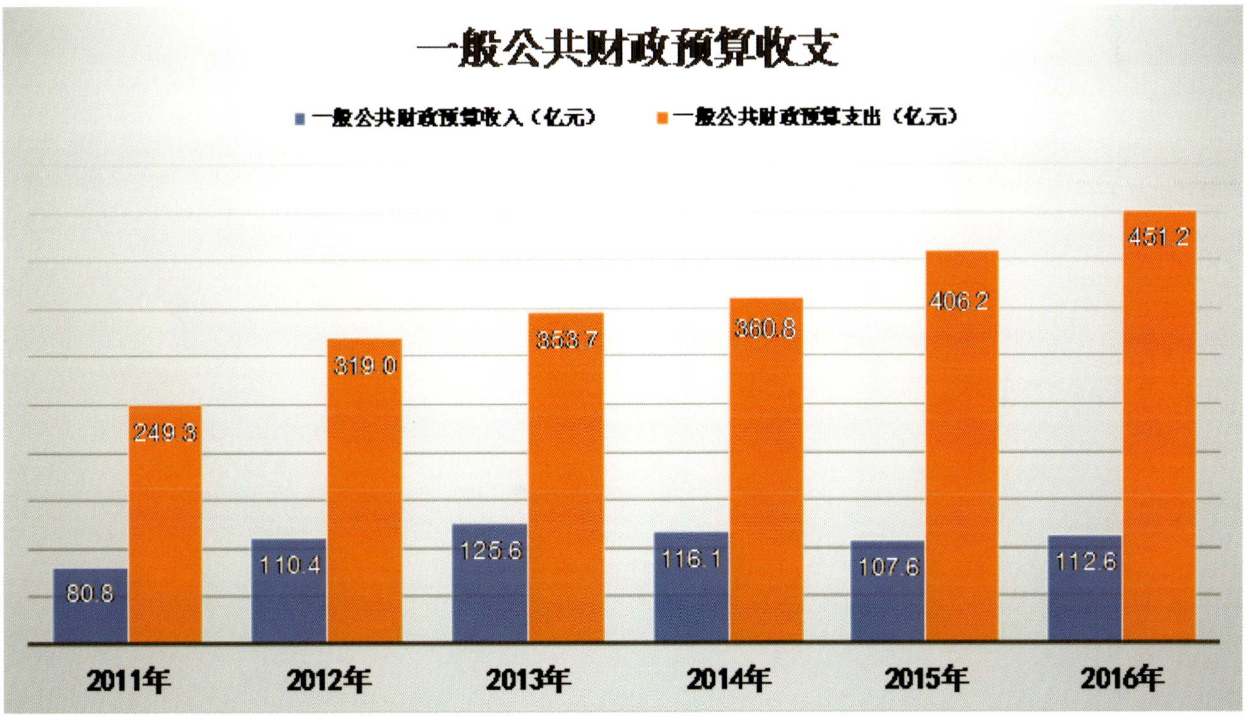
一般公共财政预算收支
一般公共财政预算收入（亿元）
一般公共财政预算支出（亿元）
80.8
249.3
110.4
319.0
125.6
353.7
116.1
360.8
107.6
406.2
112.6
451.2
2011年
2012年
2013年
2014年
2015年
2016年

税收收入（亿元）
113.0
136.6
154.9
168.7
175.0
175.9
2011年
2012年
2013年
2014年
2015年
2016年

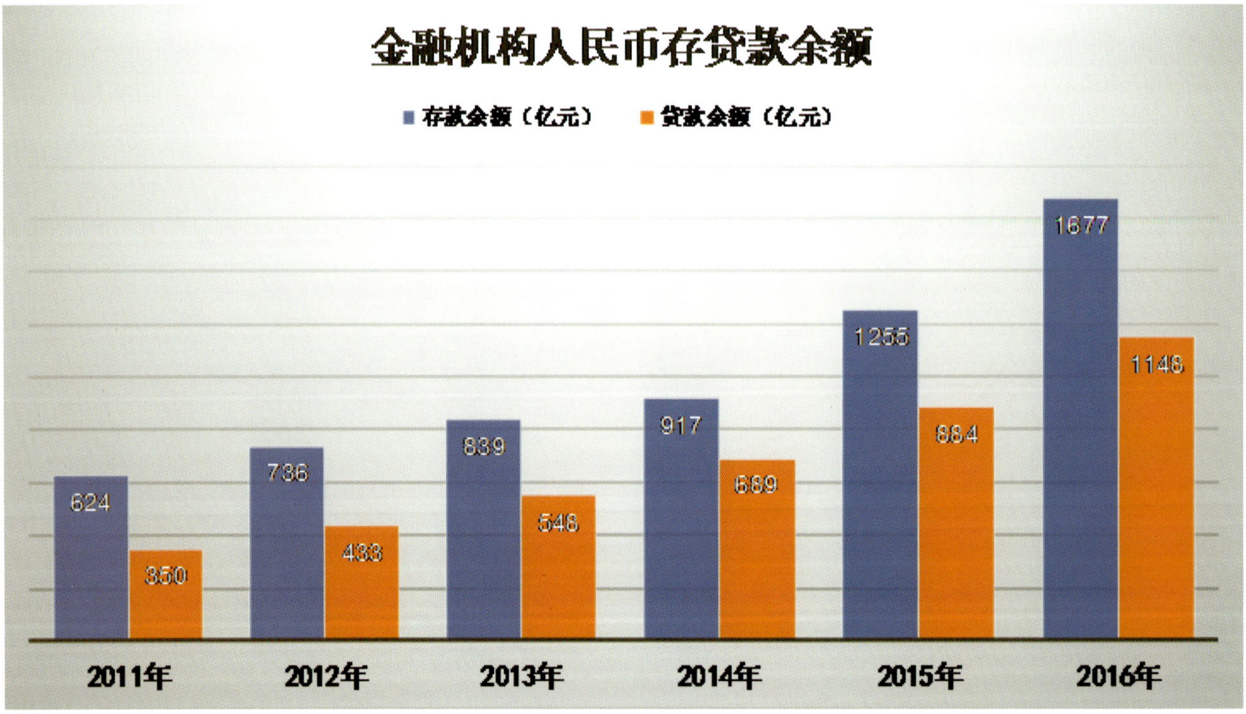
金融机构人民币存贷款余额
存款余额（亿元）
贷款余额（亿元）
624
350
736
433
839
548
917
689
1255
884
1677
1148
2011年
2012年
2013年
2014年
2015年
2016年

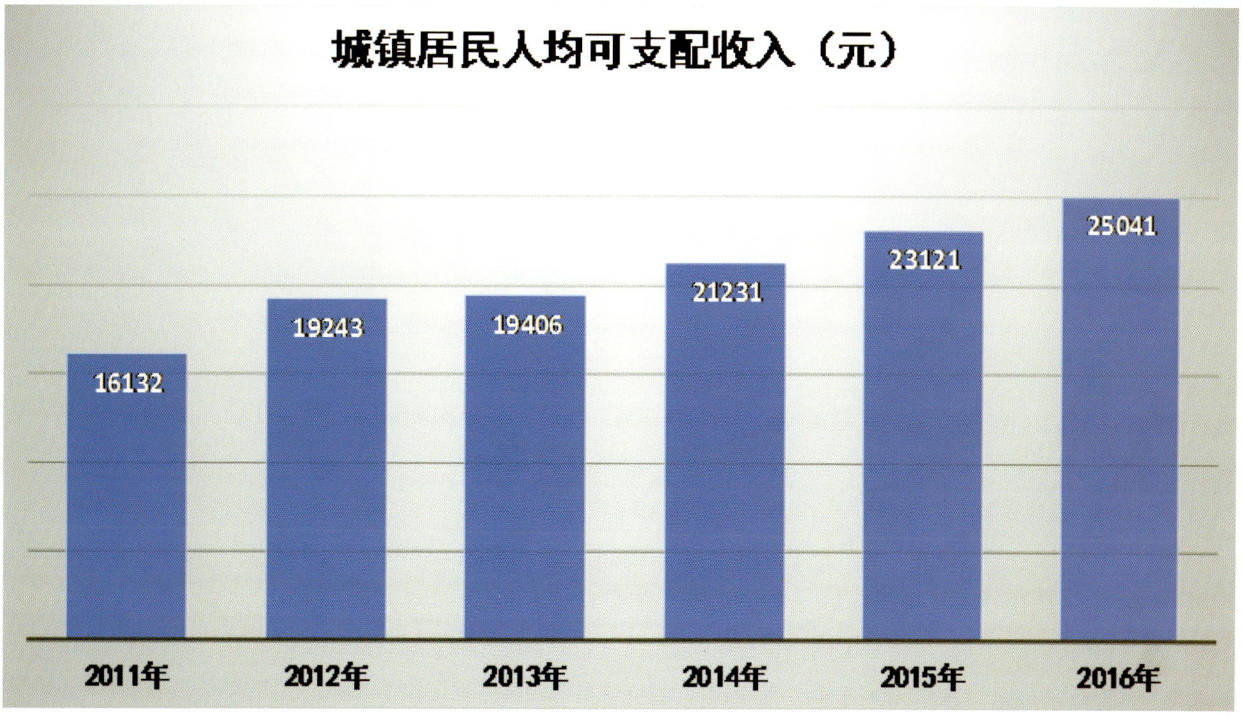

注：从2013年起，国家统计局开展城乡一体化住户收支与生活状况调查，与2013年前的分城镇和农村住房调查的调查范围、调查方法、指标口径有所不同。

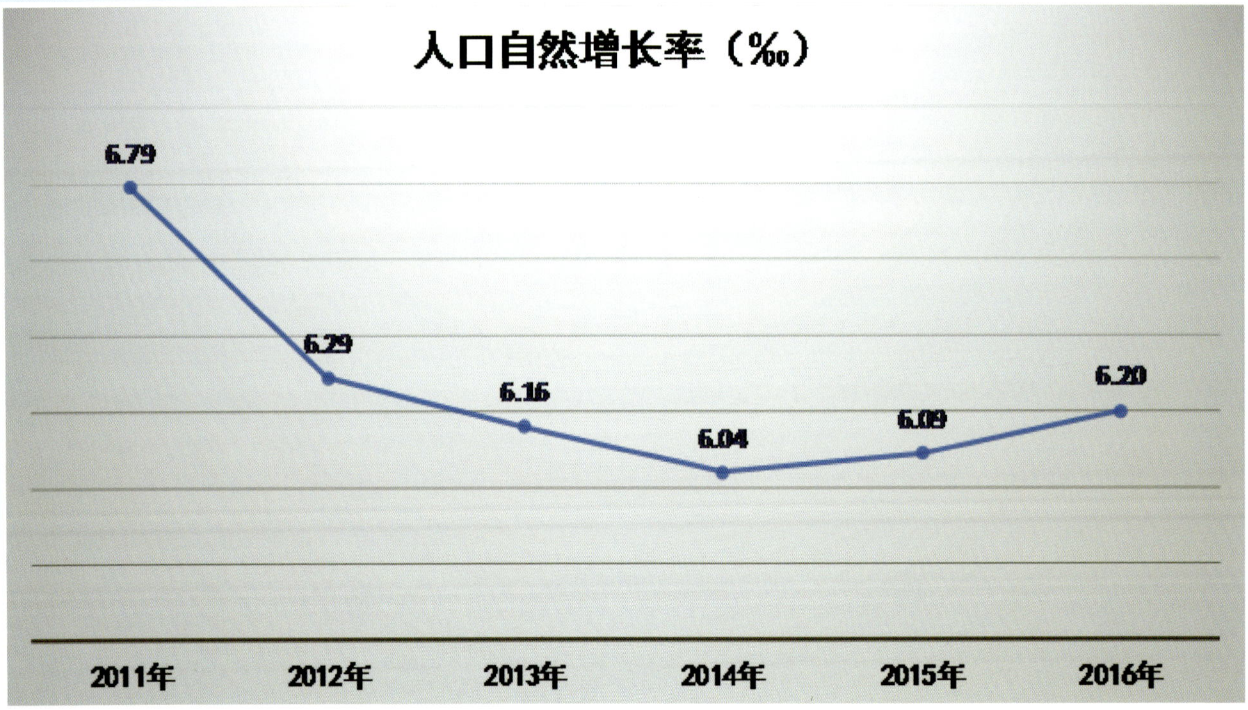
人口自然增长率（‰）
6.79
6.29
6.16
6.04
6.09
6.20
2011年
2012年
2013年
2014年
2015年
2016年

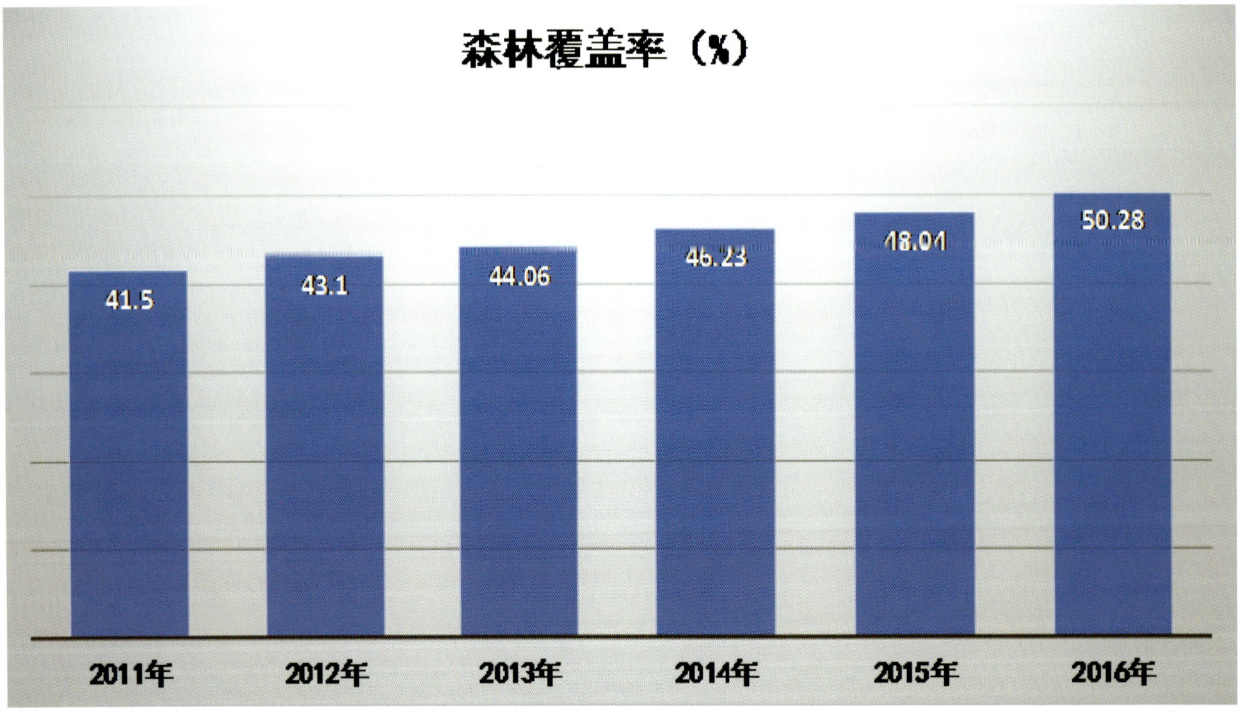
森林覆盖率（%）
41.5
43.1
44.06
46.23
48.04
50.28
2011年
2012年
2013年
2014年
2015年
2016年

目　录

行政区划（2016年）

单位：个

县区	镇	乡	民族乡	街道	居民委员会	村民委员会
毕节市	131	97	72	35	1383	2267
七星关区	24	8	6	10	203	305
大方县	9	19	14	3	128	175
黔西县	15	10	10	4	110	252
金沙县	14	7	6	4	94	145
织金县	16	10	7	6	242	331
纳雍县	13	10	10	3	160	267
威宁县	30	5	1	4	208	420
赫章县	6	21	12		156	311
托管区域						
百里杜鹃管理区		4	4		23	28
金海湖新区	4	3	2	1	59	33

注：本表数据由市民政局提供。

地理位置和国土面积（2016年）

县区	经纬度		海拔高度（米）	土地面积（km^2）	人口密度（人/平方公里）	耕地面积（万亩）
	东经	北纬				
毕节市	103° 36′ –106° 44′	26° 21′ –27° 47′	1600	26848.5	247	1488.13
七星关区	104° 51′ –105° 56′	27° 03′ –27° 47′	1511	3411.0	339	204.26
大方县	105° 15′ –106° 08′	26° 50′ –27° 36′	1650	3500.1	225	184.67
黔西县	105° 47′ –106° 26′	26° 45′ –27° 21′	1250	2555.1	277	149.39
金沙县	105° 47′ –106° 44′	27° 07′ –27° 45′	1150	2523.2	226	128.13
织金县	105° 20′ –106° 11′	26° 21′ –26° 58′	1560	2865.3	278	156.10
纳雍县	104° 55′ –105° 38′	26° 30′ –27° 05′	1764	2452.3	278	141.54
威宁县	103° 36′ –104° 45′	26° 30′ –27° 26′	2200	6298.7	204	376.44
赫章县	104° 09′ –105° 01′	26° 46′ –27° 28′	1996	3242.7	203	147.60

注：国土数据由市国土局提供。人口密度按年末常住人口计算。

居民委员会（2016年）

县区	居委会（个）	居民1000户以下	居民1000户—3000户	居民3000户以上	居委会主任（人）	居委会成（人）
毕节市	1383	1062	250	71	1375	7397
七星关区	232	30	136	66	232	1350
大方县	172	154	18		169	896
黔西县	119	110	8	1	119	624
金沙县	94	57	36	1	94	480
织金县	242	231	11		242	1210
纳雍县	160	160			158	960
威宁县	208	175	30	3	207	1091
赫章县	156	145	11		154	786

村民委员会（2016年）

县区	村委会（个）	居民1000户以下	居民1000户—3000户	居民3000户以上	村委会主任（人）	居村委会成（人）
毕节市	2267	2016	217	34	2254	10340
七星关区	320	126	161	33	320	1410
大方县	209	204	5		208	939
黔西县	264	262	2		264	1293
金沙县	145	131	14		145	657
织金县	331	331			331	1485
纳雍县	267	267			261	1281
威宁县	420	390	29	1	414	1882
赫章县	311	305	6		311	1393

注：本页数据由市民政局提供。

乡镇街道名称（一）（2016 年）

县区	乡镇街道
七星关区	市西街道 市东街道 三板桥街道 大新桥街道 观音桥街道 洪山街道 麻园街道 碧海街道 碧阳街道 德溪街道 鸭池镇 朱昌镇 田坝镇 放珠镇 长春堡镇 撒拉溪镇 杨家湾镇 青场镇 水箐镇 何官屯镇 对坡镇 海子街镇 大银镇 林口镇 生机镇 亮岩镇 燕子口镇 八寨镇 层台镇 普宜镇 田坝桥镇 清水铺镇 龙场营镇 小吉场镇 野角乡 大河乡 大屯彝族乡 阿市苗 族彝族乡 千溪彝族苗族白族乡 团结彝族苗族乡 阴底彝族苗族白族乡 田坎 彝族乡
大方县	慕俄格古城街道 顺德街道 红旗街道 猫场镇 马场镇 羊场镇 六龙镇 达溪镇 黄泥塘镇 瓢井镇 长石镇 对江镇 东关乡 绿塘乡 鼎新彝族苗族乡 牛场苗族彝族乡 小屯乡理化苗族彝族乡 凤山彝族蒙古族乡 安乐彝族仡佬族乡 核桃彝族白族乡 八堡彝族苗族乡 兴隆苗族乡 果瓦乡 雨冲乡 大山苗族彝族乡 黄泥彝族苗族满族乡 三元彝族苗族白族乡 沙厂彝族乡 星宿苗族彝族仡佬族乡 百纳彝族乡
黔西县	水西街道 莲城街道 文峰街道 杜鹃街道 金碧镇 雨朵镇 大关镇 谷里镇 素朴镇 中坪镇 重新镇 林泉镇 观音洞镇 金兰镇 钟山镇 协和镇 甘棠镇 洪水镇 锦星镇 五里布依族苗族乡 绿化白族彝族乡 新仁苗族乡 铁石苗族彝族乡 太来彝族苗族乡 永燊彝族苗族乡 中建苗族彝族乡 花溪彝族苗族乡 定新彝族苗族乡 红林彝族苗族乡
金沙县	鼓场街道 岩孔街道 西洛街道 五龙街道 安底镇 沙土镇 禹谟镇 岚头镇 清池镇 柳塘镇 平坝镇 源村镇 石场苗族彝族乡 桂花乡 高坪镇 太平彝族苗族乡 化觉镇 茶园镇 木孔镇 长坝镇 后山镇 马路彝族苗族乡 安洛苗族彝族满族乡 新化苗族彝族乡 大田彝族苗族布衣族乡
织金县	金凤街道 双堰街道 文腾街道 八步街道 三甲街道 绮陌街道 桂果镇 牛场镇 猫场镇 化起镇 龙场镇 以那镇 三塘镇 阿弓镇 珠藏镇 自强苗族乡 大平苗族彝族乡 官寨苗族乡 茶店布依族苗族彝族乡 金龙苗族彝族布依族乡 后寨苗族乡 鸡场苗族彝族布依族乡 中寨镇 实兴乡 马场镇 上坪寨乡 纳雍乡 板桥镇 白泥镇 少普镇 熊家场镇 黑土镇

注：乡、镇、街道名称由市民政局提供。

乡镇街道名称（二）（2016年）

县　区	乡　镇　街　道
纳雍县	雍熙街道　文昌街道　居仁街道　宗岭镇　阳长镇　维新镇　龙场镇　张家湾镇　乐治镇 百兴镇　玉龙坝镇　曙光镇　水东镇　沙包镇　寨乐镇　勺窝镇　新房彝族苗族乡　库东关彝族苗族白族乡　董地苗族彝族乡　化作苗族彝族乡　姑开苗族彝族乡　羊场苗族彝族乡 锅圈岩苗族彝族乡　昆寨苗族彝族白族乡　左鸠嘎彝族苗族乡　猪场苗族彝族乡
威宁县	海边街道　六桥街道　陕桥街道　五里岗街道　草海镇　么站镇　金钟镇　炉山镇　龙场镇 黑石头镇　哲觉镇　观风海镇　牛棚镇　迤那镇　中水镇　龙街镇　雪山镇　羊街镇　小海镇盐仓镇 东风镇　二塘镇　猴场镇　秀水镇　双龙镇　麻乍镇　金斗镇　兔街镇　玉龙镇 斗古镇　岔河镇　海拉镇　黑土河镇　哈喇河镇　石门乡　云贵乡　板底乡　大街乡 新发布依族乡
赫章县	城关镇　白果镇　妈姑镇　财神镇　六曲河镇　野马川镇　达依乡　水塘堡彝族　苗族乡 兴发苗族彝族回族乡　松林坡白族彝族苗族乡　雉街彝族苗族乡　珠市彝族乡　罗州乡 双坪彝族苗族乡　铁匠苗族乡　辅处彝族苗族乡　可乐彝族苗族乡　河镇彝族苗族乡 德卓乡　安乐溪乡　朱明乡　结构彝族苗族乡　古基乡　哲庄乡　平山乡　古达苗族彝族乡 威奢乡
百里杜鹃管理区（托管）	大方县：普底彝族苗族白族乡　大水彝族苗族布依族乡 黔西县：金坡苗族彝族满族乡　仁和彝族苗族乡
金海湖新区（托管）	七星关区：青龙街道　梨树镇　岔河镇　小坝镇 大方县：双山镇　响水白族彝族仡佬族乡　竹园彝族苗族乡　文阁乡

气象情况（一）（分月气温）（2016 年）

单位:℃

月份	七星关区	大方县	黔西县	金沙县	织金县	纳雍县	威宁县	赫章县
全年平均	13.9	13.0	15.4	16.1	15.4	14.7	11.5	14.6
一月	3.2	2.1	4.3	4.8	5.0	4.3	2.8	4.1
二月	4.7	3.9	6.3	7.2	6.5	5.7	2.0	5.8
三月	10.5	9.4	11.1	11.6	11.6	11.4	9.0	11.7
四月	14.8	13.8	16.4	16.6	16.6	15.9	12.8	15.7
五月	18.0	17.2	19.6	20.4	19.5	19.0	15.5	18.7
六月	20.6	19.7	22.5	23.3	21.9	21.4	17.4	20.9
七月	23.1	22.3	24.9	26.0	24.2	23.7	18.9	23.4
八月	21.7	20.9	23.2	24.4	22.6	21.8	18.2	22.0
九月	18.1	17.3	20.1	20.9	19.7	18.8	14.6	18.2
十月	15.7	14.8	17.3	17.6	17.2	16.3	13.0	16.4
十一月	9.7	9.0	11.1	11.9	11.6	10.8	8.2	10.5
十二月	6.6	5.8	8.0	8.2	8.4	7.6	5.6	7.4

注：气象数据由市气象局提供。

气象情况（二）（分月日照）（2016 年）

单位：小时

月份	七星关区	大方县	黔西县	金沙县	织金县	纳雍县	威宁县	赫章县
全年日照	1156.3	1314.0	1133.7	956.9	1161.8	1432.6	1582.4	1370.9
一月	36.5	34.0	37.0	17.1	24.1	48.6	153.1	47.4
二月	85.0	84.1	85.0	71.9	82.3	88.4	84.8	81.6
三月	89.3	107.5	78.5	63.4	98.5	123.7	173.5	126.9
四月	74.2	106.2	63.9	55.8	95.8	118.1	164.4	122.3
五月	136.2	156.1	135.4	112.8	145.5	165.8	170.2	162.1
六月	102.2	134.7	109.1	82.1	118.7	152.5	105.8	131.9
七月	206.7	213.1	189.5	171.9	221.9	228.6	136.3	213.8
八月	152.8	149.6	150.7	147.8	141.7	154.8	129.1	154.6
九月	58.7	84.1	76.4	67.5	69.6	92.4	56.8	65.5
十月	93.8	105.7	94.6	82.7	83.4	107.5	124.9	118.9
十一月	68.9	83.3	64.4	47.8	48.1	103.3	152.6	78.2
十二月	52.0	55.6	49.2	36.1	32.2	48.9	130.9	67.7

气象情况（三）（分月降雨量）（2016 年）

单位：毫米

月份	七星关区	大方县	黔西县	金沙县	织金县	纳雍县	威宁县	赫章县
全年合计	1150.9	1178.6	842.6	1050.5	1199.1	1209.0	955.1	795.6
一月	10.8	25.3	25.2	37.9	29.2	19.3	3.5	2.3
二月	5.8	18.5	9.1	14.8	13.5	10.6	6.7	4.5
三月	54.3	116.9	62.9	61.2	42.2	42.3	21.4	24.9
四月	103.7	170.9	116.6	114.6	123.0	121.2	88.4	94.7
五月	190.0	65.8	56.1	74.2	52.4	94.1	121.6	90.2
六月	247.0	310.5	202.9	185.6	466.1	469.6	299.3	209.2
七月	146.6	121.1	139.4	299.1	196.2	97.6	100.3	96.1
八月	176.1	139.2	111.7	120.3	97.8	150.5	132.4	112.9
九月	114.9	82.3	4.2	25.4	36.8	67.8	103.7	100.6
十月	57.6	73.0	51.6	72.2	72.4	65.5	44.3	32.0
十一月	34.6	45.6	50.2	31.4	59.9	57.6	27.5	25.2
十二月	9.5	9.5	12.7	13.8	9.6	12.9	6.0	3.0

气象情况（四）（2016 年）

指标名称	七星关区	大方县	黔西县	金沙县	织金县	纳雍县	威宁县	赫章县
初霜日期（日/月）	1150.9	1178.6	842.6	1050.5	1199.1	1209.0	955.1	795.6
终霜日期（日/月）	10.8	25.3	25.2	37.9	29.2	19.3	3.5	2.3
无霜期天数（天）	5.8	18.5	9.1	14.8	13.5	10.6	6.7	4.5
冰雹天数（天）	54.3	116.9	62.9	61.2	42.2	42.3	21.4	24.9
凝冻天数（天）	103.7	170.9	116.6	114.6	123.0	121.2	88.4	94.7
最高气温（℃）	190.0	65.8	56.1	74.2	52.4	94.1	121.6	90.2
最低气温（℃）	247.0	310.5	202.9	185.6	466.1	469.6	299.3	209.2
年均相对湿度（%）	146.6	121.1	139.4	299.1	196.2	97.6	100.3	96.1

注：—表示无初始或终止日期。

社会经济主要指标（一）

指标名称	单位	2015 年	2016 年
土地面积			
土地面积	平方公里	26848.5	26848.5
人口			
年末总户数	万户	249.40	250.21
年末户籍人口	万人	904.20	916.85
男	万人	474.27	481.45
女	万人	429.93	435.40
年末常住人口	万人	660.61	664.18
男	万人	342.31	344.16
女	万人	318.30	320.02
人口密度（常住人口）	人/平方公里	246	247
人口自然增长率（计生口径）	‰	6.09	6.20
就业			
单位从业人员	万人	31.82	32.91
单位从业人员平均劳动报酬	元	55647	61637
在岗职工人数	万人	29.82	30.69
在岗职工平均工资	元	57238	63487
城镇新增就业	人	60489	62787
城镇登记失业率	%	3.99	4.01
国民经济核算			
生产总值	亿元	1461.3	1625.8
第一产业	亿元	305.3	344.4
第二产业	亿元	558.0	617.9
第三产业	亿元	598.0	663.5
生产总值指数	上年 =100	112.9	112.1
第一产业	上年 =100	106.7	106.0
第二产业	上年 =100	112.6	112.0
第三产业	上年 =100	115.5	115.2
人均生产总值	元	22230	24544

社会经济主要指标（二）

指标名称	单位	2015年	2016年
人均生产总值指数	上年=100	112.3	111.2
农业			
农林牧渔业总产值	亿元	507.3	564.3
粮食作物播种面积	千公顷	677.3	680.1
粮食产量	万吨	257.5	262.9
肉类总产量	万吨	38.7	37.6
水产品产量	吨	8043.7	10242.9
工业			
规模工业增加值	亿元	360.1	401.3
规模工业企业			
企业数	个	401	512
主营业务收入	亿元	701.1	872.1
利税总额	亿元	78.6	99.9
消费			
社会消费品零售总额	亿元	302.0	340.1
批发业	亿元	10.7	13.8
零售业	亿元	245.1	270.0
住宿业	亿元	6.8	8.0
餐饮业	亿元	39.4	48.4
固定资产投资、建筑业、房地产			
固定资产投资	亿元	1344.9	1601.8
建筑业总产值	亿元	25.6	35.3
房屋建筑施工面积	万平方米	197.18	315.15
房屋建筑竣工面积	万平方米	99.95	102.90
商品房销售面积	万平方米	248.1	366.1
住宅	万平方米	214.1	308.2
商品房销售额	亿元	88.8	132.4
住宅	亿元	65.5	94.4
价格指数（中心城区）			

社会经济主要指标（三）

指标名称	单位	2015 年	2016 年
居民消费价格指数	上年同期 =100	101.1	102.0
商品零售价格指数	上年同期 =100	100.1	100.5
人民生活			
城镇居民人均可支配收入	元	23121	25041
城镇居民人均消费支出	元	12387	14151
农村居民人均可支配收入	元	6945	7668
农村居民人均消费支出	元	6574	7253
财政、税收、金融			
一般公共财政预算收入	亿元	107.6	112.6
一般公共财政预算支出	亿元	410.2	451.2
地税税收收入	亿元	89.8	83.1
国税税收收入	亿元	85.2	92.8
金融机构存款余额	亿元	1254.6	1667.3
金融机构贷款余额	亿元	884.5	1148.3
邮政电信			
邮政业务收入	亿元	2.8	3.5
电信业务收入	亿元	28.1	31.7
移动电话用户数	万户	344.3	432.5
互联网用户	万户	292.1	331.9
旅游			
国内旅游人数	万人次	4087.2	5494.3
国内旅游收入	亿元	312.6	444.5
入境旅游者人数	万人次	6.6	7.7
教育			
专任教师数			
高等学校	人	1315	1243
普通中学	人	38187	40965

社会经济主要指标（四）

指标名称	单位	2015年	2016年
小学	人	39532	39827
幼儿园	人	7861	11458
在校学生数			
高等学校	万人	1.53	1.99
普通中学	万人	68.18	66.38
小学	万人	83.10	83.29
幼儿园	万人	24.21	27.72
文化、卫生、交通运输			
公共图书馆	个	9	9
总藏量	万册件	117.21	120.8
#图书	万册件	80.15	83.62
卫生机构数	个	5183	5016
卫生机构床位数	张	33255	33498
卫生技术人员	人	39661	27681
执业（助理）医师	人	7978	8315
注册护士	人	10412	12146
公路里程	公里	30529	31688
其中：高速路	公里	586	672
公共汽车数	辆	495	605
城建			
用水普及率	%	85.9	90.2
燃气普及率	%	48.4	55.9
污水排放量	万立方米	8265	8942
污水处理量	万立方米	7472	8138
建成区绿地率	%	15.9	17.6
建成区绿化覆盖率	%	17.1	20.2
城市（县城）道路面积	万平方米	1378.2	1541.9
人行道	万平方米	419.9	389.8

生产总值（2016 年）

单位：亿元

县　　区	生产总值	第一产业	第二产业		第三产业
				# 工业	
毕节市	1625.79	344.43	617.87	488.60	663.49
七星关区	333.42	66.04	105.98	85.72	161.40
大方县	199.01	38.56	79.84	62.69	80.62
大方县（不含百里杜鹃）	181.24	34.48	70.37	53.73	76.39
黔西县	191.45	32.13	80.69	60.18	78.63
黔西县（不含百里杜鹃）	183.75	30.00	76.32	55.92	77.44
金沙县	225.43	29.54	122.26	102.74	73.63
织金县	172.02	34.65	62.79	44.24	74.58
纳雍县	189.08	30.30	96.33	81.27	62.45
威宁县	215.15	71.83	55.34	41.48	87.98
赫章县	125.59	41.22	25.66	20.04	58.71
百里杜鹃管理区	31.27	6.21	16.27	13.96	8.80
金海湖新区	76.09	7.02	55.41	47.41	13.67

生产总值发展速度（2016 年）

单位：上年 =100

县　　区	生产总值	第一产业	第二产业		第三产业
				# 工业	
毕节市	112.1	106.0	112.0	111.1	115.2
七星关区	113.0	106.0	110.1	108.1	118.0
大方县	113.1	105.8	114.9	113.7	114.8
大方县（不含百里杜鹃）	113.1	105.8	114.7	113.7	115.0
黔西县	112.5	106.2	113.7	113.5	113.8
黔西县（不含百里杜鹃）	112.5	106.2	114.0	113.5	113.3
金沙县	112.9	106.1	114.8	113.9	112.3
织金县	112.0	105.7	111.8	113.0	115.1
纳雍县	112.7	105.9	114.6	113.8	112.8
威宁县	114.1	106.0	114.6	112.7	120.2
赫章县	112.8	106.3	114.8	113.6	116.8
百里杜鹃管理区	113.1	105.8	114.7	113.7	115.0
金海湖新区	112.9	105.7	115.1	114.2	106.8

总产出（2016年）

指　　标	按当年价格计算		按不变价格计算			
	绝对额（亿元）		绝对额（亿元）		以上年为100的指数(%)	
	本年	上年	本年	上年	本年	上年
总产出	3840.63	3408.49	3902.77	3408.49	114.5	113.4
农、林、牧、渔业	564.30	507.34	537.02	507.34	105.8	106.9
农业	353.52	328.04	346.42	328.04	105.6	107.2
林业	20.50	17.51	20.04	17.51	114.5	114.5
畜牧业	164.83	139.30	146.61	139.30	105.3	105.3
渔业	2.59	2.07	2.31	2.07	111.7	111.7
农、林、牧、渔服务业	22.87	20.42	21.63	20.42	105.9	111.6
工业	1555.37	1384.03	1601.84	1384.03	115.7	111.9
采矿业	569.98	572.14	587.01	572.14	102.6	111.9
#开采辅助活动	0.62	0.62	0.64	0.62	103.4	112.1
制造业	669.08	561.32	689.08	561.32	122.8	117.5
#金属制品、机械和设备修理业	0.03	0.03	0.03	0.03	120.1	117.7
电力、燃气及水的生产和供应业	316.30	250.58	325.75	250.58	130.0	101.2
建筑业	552.98	486.50	565.79	486.50	116.3	117.1
房屋建筑业	210.11	196.16	216.85	196.16	110.6	111.4
土木工程建筑业	43.85	41.24	44.62	41.24	108.2	109.5
建筑安装业	159.68	133.72	162.74	133.72	121.7	123.0
建筑装饰和其他建筑业	139.34	115.38	141.58	115.38	122.7	124.0
批发和零售业	155.96	146.15	158.71	146.15	108.6	110.7
批发业	78.77	73.92	80.28	73.92	108.6	114.6
零售业	77.19	72.22	78.43	72.22	108.6	107.0
交通运输、仓储和邮政业	283.34	257.80	290.82	257.80	112.8	110.2
铁路运输业	0.95	0.78	0.97	0.78	124.2	121.3
道路运输业	113.76	107.90	116.76	107.90	108.2	106.8
水上运输业	0.01	0.01	0.01	0.01	113.4	110.5
航空运输业	7.44	4.95	7.63	4.95	154.1	151.2
管道运输业						
装卸搬运和运输代理业	152.55	136.39	156.58	136.39	114.8	111.9
仓储业	5.28	4.75	5.42	4.75	114.1	111.2
邮政业	3.36	3.01	3.45	3.01	114.4	111.5
住宿和餐饮业	52.65	51.99	57.90	51.99	111.4	106.9
住宿业	8.12	7.70	8.83	7.70	114.7	108.9
餐饮业	44.53	44.28	49.07	44.28	110.8	106.5
信息传输、软件和信息技术服务业	68.66	49.36	71.37	49.36	144.6	137.9
电信、广播电视和卫星传输服务	68.02	48.91	70.71	48.91	144.6	137.9
互联网和相关服务	0.44	0.31	0.46	0.31	146.4	139.7
软件和信息技术服务业	0.19	0.14	0.20	0.14	146.2	139.5
金融业	126.05	101.71	132.16	101.71	129.9	136.5

总产出（续）（2016年）

指　　标	按当年价格计算		按不变价格计算			
	绝对额（亿元）		绝对额（亿元）		以上年为100的指数(%)	
	本年	上年	本年	上年	本年	上年
货币金融服务	90.97	73.22	95.37	73.22	130.3	136.8
资本市场服务						
保险业	33.04	26.85	34.64	26.85	129.0	135.5
其他金融业	2.05	1.64	2.15	1.64	131.0	137.5
房地产业	58.23	51.54	58.55	51.54	113.6	104.4
房地产开发经营业	27.80	22.13	27.48	22.13	124.2	102.9
物业管理业	0.29	0.24	0.29	0.24	121.2	103.8
房地产中介服务业	0.14	0.12	0.14	0.12	122.3	103.7
自有房地产经营活动	28.95	28.19	29.60	28.19	105.0	105.0
其他房地产业	1.05	0.86	1.04	0.86	120.5	103.9
租赁和商务服务业	25.61	19.34	26.62	19.34	137.7	143.8
租赁业	0.92	0.69	0.96	0.69	138.5	146.3
商务服务业	24.69	18.65	25.66	18.65	137.6	143.7
科学研究和技术服务业	8.19	7.72	8.23	7.72	106.6	111.0
研究和试验发展	1.42	1.35	1.42	1.35	105.1	109.5
专业技术服务业	3.42	3.16	3.44	3.16	108.6	112.9
科技推广和应用服务业	3.36	3.20	3.37	3.20	105.2	109.5
水利、环境和公共设施管理业	3.51	3.18	3.53	3.18	110.8	111.7
水利管理业	0.87	0.81	0.87	0.81	107.7	108.8
生态保护和环境治理业	1.40	1.26	1.41	1.26	111.5	112.5
公共设施管理业	1.24	1.11	1.24	1.11	112.2	113.2
居民服务、修理和其他服务业	70.25	54.12	73.03	54.12	134.9	139.7
居民服务业	27.03	20.82	28.10	20.82	135.0	139.8
机动车、电子产品和日用产品修理业	26.96	20.76	28.03	20.76	135.0	139.7
其他服务业	16.26	12.54	16.91	12.54	134.8	139.5
教育	88.98	84.24	89.37	84.24	106.1	110.3
卫生和社会工作	50.21	47.94	50.43	47.94	105.2	112.3
卫生	49.65	47.42	49.87	47.42	105.2	112.3
社会工作	0.56	0.53	0.56	0.53	107.1	111.5
文化、体育和娱乐业	8.43	6.56	8.76	6.56	133.5	135.9
新闻和出版业	0.32	0.26	0.33	0.26	126.5	128.8
广播、电视、电影和影视录音制作业	1.95	1.49	2.03	1.49	135.6	137.9
文化艺术业	1.53	1.25	1.59	1.25	127.4	129.7
体育	0.50	0.42	0.52	0.42	123.6	125.9
娱乐业	4.13	3.13	4.29	3.13	136.9	139.7
公共管理、社会保障和社会组织	167.89	148.96	168.62	148.96	113.2	114.1
第一产业	541.43	486.92	515.38	486.92	105.8	106.8
第二产业	2107.69	1869.89	2166.96	1869.89	115.9	113.1
第三产业	1191.50	1051.68	1220.42	1051.68	116.0	116.3

按当年价格计算地区生产总值及构成（2016）

指　标	绝对额（亿元）		构成（以地区生产总值为 100，%）	
	本年	上年	本年	上年
地区生产总值	1625.79	1461.35	100.0	100.0
第一产业	344.43	305.32	21.2	20.9
第二产业	617.87	557.99	38.0	38.2
第三产业	663.49	598.04	40.8	40.9
地区外净要素收入			---	---
地区收入总值	1625.79	1461.35	---	---
人均地区生产总值（元）	24544	22230	---	---

人均生产总值

单位：元

指　标	2012 年	2013 年	2014 年	2015 年	2016 年
毕节市	13461	15953	19369	22230	24544
七星关区	16306	19358	22812	25604	28932
大方县	14030	16206	20098	24371	28698
黔西县	16157	18785	22794	25326	27499
金沙县	23464	27824	33728	36618	39690
织金县	11429	13711	17382	19663	21652
纳雍县	15351	18229	22097	25425	27841
威宁县	7987	9766	11992	14882	16805
赫章县	8241	10138	13936	17112	19090
百里杜鹃管理区	17742	22597	26978	30163	32364
金海湖新区	—	—	—	29124	38624

按不变价格计算地区生产总值构成项目
（按 2010 年价格计算）（2016 年）

指　　标	绝对额（亿元）		以上年为 100 的指数（%）	
	本年	上年	本年	上年
地区生产总值	1637.54	1461.35	112.1	112.9
农、林、牧、渔业	344.19	324.72	106.0	106.9
农业	215.85	204.40	105.6	107.2
林业	18.04	15.76	114.5	114.5
畜牧业	87.67	83.30	105.3	105.3
渔业	2.08	1.86	111.7	111.7
农、林、牧、渔服务业	20.55	19.40	105.9	111.6
工业	503.20	445.10	111.1	111.7
采矿业	245.86	239.63	102.6	111.9
#开采辅助活动	0.57	0.55	103.4	112.1
制造业	165.67	134.95	122.8	117.5
#金属制品、机械和设备修理业	0.02	0.02	120.1	117.7
电力、燃气及水的生产和供应业	91.67	70.52	130.0	101.2
建筑业	132.17	113.47	116.0	117.3
房屋建筑业	44.10	39.89	110.6	111.4
土木工程建筑业	13.92	12.87	108.2	109.5
建筑安装业	40.92	33.62	121.7	123.0
建筑装饰和其他建筑业	33.23	27.08	122.7	124.0
批发和零售业	94.72	95.21	108.6	110.4
批发业	43.53	43.74	108.6	114.6
零售业	51.19	51.47	108.6	107.0
交通运输、仓储和邮政业	131.09	116.79	112.7	109.8
铁路运输业	0.50	0.40	124.2	121.3
道路运输业	57.41	53.05	108.2	106.8
水上运输业	0.002	0.002	113.4	110.5
航空运输业	1.86	1.21	154.1	151.2
管道运输业				
装卸搬运和运输代理业	69.92	60.90	114.8	111.9
仓储业	0.20	0.18	114.1	111.2
邮政业	1.20	1.05	114.4	111.5
住宿和餐饮业	34.05	30.54	111.5	106.9
住宿业	5.90	5.14	114.7	108.9
餐饮业	28.15	25.40	110.8	106.5
信息传输、软件和信息技术服务业	35.42	24.49	144.6	137.9
电信、广播电视和卫星传输服务	35.09	24.27	144.6	137.9
互联网和相关服务	0.23	0.16	146.4	139.7
软件和信息技术服务业	0.10	0.07	146.2	139.5
金融业	62.76	48.21	130.2	136.7
货币金融服务	56.24	43.18	130.3	136.8

按不变价格计算地区生产总值构成项目（续）
（按2010年价格计算）（2016年）

指　标	绝对额（亿元）		以上年为100的指数（%）	
	本年	上年	本年	上年
资本市场服务				
保险业	5.12	3.97	129.0	135.5
其他金融业	1.40	1.07	131.0	137.5
房地产业	40.31	35.48	113.6	104.4
房地产开发经营业	18.92	15.24	124.2	102.9
物业管理业	0.20	0.16	121.2	103.8
房地产中介服务业	0.10	0.08	122.3	103.7
自有房地产经营活动	20.38	19.41	105.0	105.0
其他房地产业	0.71	0.59	120.5	103.9
租赁和商务服务业	9.17	6.66	137.7	143.9
租赁业	0.81	0.59	138.5	146.3
商务服务业	8.35	6.07	137.6	143.7
科学研究和技术服务业	5.17	4.87	106.2	110.5
研究和试验发展	0.75	0.71	105.1	109.5
专业技术服务业	1.59	1.46	108.6	112.9
科技推广和应用服务业	2.84	2.70	105.2	109.5
水利、环境和公共设施管理业	1.95	1.77	110.2	111.2
水利管理业	0.72	0.67	107.7	108.8
生态保护和环境治理业	0.82	0.74	111.5	112.5
公共设施管理业	0.41	0.36	112.2	113.2
居民服务、修理和其他服务业	42.21	31.28	135.0	139.7
居民服务业	19.29	14.29	135.0	139.8
机动车、电子产品和日用产品修理业	16.13	11.95	135.0	139.7
其他服务业	6.79	5.04	134.8	139.5
教育	67.94	64.05	106.1	110.3
卫生和社会工作	24.44	23.23	105.2	112.3
卫生	24.04	22.86	105.2	112.3
社会工作	0.40	0.37	107.1	111.5
文化、体育和娱乐业	4.36	3.27	133.2	135.5
新闻和出版业	0.18	0.14	126.5	128.8
广播、电视、电影和影视录音制作业	1.45	1.07	135.6	137.9
文化艺术业	0.94	0.74	127.4	129.7
体育	0.21	0.17	123.6	125.9
娱乐业	1.58	1.15	136.9	139.7
公共管理、社会保障和社会组织	104.40	92.22	113.2	114.1
第一产业	323.64	305.32	106.0	106.7
第二产业	634.78	557.99	112.0	112.6
第三产业	679.12	598.04	115.2	115.5
地区外净要素收入				
人均地区生产总值（元）	24721.50	22230.38	111.2	111.4

按当年价格计算地区生产总值构成项目（2016 年）

指　　标	增加值	劳动者报酬	生产税净额		固定资产折旧	营业盈余
				补贴		
地区生产总值	1625.79	1069.54	147.43	1.46	200.84	207.97
农、林、牧、渔业	365.50	343.57	2.92	1.46	14.98	4.02
农业	227.53	213.87	1.82	0.91	9.33	2.50
林业	18.45	17.34	0.15	0.07	0.76	0.20
畜牧业	96.13	90.36	0.77	0.38	3.94	1.06
渔业	2.33	2.19	0.02	0.01	0.10	0.03
农、林、牧、渔服务业	21.07	19.81	0.17	0.08	0.86	0.23
工业	488.60	189.38	72.35		81.86	145.01
采矿业	238.72	114.26	28.60		22.03	73.83
# 开采辅助活动	0.56	0.15	0.15		0.18	0.08
制造业	160.86	57.10	40.41		27.06	36.29
# 金属制品、机械和设备修理业	0.02	0.02	0.002		0.0005	0.001
电力、燃气及水的生产和供应业	89.01	18.01	3.35		32.76	34.89
建筑业	129.27	90.16	22.28		5.38	11.45
房屋建筑业	42.73	29.33	7.93		1.76	3.71
土木工程建筑业	13.69	8.27	2.48		0.71	2.23
建筑安装业	40.14	29.12	6.45		1.59	2.99
建筑装饰和其他建筑业	32.70	23.45	5.41		1.33	2.51
批发和零售业	93.09	58.29	15.17		2.58	17.05
批发业	42.71	11.53	13.35		1.64	16.19
零售业	50.38	46.75	1.82		0.95	0.86
交通运输、仓储和邮政业	127.71	94.85	3.09		27.45	2.34
铁路运输业	0.48	0.35	0.21		0.22	–0.29
道路运输业	55.93	32.27	1.47		20.08	2.11
水上运输业	0.002	0.002	0.0001		0.001	0.0001
航空运输业	1.81	0.53	0.32		0.69	0.26
管道运输业						
装卸搬运和运输代理业	68.12	60.40	1.00		6.19	0.53
仓储业	0.20	0.36	0.04		0.08	–0.28
邮政业	1.17	0.93	0.04		0.19	0.01
住宿和餐饮业	30.97	23.13	1.41		4.72	1.72
住宿业	5.42	3.14	0.70		0.86	0.72
餐饮业	25.55	19.99	0.71		3.86	1.00
信息传输、软件和信息技术服务业	34.07	6.60	4.27		14.11	9.09
电信、广播电视和卫星传输服务	33.76	6.53	4.23		14.00	9.00
互联网和相关服务	0.22	0.04	0.03		0.09	0.06
软件和信息技术服务业	0.09	0.03	0.01		0.02	0.04
金融业	59.86	35.24	16.26		4.02	4.34

按当年价格计算地区生产总值构成项目（续）（2016年）

单位：亿元

指　　标	增加值	劳动者报酬	生产税净额	补贴	固定资产折旧	营业盈余
货币金融服务	53.64	21.47	10.22		2.27	19.68
资本市场服务						
保险业	4.88	13.11	5.88		1.63	-15.74
其他金融业	1.33	0.66	0.16		0.12	0.39
房地产业	40.09	5.95	5.62		23.44	5.07
房地产开发经营业	19.14	2.84	2.68		11.19	2.42
物业管理业	0.20	0.03	0.03		0.12	0.03
房地产中介服务业	0.10	0.01	0.01		0.06	0.01
自有房地产经营活动	19.93	2.96	2.80		11.65	2.52
其他房地产业	0.72	0.11	0.10		0.42	0.09
租赁和商务服务业	8.82	6.41	0.96		1.38	0.08
租赁业	0.78	0.53	0.05		0.18	0.02
商务服务业	8.04	5.87	0.91		1.20	0.06
科学研究和技术服务业	5.15	4.16	0.19		0.36	0.44
研究和试验发展	0.74	0.60	0.02		0.08	0.05
专业技术服务业	1.58	1.07	0.13		0.11	0.27
科技推广和应用服务业	2.83	2.50	0.05		0.16	0.12
水利、环境和公共设施管理业	1.94	1.41	0.07		0.34	0.12
水利管理业	0.72	0.49	0.01		0.15	0.07
生态保护和环境治理业	0.82	0.71	0.005		0.09	0.01
公共设施管理业	0.40	0.21	0.06		0.10	0.04
居民服务、修理和其他服务业	40.60	32.16	1.83		4.77	1.84
居民服务业	18.56	17.01	0.58		0.75	0.22
机动车、电子产品和日用产品修理业	15.51	9.46	1.01		3.60	1.44
其他服务业	6.53	5.69	0.24		0.42	0.18
教育	67.65	59.87	0.36		7.06	0.36
卫生和社会工作	24.33	19.22	0.27		3.56	1.28
卫生	23.93	18.83	0.26		3.55	1.28
社会工作	0.40	0.39	0.002		0.01	
文化、体育和娱乐业	4.19	3.45	0.15		0.39	0.20
新闻和出版业	0.17	0.11	0.01		0.03	0.03
广播、电视、电影和影视录音制作业	1.39	1.15	0.03		0.15	0.06
文化艺术业	0.91	0.78	0.01		0.08	0.04
体育	0.20	0.18	0.001		0.02	0.006
娱乐业	1.52	1.23	0.10		0.11	0.07
公共管理、社会保障和社会组织	103.94	95.69	0.23		4.44	3.58
第一产业	344.43	323.77	2.75	1.38	14.12	3.79
第二产业	617.87	279.37	94.48		87.06	156.37
第三产业	663.49	466.40	50.20	0.08	99.66	47.81

公安户籍人口情况（2016年）

单位：万户、万人、%

指　　标	毕节市	七星关区	大方县	黔西县	金沙县	织金县	纳雍县	威宁县	赫章县
一.总户数	250.21	40.92	35.65	26.89	22.60	37.89	26.95	37.45	21.85
二.年末总人口	916.85	162.31	119.52	99.17	70.07	120.49	108.14	151.24	85.91
1.按城乡分									
城镇人口	328.14	68.37	38.58	35.78	30.14	47.70	41.53	52.98	13.06
乡村人口	588.71	93.94	80.94	63.39	39.93	72.79	66.61	98.26	72.85
构成（%）：									
城镇人口	35.79	42.12	32.28	36.08	43.02	39.59	38.40	35.03	15.20
乡村人口	64.21	57.88	67.72	63.92	56.98	60.41	61.60	64.97	84.80
2.按性别分									
男	481.45	86.05	62.85	51.84	36.83	63.25	55.93	79.80	44.91
女	435.40	76.26	56.67	47.32	33.24	57.24	52.21	71.44	41.00
性别比（女=100）	1.106	1.128	1.109	1.096	1.108	1.105	1.071	1.117	1.095
三.年平均人数	910.52	162.22	119.01	98.54	69.80	120.12	106.26	149.30	85.26
四.户规模（人/户）	3.66	3.97	3.35	3.69	3.10	3.18	4.01	4.04	3.93

注：本表数据由市公安局提供。

年末常住人口（2016年）

单位：万人

县　　区	年末总人口	按城乡划分		按性别分组：		年平均人口
		城镇人口	乡村人口	男性	女性	
毕节市	664.18	265.61	398.57	344.16	320.02	662.40
七星关区	105.13	49.35	55.78	53.69	51.44	104.86
大方县	65.30	22.94	42.36	33.97	31.33	65.13
黔西县	67.00	29.95	37.05	34.86	32.14	66.82
金沙县	56.95	25.67	31.28	29.94	27.01	56.80
织金县	79.66	33.50	46.16	41.44	38.22	79.45
纳雍县	68.10	27.17	40.93	35.06	33.04	67.91
威宁县	128.37	52.38	75.99	67.06	61.31	128.02
赫章县	65.97	15.95	50.02	33.83	32.14	65.79
百里杜鹃管理区	7.94	1.50	6.44	4.10	3.84	7.92
金海湖新区	19.76	7.20	12.56	10.21	9.55	19.70

计划生育主要指标（2016 年）

县　区	出生率（‰）	自然增长率（‰）	符合政策生育率（%）	出生人口性别比
毕节市	13.36	6.20	90.05	106.89
七星关区	13.45	6.29	89.50	107.40
大方县	13.14	6.14	90.00	106.16
黔西县	13.09	6.04	91.00	105.99
金沙县	12.54	5.54	93.50	104.14
织金县	13.45	6.29	89.50	118.25
纳雍县	13.49	6.39	89.50	101.92
威宁县	13.47	6.29	89.50	105.49
赫章县	13.49	6.39	89.50	104.92
百里杜鹃管理区	13.29	6.24	90.00	
金海湖新区	13.54	6.44	89.00	

注：本表数据由市卫计委提供。

企业和个体工商户情况（2016 年）

县　区	期末实有（户）				
		内资企业	私营企业	个体工商户	农民专业合作社
合计	349239	3542	38015	297476	10206
市局	2135	344	1791		
七星关区	61559	471	8892	50898	1298
大方县	37832	373	3111	33036	1312
黔西县	39429	556	3311	34799	763
金沙县	40669	385	3982	35425	877
织金县	56289	349	6304	48026	1610
纳雍县	30473	266	3003	25823	1381
威宁县	44069	440	4631	37454	1544
赫章县	22804	273	2121	19315	1095
百里杜鹃管理区	4124	30	455	3497	142
金海湖新区	9856	55	414	9203	184

注：本表数据由市工商局提供。

私营法人单位分行业数据推算情况（2016年）

项　　目	调查单位数（个）	年末从业人员（人）	从业人员平均人员（人）	从业人员劳动报酬（千元）	平均工资（元）
总计	9310	151117	135740	5270484	38828
按国民经济行业分组					
（一）农、林、牧、渔业	983	6849	5568	147051	26410
（二）采矿业	447	34796	33286	1573566	47274
（三）制造业	1626	31157	28348	920612	32475
（四）电力、燃气及水的生产和供应业	53	684	558	24668	44208
（五）建筑业	524	12459	10939	333672	30503
（六）交通运输、仓储和邮政业	2787	21623	18291	733707	40113
（七）信息传输、计算机服务和软件业	563	5713	4778	203795	42653
（八）批发和零售业	106	2302	2177	69311	31838
（九）住宿和餐饮业	66	688	648	16507	25474
（十）金融业	307	2194	1680	61980	36893
（十一）房地产业	773	11130	9994	420802	42105
（十二）租赁和商务服务业	88	3671	3542	126810	35802
（十三）科学研究、技术服务和地质勘查业	71	716	567	21701	38273
（十四）水利、环境和公共设施管理业	397	2735	2133	80858	37908
（十五）居民服务和其他服务业	165	2906	2581	93650	36284
（十六）教育	31	3360	3167	151412	47809
（十七）卫生、社会保障和社会福利业	58	6309	6069	248436	10935
（十八）文化、体育和娱乐业	265	1825	1414	41946	29665
（十九）公共管理和社会组织					

劳动就业和劳动保障维权情况（2016 年）

指　　标	合计	市直	七星关区	大方县	黔西县	金沙县	织金县	纳雍县	威宁县	赫章县	百里杜鹃管理区	金海湖新区
就业再就业												
城镇新增就业（人）	62787		9972	5915	7206	10624	8020	5891	9367	5792		
失业人员实现再就业（人）	17410		2341	1992	1751	1710	1922	2274	2380	2530	200	310
困难人员实现就业（人）	13064		1750	1563	1435	1525	1521	1766	1520	1696	130	158
登记失业人员期末实有数（人）	16078		3095	1153	2549	981	4116	818	2455	762	16	133
城镇登记失业率（%）	4.01		4.10	4.07	4.10	3.98	4.00	3.69	4.00	4.00	4.00	4.07
年初至本期末农村劳动力外出就业（人）	194168		7246	14290	21708	17310	47766	27584	44201	7178	1353	5532
年初至报告期末转移农业劳动力（人）	185180		22935	26127	21708	17000	23759	25550	16421	19460	5400	6820
期末在外就业（人）	1887625		312630	176762	203814	123240	281013	256241	309206	178632	27267	18820
劳动保障维权												
劳动仲裁												
上期末结转数	55	7			1	41		6				
当期受案数(件)	2244	123	212	134	165	779	192	268	76	76	219	
当期结案数(件)	2201	126	212	134	166	738	187	274	69	76	219	
劳动监察												
劳动监察数(户)	2786	54	372	33	389	608	546	321		437	26	
投诉结案数(件)	5775	12	65	13	3430	106	197	1848		99	5	

注：本表数据由市人力资源和社会保障局提供。

劳动分县单位数（2016年）

单位：个

项　　目	毕节市	七星关区	大方县	黔西县	金沙县	织金县	纳雍县	威宁县	赫章县	百里杜鹃管理区	金海湖新区
总计	5509	1328	788	580	766	657	414	376	395	83	122
一、按执行会计标准类别分组											
1. 企业	1193	319	83	134	147	153	97	91	157	2	10
2. 事业	3037	627	531	336	489	382	225	166	149	45	87
3. 机关	1203	340	170	110	123	120	86	115	81	35	23
4. 民间非盈利组织	11	6	1		2	1			1		
5. 其他	65	36	3		5	1	6	4	7	1	2
二、按国民经济行业分组											
（一）农、林、牧、渔业	70	9		4	30	5	13	1	7		1
（二）采矿业	119	7	9	19	20	18	20	3	23		
（三）制造业	173	46	10	15	18	13	17	24	29		1
（四）电力、热力、燃气及水生产和供应业	62	6	9	5	7	7	4	8	13	1	2
（五）建筑业	75	27	4	3	12	5	3	9	11	1	
（六）批发和零售业	263	91	16	31	27	36	16	19	25		2
（七）交通运输、仓储和邮政业	82	29	8	9	11	11	3	3	7		1
（八）住宿和餐饮业	32	8	2	2	5	6	2	3	4		
（九）信息传输、软件和信息技术服务业	20	11	2	3	1				2		1
（十）金融业	62	34	3	4	3	4	2	1	11		
（十一）房地产业	172	27	16	19	30	30	14	15	21		
（十二）租赁和商务服务业	94	25	4	15	16	15	5	4	7	1	2
（十三）科学研究、技术服务业	1293	268	344	181	133	251	31	13	3	10	59
（十四）水利、环境和公共设施管理业	80	24	8	4	27	7	3	5	1		1
（十五）居民服务、修理和其他服务业	28	14	2	2	1	4	2		3		
（十六）教育	781	177	97	99	93	59	65	95	70	8	18
（十七）卫生和社会工作	362	69	41	35	60	34	29	40	37	8	9
（十八）文化、体育和娱乐业	114	25	8	5	30	2	30	9	5		
（十九）公共管理和社会组织	1627	431	205	125	242	150	155	124	116	54	25

单位从业人员和在岗职工分县情况（一）（2016年）

单位：人

项目	毕节市		七星关区		大方县		黔西县		金沙县	
	单位从业人员	在岗职工	单位从业人员	在岗职工	单位从业人员	在岗职工	单位从业人员	在岗职工	单位从业人员	在岗职工
总计	329138	306940	80886	71120	28823	27908	35112	33904	35809	32322
一、按执行会计标准类别分组										
1. 企业	112944	98570	34662	28518	7738	6976	12518	11411	16592	13732
2. 事业	158382	153007	33152	30420	14621	14513	16979	16878	15343	14800
3. 机关	56306	53858	12415	11526	6320	6275	5615	5615	3744	3660
4. 民间非盈利组织	162	162	20	20	6	6			53	53
5. 其他	1344	1343	637	636	138	138			77	77
二、按国民经济行业分组										
（一）农、林、牧、渔业	854	854	234	234			51	51	155	155
（二）采矿业	27628	24737	17	17	2739	2408	6119	5479	7527	6663
（三）制造业	20240	18324	7104	6894	975	837	889	773	2368	1132
（四）电力、热力、燃气及水生产和供应业	11452	10408	1955	1824	681	609	1519	1294	2080	1804
（五）建筑业	9237	5204	4506	2111	529	457	192	192	241	211
（六）批发和零售业	12701	12511	6526	6422	322	319	521	521	984	984
（七）交通运输、仓储和邮政业	5749	5276	3496	3074	484	462	316	316	596	573
（八）住宿和餐饮业	1844	1798	942	942	95	74	16	16	284	284
（九）信息传输、软件和信息技术服务业	2324	2011	2066	1786	39	39	56	56	74	41
（十）金融业	9595	7101	6337	4139	497	436	595	474	375	375
（十一）房地产业	5225	4927	853	737	547	505	796	791	855	823
（十二）租赁和商务服务业	4523	3776	1078	700	819	819	523	523	1222	859
（十三）科学研究、技术服务业	15533	15364	3430	3289	1659	1659	1678	1678	1065	1053
（十四）水利、环境和公共设施管理业	5439	5355	1840	1756	962	962	207	207	450	450
（十五）居民服务、修理和其他服务业	2028	1998	620	597	20	20	731	731	87	80
（十六）教育	97645	94332	18893	17122	8803	8803	9559	9559	8085	7763
（十七）卫生和社会工作	26571	26085	5546	5418	2506	2398	3517	3416	3424	3382
（十八）文化、体育和娱乐业	1475	1435	592	573	107	107	57	57	171	171
（十九）公共管理和社会组织	69075	65444	14851	13485	7039	6994	7770	7770	5766	5519

单位从业人员和在岗职工分县情况（二）（2016年）

单位：人

项　　目	织金县		纳雍县		威宁县		赫章县		百里杜鹃管理区		金海湖新区	
	单位从业人员	在岗职工	单位从业人员	在岗职工	单位从业人员	在岗职工	单位从业人员	在岗职工	单位从业人员	在岗职工	单位从业人员	在岗职工
总计	36390	35951	32024	27374	45066	43574	26431	26399	3027	2818	5570	5570
一、按执行会计标准类别分组												
1. 企业	14632	14277	9984	8345	9184	7692	7270	7255	23	23	341	341
2. 事业	16790	16726	14139	12435	28627	28627	13927	13927	1418	1295	3386	3386
3. 机关	4964	4944	7848	6541	7102	7102	4960	4943	1585	1499	1753	1753
4. 民间非盈利组织	2	2					81	81				
5. 其他	2	2	53	53	153	153	193	193	1	1	90	90
二、按国民经济行业分组												
(一)农、林、牧、渔业	69	69	159	159	35	35	96	96			55	55
(二)采矿业	3918	3595	4851	4636	676	158	1781	1781				
(三)制造业	3620	3620	504	497	3346	3137	1407	1407			27	27
(四)电力、热力、燃气及水生产和供应业	1314	1311	1752	1448	1069	1045	1027	1018	22	22	33	33
(五)建筑业	112	112	1211	268	889	296	1556	1556	1	1		
(六)批发和零售业	3103	3097	331	258	486	486	340	336			88	88
(七)交通运输、仓储和邮政业	290	287	89	86	227	227	221	221			30	30
(八)住宿和餐饮业	232	232	13	13	126	101	136	136				
(九)信息传输、软件和信息技术服务业							43	43			46	46
(十)金融业	486	475	402	354	467	412	436	436				
(十一)房地产业	571	562	597	551	617	571	389	387				
(十二)租赁和商务服务业	427	427	61	61	279	277	75	75	26	22	13	13
(十三)科学研究、技术服务业	1688	1678	572	570	4724	4724	245	245	32	28	440	440
(十四)水利、环境和公共设施管理业	865	865	113	113	914	914	29	29			59	59
(十五)居民服务、修理和其他服务业	548	548	14	14			8	8				
(十六)教育	10462	10418	9826	8707	19242	19242	9262	9262	942	885	2571	2571
(十七)卫生和社会工作	2275	2266	1459	1415	4182	4182	3129	3129	185	131	348	348
(十八)文化、体育和娱乐业	21	20	199	199	218	198	110	110				
(十九)公共管理和社会组织	6389	6369	9871	8025	7569	7569	6141	6124	1819	1729	1860	1860

单位从业人员和在岗职工劳动报酬分县情况（一）（2016年）

单位：千元

项　目	毕节市		七星关区		大方县		黔西县		金沙县	
	单位从业人员劳动报酬	在岗职工工资总额	单位从业人员劳动报酬	在岗职工工资总额	单位从业人员劳动报酬	在岗职工工资总额	单位从业人员劳动报酬	在岗职工工资总额	单位从业人员劳动报酬	在岗职工工资总额
总计	20010867	19265710	5423980	5115873	1786369	1749974	2140354	2090625	2162330	2038883
一、按执行会计标准类别分组										
1. 企业	6249652	5668266	2112232	1874257	452480	423789	679636	632187	927027	824072
2. 事业	9980837	9872219	2316681	2270495	951610	945258	1072945	1070665	987267	969367
3. 机关	3715086	3659980	968522	944623	377606	376254	387773	387773	242530	239938
4. 民间非盈利组织	7060	7060	600	600	184	184			2287	2287
5. 其他	58232	58185	25945	25898	4489	4489			3219	3219
二、按国民经济行业分组										
（一）农、林、牧、渔业	49383	49335	18669	18669			2554	2554	8586	8538
（二）采矿业	1428444	1299995	1102	1102	149364	145758	338239	311712	376936	339581
（三）制造业	812551	749968	258092	251357	48550	46083	35466	30366	114224	73604
（四）电力、热力、燃气及水生产和供应业	949115	899918	188116	181130	52030	43205	115294	105332	206729	196844
（五）建筑业	366025	205123	173108	90457	28614	20667	7976	7976	8631	7320
（六）批发和零售业	819828	777837	574797	535552	13312	13246	19108	19108	46605	46437
（七）交通运输、仓储和邮政业	308023	282142	194444	169991	24899	24529	16304	16304	29606	28826
（八）住宿和餐饮业	51776	51287	25193	25193	2736	2547	424	424	8580	8580
（九）信息传输、软件和信息技术服务业	160809	144212	150296	134441	2230	2230	1634	1634	3750	3008
（十）金融业	890494	828047	488755	440544	90559	87549	59374	53794	32958	32958
（十一）房地产业	262501	250783	45273	41974	31842	29631	39777	39497	40024	37978
（十二）租赁和商务服务业	182778	160926	47701	35957	20198	20198	16698	16698	65749	55848
（十三）科学研究、技术服务业	913816	909658	230036	227101	106645	106645	108193	108193	64396	63997
（十四）水利、环境和公共设施管理业	177006	175031	61817	59842	16396	16396	7494	7494	26807	26807
（十五）居民服务、修理和其他服务业	64546	63384	22791	21960	457	457	24858	24858	5319	4988
（十六）教育	6361056	6303310	1376670	1345675	605228	605228	636712	636712	521472	510696
（十七）卫生和社会工作	1635303	1617540	408428	403373	162900	156548	202573	200293	228338	227504
（十八）文化、体育和娱乐业	105623	104420	48856	48141	8701	8701	3688	3688	10764	10764
（十九）公共管理和社会组织	4471790	4392794	1109836	1083414	421708	420356	503988	503988	362856	354605

单位从业人员和在岗职工劳动报酬分县情况（二）（2016年）

单位：千元

项目	织金县		纳雍县		威宁县		赫章县		百里杜鹃管理区		金海湖新区	
	单位从业人员劳动报酬	在岗职工工资总额	单位从业人员劳动报酬	在岗职工工资总额	单位从业人员劳动报酬	在岗职工工资总额	单位从业人员劳动报酬	在岗职工工资总额	单位从业人员劳动报酬	在岗职工工资总额	单位从业人员劳动报酬	在岗职工工资总额
总计	2015521	1997809	1873366	1768386	2599446	2503483	1512126	1510212	192409	185499	304966	304966
一、按企业、事业、机关分组												
1. 企业	714190	699723	564305	511710	463259	367296	320681	319390	495	495	15347	15347
2. 事业	988561	986738	839862	809866	1654855	1654855	880069	880069	86097	82016	202890	202890
3. 机关	312634	311212	467417	445028	471488	471488	297263	296640	105746	102917	84107	84107
4. 民间非盈利组织	76	76					3913	3913				
5. 其他	60	60	1782	1782	9844	9844	10200	10200	71	71	2622	2622
二、按国民经济行业分组												
（一）农、林、牧、渔业	2632	2632	5175	5175	1720	1720	5329	5329			4718	4718
（二）采矿业	235050	222736	217775	208128	46361	7361	63617	63617				
（三）制造业	116679	116679	23978	23693	152518	145202	62256	62196			788	788
（四）电力、热力、燃气及水生产和供应业	92491	92378	168304	157498	69196	67568	54554	53562	459	459	1942	1942
（五）建筑业	2064	2064	36810	10170	59887	17534	48899	48899	36	36		
（六）批发和零售业	123331	123295	12633	10348	15037	15037	12365	12174			2640	2640
（七）交通运输、仓储和邮政业	12680	12456	4338	4284	12304	12304	12368	12368			1080	1080
（八）住宿和餐饮业	5184	5184	375	375	3602	3302	5682	5682				
（九）信息传输、软件和信息技术服务业							1875	1875			1024	1024
（十）金融业	74175	72814	55709	53866	42540	40098	46424	46424				
（十一）房地产业	27290	26871	34336	33301	26033	23653	17926	17878				
（十二）租赁和商务服务业	15379	15379	3204	3204	8855	8769	3418	3418	634	513	942	942
（十三）科学研究、技术服务业	95935	95379	34497	34422	230642	230642	13788	13788	2463	2270	27221	27221
（十四）水利、环境和公共设施管理业	28678	28678	7918	7918	23019	23019	1812	1812			3065	3065
（十五）居民服务、修理和其他服务业	10252	10252	574	574			295	295				
（十六）教育	624699	623894	571683	558253	1199176	1199176	613836	613836	60632	58892	150948	150948
（十七）卫生和社会工作	152619	152187	79949	78870	189848	189848	182210	182210	9786	8055	18652	18652
（十八）文化、体育和娱乐业	1456	1426	14522	14522	11314	10856	6322	6322				
（十九）公共管理和社会组织	394927	393505	601586	563785	507394	507394	359150	358527	118399	115274	91946	91946

单位从业人员和在岗职工平均工资分县数（一）（2016年）

单位：元

项目	毕节市		七星关区		大方县		黔西县		金沙县	
	单位从业人员平均劳动报酬	在岗职工平均工资	单位从业人员平均劳动报酬	在岗职工平均工资	单位从业人员平均劳动报酬	在岗职工平均工资	单位从业人员平均劳动报酬	在岗职工平均工资	单位从业人员平均劳动报酬	在岗职工平均工资
总计	61637	63487	69105	73732	61786	62412	60752	61368	60510	63174
一、按执行会计标准类别分组										
1. 企业	56898	58850	64504	69064	57378	59197	53608	54428	56024	60160
2. 事业	63370	64836	70682	75267	65250	65294	63398	63643	64435	65524
3. 机关	66565	68572	78678	82680	59956	60114	68888	68888	64917	65700
4. 民间非盈利组织	43580	43580	30000	30000	30667	30667			43151	43151
5. 其他	43295	43292	40730	40720	32529	32529			41805	41805
二、按国民经济行业分组										
（一）农、林、牧、渔业	57355	57366	79106	79106			49115	49115	55394	55442
（二）采矿业	51475	51979	64824	64824	50190	54065	53834	54696	50467	51413
（三）制造业	41592	42400	37971	37924	50415	54343	39849	39233	47853	63288
（四）电力、热力、燃气及水生产和供应业	82776	87184	97268	100349	73076	73855	76001	82419	99056	108454
（五）建筑业	43394	41431	42345	45319	57806	47185	41759	41759	36113	35024
（六）批发和零售业	65040	67797	87648	97126	42127	42319	36746	36746	47459	47530
（七）交通运输、仓储和邮政业	53737	54133	55699	56214	51765	53440	51432	51432	49674	50307
（八）住宿和餐饮业	28764	29058	27206	27206	31448	33078	28267	28267	30753	30753
（九）信息传输、软件和信息技术服务业	70872	73503	73928	76430	57179	57179	30830	30830	50676	73366
（十）金融业	106953	117989	95553	107293	185192	204554	102017	116437	87888	87888
（十一）房地产业	50744	51612	52399	56493	60651	62645	49846	49744	47032	46371
（十二）租赁和商务服务业	39986	42050	41697	46819	24662	24662	32298	32298	53804	64940
（十三）科学研究、技术服务业	59154	59431	67897	69365	64283	64283	64020	64020	60466	60776
（十四）水利、环境和公共设施管理业	33191	33346	34003	34511	17592	17592	36379	36379	59571	59571
（十五）居民服务、修理和其他服务业	34646	34903	36234	37284	22850	22850	33233	33233	61138	62350
（十六）教育	65320	66962	73134	78699	68792	68792	67128	67128	64651	65811
（十七）卫生和社会工作	62653	63121	76157	76906	65712	65998	57812	58858	66726	67329
（十八）文化、体育和娱乐业	71367	72919	81973	84458	81318	81318	63586	63586	63318	63318
（十九）公共管理和社会组织	65256	67630	75664	81142	60115	60257	64572	64572	63007	64333

单位从业人员和在岗职工平均工资分县数（二）（2016年）

单位：元

项目	织金县		纳雍县		威宁县		赫章县		百里杜鹃管理区		金海湖区	
	单位从业人员平均劳动报酬	在岗职工平均工资	单位从业人员平均劳动报酬	在岗职工平均工资	单位从业人员平均劳动报酬	在岗职工平均工资	单位从业人员平均劳动报酬	在岗职工平均工资	单位从业人员平均劳动报酬	在岗职工平均工资	单位从业人员平均劳动报酬	在岗职工平均工资
总计	56495	56651	59093	65252	58240	57816	58352	58377	63627	65873	57078	57078
一、按执行会计标准类别分组												
1. 企业	50295	50438	58260	63205	52310	48817	46435	46430	21522	21522	49189	49189
2. 事业	59840	59962	59493	65243	57759	57759	63759	63759	60717	63333	59920	59920
3. 机关	63133	63101	59574	68058	67616	67616	60321	60403	66843	68749	54019	54019
4. 民间非盈利组织	38000	38000					48309	48309				
5. 其他	30000	30000	33623	33623	64340	64340	52041	52041	71000	71000	29795	29795
二、按国民经济行业分组												
（一）农、林、牧、渔业	37070	37070	32547	32547	49143	49143	54378	54378			85782	85782
（二）采矿业	59311	60641	47086	47184	69926	47490	36270	36270				
（三）制造业	33346	33346	48149	48255	46134	46930	53256	53433			29185	29185
（四）电力、热力、燃气及水生产和供应业	70496	70571	94819	108769	65651	66049	53484	53349	20864	20864	58848	58848
（五）建筑业	18105	18105	32177	37948	84706	63072	33584	33584	36000	36000		
（六）批发和零售业	41220	41291	38282	39800	31458	31458	36261	36125			30000	30000
（七）交通运输、仓储和邮政业	44181	44170	48742	49814	54442	54442	56475	56475			41538	41538
（八）住宿和餐饮业	23671	23671	28846	28846	28587	32693	42089	42089				
（九）信息传输、软件和信息技术服务业							43605	43605			37926	37926
（十）金融业	157484	159330	138580	152164	93289	100245	106477	106477				
（十一）房地产业	49438	49486	59611	62714	42607	42087	45268	45376				
（十二）租赁和商务服务业	36792	36792	52525	52525	31968	31887	46189	46189	24385	23318	72462	72462
（十三）科学研究、技术服务业	57932	57946	60627	60709	49010	49010	56741	56741	76969	81071	61866	61866
（十四）水利、环境和公共设施管理业	33308	33308	70071	70071	26428	26428	62483	62483			57830	57830
（十五）居民服务、修理和其他服务业	28637	28637	41000	41000			42143	42143				
（十六）教育	60328	60508	58175	64108	62159	62159	66555	66555	64365	66545	58712	58712
（十七）卫生和社会工作	70920	70983	55559	56538	45571	45571	59839	59839	52897	61489	53908	53908
（十八）文化、体育和娱乐业	69333	75053	72975	72975	51899	54828	56955	56955				
（十九）公共管理和社会组织	61949	61921	60957	70271	68189	68189	58733	58794	65198	66748	55256	55256

国有非私营单位从业人员和工资总额情况（2016 年）

项　　目	单位数（个）	从业人员（人）					工资总额（千元）			
		从业人员期末人数					从业人员工资总额	在岗职工工资总额	劳务派遣人员工资总额	其他从业人员工资总额
			# 女性	在岗职工	劳务派遣人员	其他从业人员				
Ⅰ. 国有单位合计	4451	236239	97626	225988	2423	7828	15277745	14958407	94893	224445
一、按隶属关系分组										
1. 中央	26	8241	1778	7891	274	76	798567	756513	7768	34286
2. 省、自治区、直辖市	53	6570	1811	6147	257	166	500973	473801	18917	8255
3. 地区	302	19295	7658	18501	268	526	1596753	1571222	13699	11832
4. 县及县以下	4056	201613	86237	193054	1508	7051	12359577	12138287	51597	169693
5. 其他	14	520	142	395	116	9	21875	18584	2912	379
二、按执行会计标准类别分组										
1. 企业	210	21504	5856	19064	1139	1301	1577144	1421281	60805	95058
2. 事业	3036	158313	76259	152950	960	4403	9976358	9867989	25127	83242
3. 机关	1203	56306	15476	53858	324	2124	3715086	3659980	8961	46145
4. 民间非营利组织										
5. 其他	2	116	35	116			9157	9157		
三、按国民经济行业分组（同总计分组）										
（一）农、林、牧、渔业	38	474	146	474			36116	36068		48
（二）采矿业	18	2056	325	1619	428	9	133792	112582	20858	352
（三）制造业	10	366	106	366			15487	15487		
（四）电力、热力、燃气及水生产和供应业	30	6214	1572	5811	293	110	485176	469215	12889	3072
（五）建筑业	7	990	188	154	20	816	55365	8338	1056	45971
（六）批发和零售业	31	4858	959	4792		66	501210	467383		33827
（七）交通运输、仓储和邮政业	39	4326	1389	3922	161	243	235074	210496	14858	9720
（八）住宿和餐饮业	5	34	20	34			1089	1089		
（九）信息传输、软件和信息技术服务业	3	659	246	456	203		30915	22315	8600	
（十）金融业	14	1852	636	1653	130	69	172055	165574	4087	2394
（十一）房地产业	34	534	223	534			19798	19798		
（十二）租赁和商务服务业	37	533	152	517	6	10	28011	27420	207	384
（十三）科学研究、技术服务业	1280	15344	5840	15178	1	165	905902	901816	67	4019
（十四）水利、环境和公共设施管理业	72	5058	2969	4974		84	167005	165030		1975
（十五）居民服务、修理和其他服务业	7	138	44	138			8948	8948		
（十六）教育	741	96420	46031	93119	551	2750	6297151	6239654	13314	44183
（十七）卫生和社会工作	347	25954	16540	25469	192	293	1610838	1593122	6233	11483
（十八）文化、体育和娱乐业	111	1354	512	1334	1	19	102023	101278	44	701
（十九）公共管理和社会组织	1627	69075	19728	65444	437	3194	4471790	4392794	12680	66316

国有非私营单位平均从业人员和平均工资（2016年）

项　　目	从业人员（人）				平均工资（元）			
		从业人员平均人数			从业人员平均工资	在岗职工平均工资	劳务派遣人员平均工资	其他从业人员平均工资
		在岗职工	劳务派遣人员	其他从业人员				
Ⅰ.国有单位合计	234568	223752	2391	8425	65131	66853	39688	26640
一、按隶属关系分组								
1. 中央	8257	7050	267	940	96714	107307	29094	36474
2. 省、自治区、直辖市	6495	6020	307	168	77132	78704	61619	49137
3. 地区	19054	18316	262	476	83801	85784	52286	24857
4. 县及县以下	200240	191959	1449	6832	61724	63234	35609	24838
5. 其他	522	407	106	9	41906	45661	27472	42111
二、按执行会计标准类别分组								
1. 企业	21212	18058	1171	1983	74351	78706	51926	47936
2. 事业	157432	152207	904	4321	63369	64833	27795	19265
3. 机关	55811	53374	316	2121	66565	68572	28358	21756
4. 民间非营利组织								
5. 其他	113	113			81035	81035		
三、按国民经济行业分组(同总计分组)								
(一)农、林、牧、渔业	478	477		1	75556	75614		48000
(二)采矿业	2039	1602	414	23	65616	70276	50382	15304
(三)制造业	363	363			42664	42664		
(四)电力、热力、燃气及水生产和供应业	6202	5798	295	109	78229	80927	43692	28183
(五)建筑业	786	143	16	627	70439	58308	66000	73319
(六)批发和零售业	4882	3954		928	102665	118205		36452
(七)交通运输、仓储和邮政业	4320	3871	211	238	54415	54378	70417	40840
(八)住宿和餐饮业	34	34			32029	32029		
(九)信息传输、软件和信息技术服务业	637	437	200		48532	51064	43000	
(十)金融业	1838	1638	131	69	93610	101083	31198	34696
(十一)房地产业	525	525			37710	37710		
(十二)租赁和商务服务业	529	513	6	10	52951	53450	34500	38400
(十三)科学研究、技术服务业	15258	15119	1	138	59372	59648	67000	29123
(十四)水利、环境和公共设施管理业	4988	4904		84	33481	33652		23512
(十五)居民服务、修理和其他服务业	137	137			65314	65314		
(十六)教育	96164	92925	551	2688	65483	67147	24163	16437
(十七)卫生和社会工作	25503	25029	182	292	63163	63651	34247	39325
(十八)文化、体育和娱乐业	1358	1330	1	27	75127	76149	44000	25963
(十九)公共管理和社会组织	68527	64953	383	3191	65256	67630	33107	20782

集体、其他非私营单位从业人员和劳动报酬（一）（2016年）

项目	单位数（个）	从业人员（人）					工资总额（千元）			
		从业人员期末人数					从业人员工资总额	在岗职工工资总额	劳务派遣人员工资总额	其他从业人员工资总额
			#女性	在岗职工	劳务派遣人员	其他从业人员				
Ⅱ.城镇集体单位合计	88	4421	1423	3904	67	450	362460	343239	4352	14869
一、按执行会计标准类别分组										
1.企业	88	4421	1423	3904	67	450	362460	343239	4352	14869
2.事业										
3.机关										
4.民间非盈利组织										
5.其他										
二、按国民经济行业分组(同总计分组)										
(一)农、林、牧、渔业										
(二)采矿业	3	27	6	27			849	849		
(三)制造业	8	107	35	107			3171	3171		
(四)电力、热力、燃气及水生产和供应业	3	28	2	28			1061	1061		
(五)建筑业	13	1138	132	748		390	36743	24335	520	11888
(六)批发和零售业	43	653	156	653			25873	25873		
(七)交通运输、仓储和邮政业										
(八)住宿和餐饮业	1	21	10	21			633	633		
(九)信息传输、软件和信息技术服务业										
(十)金融业	6	2154	972	2027	67	60	283333	276520	3832	2981
(十一)房地产业	4	53	20	53			2286	2286		
(十二)租赁和商务服务业										
(十三)科学研究、技术服务业	2	107	8	107			4619	4619		
(十四)水利、环境和公共设施管理业	1	27	13	27			423	423		
(十五)居民服务、修理和其他服务业	2	2		2			46	46		
(十六)教育										
(十七)卫生和社会工作	2	104	69	104			3423	3423		

集体、其他非私营单位从业人员和劳动报酬（二）（2016 年）

项　目	单位数（个）	从业人员（人）					工资总额（千元）			
		从业人员期末人数	# 女性	在岗职工	劳务派遣人员	其他从业人员	从业人员工资总额	在岗职工工资总额	劳务派遣人员工资总额	其他从业人员工资总额
Ⅲ．其他单位合计	970	88478	24013	77048	4394	7036	4370662	3964064	169511	237087
一、按登记注册类型分组										
（一）内资	960	86876	23480	75520	4327	7029	4260388	3860937	162541	236910
（二）港、澳、台商投资	5	759	129	752		7	43407	43230		177
（三）外商投资	5	843	404	776	67		66867	59897	6970	
二、按执行会计标准类别分组										
1. 企业	895	87019	23199	75602	4393	7024	4310048	3903746	169464	236838
2. 事业	1	69	24	57		12	4479	4230		249
3. 机关										
4. 民间非盈利组织	11	162	113	162			7060	7060		
5. 其他	63	1228	677	1227	1		49075	49028	47	
三、按国民经济行业分组（同总计分组）										
（一）农、林、牧、渔业	32	380	120	380			13267	13267		
（二）采矿业	98	25545	2492	23091	985	1469	1293803	1186564	28842	78397
（三）制造业	155	19767	7892	17851	1563	353	793893	731310	52407	10176
（四）电力、热力、燃气及水生产和供应业	29	5210	1060	4569	641		462878	429642	33236	

集体、其他非私营单位从业人员和劳动报酬（三）（2016年）

项　　目	单位数（个）	从业人员（人）					工资总额（千元）			
		从业人员期末人数					从业人员工资总额	在岗职工工资总额	劳务派遣人员工资总额	其他从业人员工资总额
			#女性	在岗职工	劳务派遣人员	其他从业人员				
（五）建筑业	55	7109	1052	4302	97	2710	273917	172450	9146	92321
（六）批发和零售业	189	7190	1802	7066	62	62	292745	284581	6556	1608
（七）交通运输、仓储和邮政业	43	1423	363	1354	3	66	72949	71646	257	1046
（八）住宿和餐饮业	26	1789	1027	1743		46	50054	49565		489
（九）信息传输、软件和信息技术服务业	17	1665	634	1555	74	36	129894	121897	7146	851
（十）金融业	42	5589	2792	3421	139	2029	435106	385953	7279	41874
（十一）房地产业	134	4638	1451	4340	98	200	240417	228699	3918	7800
（十二）租赁和商务服务业	57	3990	1016	3259	711	20	154767	133506	20219	1042
（十三）科学研究、技术服务业	11	82	20	79		3	3295	3223		72
（十四）水利、环境和公共设施管理业	7	354	193	354			9578	9578		
（十五）居民服务、修理和其他服务业	19	1888	1081	1858		30	55552	54390		1162
（十六）教育	40	1225	593	1213		12	63905	63656		249
（十七）卫生和社会工作	13	513	350	512	1		21042	20995	47	
（十八）文化、体育和娱乐业	3	121	75	101	20		3600	3142	458	
（十九）公共管理和社会组织										

集体、其他非私营单位平均从业人员和平均工资情况(一)(2016年)

项目	从业人员(人)				平均工资(元)			
		从业人员平均人数				从业人员平均工资		
		在岗职工	劳务派遣人员	其他从业人员		在岗职工平均工资	劳务派遣人员平均工资	其他从业人员平均工资
Ⅱ.城镇集体单位合计	4333	3841	76	416	83651	89362	57263	35743
一、按执行会计标准类别分组								
1.企业	4333	3841	76	416	83651	89362	57263	35743
2.事业								
3.机关								
4.民间非盈利组织								
5.其他								
二、按国民经济行业分组								
(一)农、林、牧、渔业								
(二)采矿业	27	27			31444	31444		
(三)制造业	106	106			29915	29915		
(四)电力、热力、燃气及水生产和供应业	29	29			36586	36586		
(五)建筑业	1090	729	8	353	33709	33381	65000	33677
(六)批发和零售业	653	653			39622	39622		
(七)交通运输、仓储和邮政业								
(八)住宿和餐饮业	21	21			30143	30143		
(九)信息传输、软件和信息技术服务业								
(十)金融业	2120	1989	68	63	133648	139025	56353	47317
(十一)房地产业	47	47			48638	48638		
(十二)租赁和商务服务业								
(十三)科学研究、技术服务业	107	107			43168	43168		
(十四)水利、环境和公共设施管理业	27	27			15667	15667		
(十五)居民服务、修理和其他服务业	2	2			23000	23000		
(十六)教育								
(十七)卫生和社会工作	104	104			32913	32913		

集体、其他非私营单位平均从业人员和平均工资情况(二)(2016年)

项目	从业人员(人)				平均工资(元)			
		从业人员平均人数				从业人员平均工资		
		在岗职工	劳务派遣人员	其他从业人员		在岗职工平均工资	劳务派遣人员平均工资	其他从业人员平均工资
Ⅲ.其他单位合计	85758	75868	4448	5442	50965	52249	38109	43566
一、按登记注册类型分组								
(一)内资	84147	74331	4381	5435	50630	51942	37101	43590
(二)港、澳、台商投资	779	772		7	55721	55997		25286
(三)外商投资	832	765	67		80369	78297	104030	
二、按执行会计标准类别分组								
1.企业	84295	74418	4447	5430	51131	52457	38107	43617
2.事业	69	57		12	64913	74211		20750
3.机关								
4.民间非盈利组织	162	162			43580	43580		
5.其他	1232	1231	1		39834	39828	47000	
三、按国民经济行业分组(同总计分组)								
(一)农、林、牧、渔业	383	383			34640	34640		
(二)采矿业	25684	23381	926	1377	50374	50749	31147	56933
(三)制造业	19067	17219	1489	359	41637	42471	35196	28345
(四)电力、热力、燃气及水生产和供应业	5235	4495	740		88420	95582	44914	
(五)建筑业	6559	4079	92	2388	41762	42278	99413	38660
(六)批发和零售业	7070	6866	143	61	41407	41448	45846	26361
(七)交通运输、仓储和邮政业	1412	1341	5	66	51664	53427	51400	15848
(八)住宿和餐饮业	1745	1710		35	28684	28985		13971
(九)信息传输、软件和信息技术服务业	1632	1525	71	36	79592	79932	100648	23639
(十)金融业	4368	3391	140	837	99612	113817	51993	50029
(十一)房地产业	4601	4287	113	201	52253	53347	34673	38806
(十二)租赁和商务服务业	4042	3314	708	20	38290	40285	28558	52100
(十三)科学研究、技术服务业	83	80		3	39699	40288		24000
(十四)水利、环境和公共设施管理业	318	318			30119	30119		
(十五)居民服务、修理和其他服务业	1724	1677		47	32223	32433		24723
(十六)教育	1219	1207		12	52424	52739		20750
(十七)卫生和社会工作	494	493	1		42595	42586	47000	
(十八)文化、体育和娱乐业	122	102	20		29508	30804	22900	

企业单位从业人员情况（2016 年）

项目	单位数（个）	从业人员（人）								
		从业人员期末人数					从业人员平均人数			
			其中：女性	在岗职工	劳务派遣人员	其他从业人员		在岗职工	劳务派遣人员	其他从业人员
企业单位合计	1193	112944	30478	98570	5599	8775	109840	96317	5694	7829
其中：国有控股	374	51263	12056	44575	2505	4183	50079	43777	2648	3654
集体控股	111	6854	1788	5851	46	957	6652	5671	67	914
按国民经济行业分组										
（一）农、林、牧、渔业	36	515	159	515			522	522		
（二）采矿业	118	27623	2822	24732	1413	1478	27745	25005	1340	1400
（三）制造业	167	20036	7918	18120	1563	353	19332	17484	1489	359
（四）电力、热力、燃气及水生产和供应业	61	11407	2615	10363	934	110	11421	10277	1035	109
（五）建筑业	74	9236	1371	5203	117	3916	8430	4946	116	3368
（六）批发和零售业	248	12580	2857	12390	62	128	12481	11349	143	989
（七）交通运输、仓储和邮政业	62	4134	1264	3661	164	309	4120	3600	216	304
（八）住宿和餐饮业	31	1785	1017	1739		46	1741	1706		35
（九）信息传输、软件和信息技术服务业	20	2324	880	2011	277	36	2269	1962	271	36
（十）金融业	59	9167	4259	6789	238	2140	7898	6706	241	951
（十一）房地产业	170	5214	1693	4916	98	200	5165	4851	113	201
（十二）租赁和商务服务业	64	4166	1047	3433	713	20	4218	3488	710	20
（十三）科学研究、技术服务业	22	301	58	298		3	297	294		3
（十四）水利、环境和公共设施管理业	17	1344	796	1344			1270	1270		
（十五）居民服务、修理和其他服务业	21	1894	1080	1864		30	1729	1682		47
（十六）教育	8	534	197	534			532	532		
（十七）卫生和社会工作	9	530	364	524		6	515	508		7
（十八）文化、体育和娱乐业	5	144	81	124	20		145	125	20	
（十九）公共管理、社会保障和社会组织	1	10		10			10	10		

企业单位工资情况（2016年）

项　　目	工资总额（千元）				平均工资（元）			
	从业人员工资总额				从业人员平均工资			
		在岗职工	劳务派遣人员	其他从业人员		在岗职工	劳务派遣人员	其他从业人员
企业单位合计	6249652	5668266	234621	346765	56898	58850	41205	44292
其中：国有控股	3366688	3081359	115849	169480	67228	70388	43750	46382
集体控股	470511	432419	5120	32972	70732	76251	76418	36074
按国民经济行业分组								
（一）农、林、牧、渔业	24787	24787			47485	47485		
（二）采矿业	1428294	1299845	49700	78749	51479	51983	37090	56249
（三）制造业	806145	743562	52407	10176	41700	42528	35196	28345
（四）电力、热力、燃气及水生产和供应业	947447	898250	46125	3072	82957	87404	44565	28183
（五）建筑业	365889	204987	10722	150180	43403	41445	92431	44590
（六）批发和零售业	814991	773000	6556	35435	65299	68112	45846	35829
（七）交通运输、仓储和邮政业	206698	180817	15115	10766	50169	50227	69977	35414
（八）住宿和餐饮业	50076	49587		489	28763	29066		13971
（九）信息传输、软件和信息技术服务业	160809	144212	15746	851	70872	73503	58103	23639
（十）金融业	863199	802859	13569	46771	109293	119722	56303	49181
（十一）房地产业	262146	250428	3918	7800	50754	51624	34673	38806
（十二）租赁和商务服务业	161359	140012	20305	1042	38255	40141	28599	52100
（十三）科学研究、技术服务业	12268	12196		72	41306	41483		24000
（十四）水利、环境和公共设施管理业	34725	34725			27343	27343		
（十五）居民服务、修理和其他服务业	55818	54656		1162	32283	32495		24723
（十六）教育	30831	30831			57953	57953		
（十七）卫生和社会工作	19262	19062		200	37402	37524		28571
（十八）文化、体育和娱乐业	4452	3994	458		30703	31952	22900	
（十九）公共管理、社会保障和社会组织	456	456			45600	45600		

农业生产条件（1-1）（2016年）

指　　标	单位	毕节市	七星关区	大方县	黔西县	金沙县	织金县	纳雍县	威宁县	赫章县
一、农村基层组织情况										
乡镇个数	个	227	35	34	27	21	26	23	35	26
其中：镇个数	个	130	27	10	15	14	16	13	30	5
村委会个数	个	2275	320	212	269	145	331	267	420	311
村民小组个数	个	23346	3843	2413	2914	2263	2566	3995	3442	1910
二、农村社会基础设施										
自来水受益村数	个	2041	320	212	269	145	331	266	187	311
通电乡镇数	个	227	35	34	27	21	26	23	35	26
通公路乡镇数	个	227	35	34	27	21	26	23	35	26
通汽车村数	个	2275	320	212	269	145	331	267	420	311
通电话乡镇数	个	227	35	34	27	21	26	23	35	26
通电话村数	个	2041	319	212	269	145	331	267	187	311
通宽带村数	个	1314	202	209	200	104	264	68	81	186
通邮件的乡镇数	个	227	35	34	27	21	26	23	35	26
通邮件的村数	个	1119	170	92	201	114	153	115	141	133
建成农村地面卫星接收站个数	个	870259	157466	137197	118688	108307	93351	100095	89390	65765
通有线广播的村数	个	677	70	79	92	82	201	27	38	88
通有线电视村数	个	756	45	78	91	88	264	44	42	104
有文化站的乡数	个	97	8	24	12	7	10	10	5	21
有文化中心的镇数	个	130	27	10	15	14	16	13	30	5
用电户数	户	1838428	270887	263258	189658	142548	264216	216568	300114	191179
饮用安全卫生水户数	户	1490985	196357	234842	163451	116833	261004	190256	167329	160913
使用沼气的户数	户	238791	16961	19781	25903	36676	35699	31027	47826	24918
其中：当年新增	户	6115	528	92	5	1535	3226	237	55	437
三、乡村人口与从业人员										
乡村户数	户	1840014	272461	263258	189658	142548	264216	216568	300114	191191
乡村人口数	人	6666093	1085010	892211	703851	457894	860458	839050	1111076	716543
1. 男	人	3487365	554803	471771	373041	242971	451682	433128	586254	373715
2. 女	人	3178728	530207	420440	330810	214923	408776	405922	524822	342828

农业生产条件（1–2）（2016 年）

指　　标	单位	毕节市	七星关区	大方县	黔西县	金沙县	织金县	纳雍县	威宁县	赫章县
乡村外出人口数	人	1716759	328225	233716	215553	127738	254794	179011	200604	177118
1. 省外	人	1014324	192597	143371	117894	80670	115124	105139	136052	123477
2. 省内县外	人	432066	75270	65252	63046	27735	86057	47413	35397	31896
3. 县内乡外	人	270369	60358	25093	34613	19333	53613	26459	29155	21745
乡村劳动力资源数	人	5016288	831448	645728	551485	332969	682580	570119	947341	454618
其中：劳动年龄内	人	4428012	724632	577500	504087	285671	616728	499200	828696	391498
其中：1. 男	人	2675511	435789	324447	298950	187302	373304	302971	506474	246274
2. 女	人	2340777	395659	321281	252535	145667	309276	267148	440867	208344
其中：外出劳动力	人	1351366	241805	188031	166267	102971	158161	142428	187324	164379
1. 省外	人	836024	150254	118068	93118	66294	74464	89799	129501	114526
2. 省内县外	人	325103	50898	51037	47236	22160	53011	38049	32764	29948
3. 县内乡外	人	190239	40653	18926	25913	14517	30686	14580	25059	19905
乡村从业人员数	人	4393953	718064	612078	487847	274948	556875	493884	841480	408777
其中：劳动年龄内	人	3769502	581123	545410	424640	223389	506780	412371	724680	351109
其中：在各类主体经营单位中	人	1175647	184683	47734	244101	20149	197755	270716	185820	24689
（一）按性别分										
1. 男	人	2335945	375878	309289	260017	156705	304081	264307	447785	217883
其中：从事农业人员	人	1154248	156333	167486	126470	63264	151210	110855	283189	95441
2. 女	人	2058008	342186	302789	227830	118243	252794	229577	393695	190894
其中：从事农业人员	人	1022683	156718	140996	116744	50036	131360	90589	242413	93827
（二）从业人员按国民经济行业分										
1. 农业	人	2176931	313051	308482	243214	113300	282570	201444	525602	189268
2. 工业	人	323695	69098	37901	33233	23689	47873	54952	35567	21382
3. 建筑业	人	214206	45204	26060	39390	12533	29146	21534	26303	14036
4. 交通运输仓储业和邮政业	人	83054	11186	10092	13554	7411	11888	11167	9067	8689
5. 信息传输、计算机服务和软件业	人	22983	4796	2063	2854	1030	5301	3136	2056	1747
6. 批发与零售业	人	154668	26589	17889	25876	12004	14981	10018	35574	11737
7. 住宿和餐饮业	人	83892	12307	8095	14830	5791	12061	8589	15784	6435

农业生产条件（1–3）（2016年）

指　　标	单位	毕节市	七星关区	大方县	黔西县	金沙县	织金县	纳雍县	威宁县	赫章县
8. 其他行业	人	1334524	235833	201496	114896	99190	153055	183044	191527	155483
其中：外出打工人数（一个月以上）	人	1104967	181729	189659	112168	89497	103001	122220	161110	145583
四、农业机械化情况										
（一）农用机械总动力	千瓦	4799603	637565	575300	600500	523115	502500	430110	1146313	384200
1. 柴油发动机动力	千瓦	3712192	495057	462040	373184	385281	406790	296556	1012148	281136
2. 汽油发动机动力	千瓦	25821	5228	4860	410	2566	50	65	9436	3206
3. 电动机动力	千瓦	1061590	137280	108400	226906	135268	95660	133489	124729	99858
（二）主要农业机械与设备										
大中型拖拉机	台	6069	66	1880	888	1625	143	254	1177	36
大中型拖拉机［动力］	千瓦	158816	2456	56612	19197	29872	3317	7755	37654	1953
小型拖拉机	台	55987	5373	2509	2000	1449	3772	1080	29679	10125
小型拖拉机［动力］	千瓦	694749	68746	29903	27642	18113	53430	14320	356148	126447
大中型拖拉机配套农具	台	1270	88	136	360	98	75	85	405	23
小型拖拉机配套农具	台	1710	124	135	460	136	442	233	113	67
农用排灌电动机	台	25155	4230	5546	2796	6147	1320	1342	2858	916
农用排灌电动机［动力］	千瓦	65803	8958	14551	9064	20408	4170	2740	2554	3358
农用排灌柴油机	台	19929	602	2315	3760	10435	2086	420	220	91
农用排灌柴油机［动力］	千瓦	131674	3954	20252	31383	54157	16022	2688	2398	820
联合收割机	台	108	38	6	17	26	16		1	4
联合收割机［动力］	千瓦	3121	886	266	545	870	320		48	186
自走式机动割晒机	台	1253	246	803	20	152	20	6	6	
自走式机动割晒机［动力］	千瓦	3497	492	2409	75	370	120	7	24	
机动脱粒机	台	40264	11828	6604	2000	10562	1152	816	5400	1902
农用运输车	辆	41699	8590	4411	3827	2997	5568	5831	7380	3095
农用运输车［动力］	千瓦	1710743	313563	252556	165000	135268	228168	209245	288660	118283
捕捞渔船	艘	26			26					
养殖渔船	艘	68				68				
（三）农机作业情况										

农业生产条件（1-4）（2016年）

指　　标	单位	毕节市	七星关区	大方县	黔西县	金沙县	织金县	纳雍县	威宁县	赫章县
机耕面积	公顷	319005	28140	33933	29000	37333	21333	37866	93333	38067
机播面积	公顷	6007	503	267	667	1800	333	520	1650	267
机收面积	公顷	25615	4134	3535	5400	7413	2333	667	2000	133
五、农业主要能源及物资消耗										
1. 乡、村办水电站数	个	31	3	3		3	12	2	2	6
装机容量	万千瓦	50	2	2		5	34		7	
发电量	万千瓦时	11387	216	5862		1122	151	2	2168	1866
2. 农村用电量	万千瓦时	149405	29321	22545	16230	18618	17798	11818	20719	12356
3. 农用化肥施用量（按实物量计算）	吨	640620	95410	81962	84240	70410	44766	76550	131927	55355
其中：（1）氮肥	吨	304726	48401	39517	45794	30954	24465	41632	48241	25722
（2）磷肥	吨	125517	14667	21531	20391	3446	6130	13988	32920	12444
（3）钾肥	吨	43233	9557	6163	5241	2494	2115	4525	8361	4777
（4）复合肥	吨	167144	22785	14751	12814	33516	12056	16405	42405	12412
4. 农用化肥施用量（按折纯法计算）	吨	224773	34701	27343	28234	27328	16155	26795	45107	19110
其中：（1）氮肥	吨	112835	17959	14621	16980	11453	9052	15404	17849	9517
（2）磷肥	吨	20082	2370	3445	3239	551	981	2238	5267	1991
（3）钾肥	吨	21652	4799	3082	2633	1247	1058	2263	4181	2389
（4）复合肥	吨	70204	9573	6195	5382	14077	5064	6890	17810	5213
5. 农用塑料薄膜使用量	吨	11571	1742	372	850	191	574	1627	5316	899
其中：地膜使用量	吨	7024	923	262	635	115	216	289	3758	826
地膜覆盖面积	公顷	91854	10060	4853	7879	2520	4480	5418	43281	13363
6. 农用柴油使用量	吨	14873	1313	730	965	653	289	6635	2045	2243
7. 农药使用量	吨	787	83	94	190	33	38	125	104	120
补充资料：经营主体单位	个	13708	2161	2286	1327	308	2609	2628	813	1576
1. 企业	个	5833	1475	1409	337	25	811	610	193	973
2. 合作社	个	4938	484	710	381	199	666	1535	455	508
3. 规模户	个	2714	196	166	538	70	1012	474	163	95
4. 家庭农场	个	223	6	1	71	14	120	9	2	

农业生产条件（2-1）（2016年）

指　　标	单　位	百里杜鹃	金海湖新区
一、农村基层组织情况			
乡镇个数	个	4	7
其中：镇个数	个		4
村委会个数	个	36	33
村民小组个数	个	301	916
二、农村社会基础设施			
自来水受益村数	个	35	31
通电乡镇数	个	4	7
通公路乡镇数	个	4	7
通汽车村数	个	36	33
通电话乡镇数	个	4	7
通电话村数	个	36	33
通宽带村数	个	33	31
通邮件的乡镇数	个	4	7
通邮件的村数	个	14	19
建成农村地面卫星接收站个数	个	12527	34022
通有线广播的村数	个	6	12
通有线电视村数	个	13	13
有文化站的乡数	个	4	3
有文化中心的镇数	个		4
用电户数	户	30262	59763
饮用安全卫生水户数	户	18848	54446

农业生产条件（2-2）（2016年）

指　　标	单　位	百里杜鹃	金海湖新区
使用沼气的户数	户	1372	7098
三、乡村人口与从业人员			
乡村户数	户	30262	59763
乡村人口数	人	107669	212787
1. 男	人	56263	110731
2. 女	人	51406	102056
乡村外出人口数	人	27911	63066
1. 省外	人	13808	34239
2. 省内县外	人	12495	19926
3. 县内乡外	人	1112	8901
乡村劳动力资源数	人	63188	146207
其中：劳动年龄内	人	55578	126243
其中：1. 男	人	34218	76872
2. 女	人	28355	69335
其中：外出劳动力	人	18781	46728
1. 省外	人	10377	25862
2. 省内县外	人	7590	14457
3. 县内乡外	人	814	6408
乡村从业人员数	人	57564	118199
其中：劳动年龄内	人	49519	102436

农业生产条件（2-3）（2016 年）

指　　标	单　　位	百里杜鹃	金海湖新区
其中：在各类主体经营单位中	人	19854	46841
（一）按性别分			
1. 男	人	31771	63227
其中：从事农业人员	人	17827	30212
2. 女	人	26009	54972
其中：从事农业人员	人	14274	25981
（二）从业人员按国民经济行业分			
1. 农业	人	31569	56193
2. 工业	人	4760	12947
3. 建筑业	人	3592	5119
4. 交通运输仓储业和邮政业	人	480	2612
5. 信息传输、计算机服务和软件业	人	13	700
6. 批发与零售业	人	1374	2311
7. 住宿和餐饮业	人	800	1978
8. 其他行业	人	14164	36336
其中：外出打工人数（一个月以上）	人	12683	35086
五、农业主要能源及物资消耗			
1. 乡、村办水电站数	个		4
装机容量	万千瓦		2
发电量	万千瓦时		5913
2. 农村用电量	万千瓦时	612	15624
3. 农用化肥施用量（按实物量计算）	吨	6601	16467
其中：（1）氮肥	吨	3499	8108
（2）磷肥	吨	2160	4055
（3）钾肥	吨	491	1020
（4）复合肥	吨	479	3284
4. 农用化肥施用量（按折纯法计算）	吨	4288	15629
其中：（1）氮肥	吨	2442	7518
（2）磷肥	吨	560	4044
（3）钾肥	吨	1080	954
（4）复合肥	吨	206	3113
5. 农用塑料薄膜使用量	吨	81	124
其中：地膜使用量	吨	56	97
地膜覆盖面积	公顷	1120	1765
6. 农用柴油使用量	吨	356	137
7. 农药使用量	吨	8	27
补充资料：经营主体单位	个	148	206
1. 企业	个	86	78
2. 合作社	个	42	88
3. 规模户	个	35	40
4. 家庭农场	个	1	

粮食作物生产情况

指　　标	毕节市		七星关区		大方县	
	播种面积	产量	播种面积	产量	播种面积	产量
粮食作物	680050	2628803	122740	435645	85210	272828
其中：夏收粮食	283415	678949	64420	146115	46430	103058
一、谷物	293738	1493226	49810	253833	33730	158247
其中：夏收谷物	68982	124250	11340	17917	12490	17308
1. 稻谷	41692	266084	6250	48109	4080	27020
中稻和一季晚稻	41692	266084	6250	48109	4080	27020
2. 小麦	55130	104918	8960	14918	9060	16157
冬小麦	55130	104918	8960	14918	9060	16157
3. 玉米	173036	1061016	31440	185339	19000	110922
4. 谷子	242	773	120	328		
5. 高粱	7584	33611	660	2140	850	2996
6. 其他谷物	16054	26824	2380	2999	740	1152
其中：大麦	1025	1425			100	159
燕麦	674	730				
荞麦	6143	10611	140	143	280	479
薏仁米	21	29				
二、豆类合计	116582	234375	22660	54907	19030	31233
其中：夏收豆类	43608	78158	5100	5432	5420	13024
其中：大豆	38742	81012	7580	23495	7020	11081
绿豆	203	373	70	79	60	77
红小豆	1996	4396	30	32	10	10
四季豆	17719	40865	1249	11657	5060	6000
三、薯类	269730	901202	50270	126905	32450	83348
1. 马铃薯（洋芋）	255129	846863	47980	122766	31210	79586
其中：脱毒马铃薯	155774	551750	22001	65550	16219	51896
其中：夏收马铃薯	170825	476540	47980	122766	28520	72726
2. 甘薯	14601	54339	2290	4139	1240	3762

注：表中七星关区、大方县和黔西县含百里杜鹃和金海湖新区数据。

（一）（2016 年）

单位：公顷、吨

黔西县		金沙县		织金县		纳雍县		威宁县	
播种面积	产量	播种面积	产量	播种面积	产量	播种面积	产量	播种面积	产量
77925	283810	52910	243525	90940	346115	76936	280682	94410	497582
37315	84434	18450	49561	50410	140934	43353	104070	10630	31112
37870	188616	32430	187868	41020	212998	31556	163825	37850	200088
7160	13025	4330	10631	10860	20393	7600	16439	5880	11559
7320	45141	8780	62467	10530	68685	3740	8138	130	686
7320	45141	8780	62467	10530	68685	3740	8138	130	686
7020	12783	4110	10268	10740	20246	6521	13714	2200	4838
7020	12783	4110	10268	10740	20246	6521	13714	2200	4838
22650	127454	14340	90901	19410	123095	19790	138206	28860	182467
						122	445		
740	2997	4980	23870	210	806	62	570		
140	241	220	362	130	166	1321	2752	6660	12097
		120	207	10	14	34	42	710	873
20	27	10	11	30	31	15	16	520	484
10	15	30	41	80	103	218	252	2980	5374
				10	18	11	11		
18800	33337	5860	9777	15840	23862	12103	15415	13550	45613
12820	23076	3300	5123	6150	13376	4483	3837	3250	11603
3600	6129	2210	4111	6500	7049	4736	7000	4950	16530
20	22					19	140	20	25
				360	373	20	98	1520	3739
2360	4110	189	314	2325	1996	2445	2522	3730	13416
21255	61857	14620	45880	34080	109255	33277	101442	43010	251881
17335	48333	10820	33807	33400	107164	31270	84795	42680	250768
17035	47497	7417	24357	12381	48287	18320	62375	32134	165294
17335	48333	10820	33807	33400	107164	31270	83794	1500	7950
3920	13524	3800	12073	680	2091	2007	16647	330	1113

粮食作物生产情况（二）（2016年）

单位：公顷、吨

指标	赫章县		百里杜鹃		金海湖区	
	播种面积	产量	播种面积	产量	播种面积	产量
粮食作物	78979	268616	9521	36998	19197	64307
其中：夏收粮食	12407	19665	4716	10868	10477	22032
一、谷物	29472	127751	4218	22207	10547	44042
其中：夏收谷物	9322	16978	664	1135	4579	7261
1. 稻谷	862	5838	208	900	762	4291
中稻和一季晚稻	862	5838	208	900	762	4291
2. 小麦	6519	11994	627	1135	4550	7219
冬小麦	6519	11994	627	1135	4550	7219
3. 玉米	17546	102632	3356	20080	4630	29861
4. 高粱	82	232	28	92	517	2430
5. 其他谷物	4463	7055			88	241
其中：大麦	51	130				

粮食作物生产情况（三）（2016 年）

单位：公顷、吨

指　标	赫章县		百里杜鹃		金海湖区	
	播种面积	产量	播种面积	产量	播种面积	产量
燕麦	79	161				
荞麦	2405	4204			18	23
二、豆类合计	8739	20231	2266	4770	3650	5321
其中：夏收豆类	3085	2687	1241	715	1127	991
其中：大豆	2146	5617	471	2926	1271	2592
绿豆	14	30			30	69
红小豆	56	144			33	32
四季豆	361	850	341	913	384	760
三、薯类	40768	120634	3037	10021	5000	14944
1. 马铃薯（洋芋）	40434	119644	2811	9018	4771	13780
其中：脱毒马铃薯	30267	86494	2292	7279	2792	8201
其中：夏收马铃薯			2811	9018	4771	13780
2. 甘薯	334	990	226	1003	229	1164

经济作物生产情况

指标	毕节市		七星关		大方县	
	播种面积	产量	播种面积	产量	播种面积	产量
经济作物	498987		80254		49083	
一、油料	71467	150268	5630	9897	5381	8421
其中：花生	2681	6963	402	1371	195	327
油菜籽	65600	138192	4317	7106	4286	7209
芝麻	204	328			7	8
胡芝麻	16	52				
葵花籽	2168	3382	310	761	843	724
二、生麻	400	878	95	176		
其中：生黄红麻	2	3				
生苎麻	80	260	40	160		
生大麻	40	154				
生亚麻	278	461	55	16		
三、糖料	35	374	29	358		
其中：甘蔗	30	362	29	358		
甜菜	5	12				
四、烟叶（未加工烟草）	38975	73803	4530	7747	6358	11970
其中：烤烟（未去梗烤烟叶）	35974	67600	3813	6329	5867	11027
土烟（晒烟）	3001	6203	717	1418	491	943
五、中草药材（人工种植）	30818	70393	4906	14655	8734	8031
其中：人参	42	29				
枸杞	79	74			79	74
党参	4348	10525	696	1928	410	430
当归	160	2017			110	1762
生地	1	7				
白术	505	729	20	55	388	440
山药	10	16				
三七	27	9				
菊花	3	1				
杜仲	593	788	80	280	127	140
天麻	4515	2588	170	505	3610	1332
白芍	2	3			1	2

注：表中七星关区、大方县和黔西县含百里杜鹃和金海湖新区数据。

（1-1）（2016年）

单位：公顷、吨、支、盆、个

黔西县		金沙县		织金县		纳雍县		威宁县	
播种面积	产量	播种面积	产量	播种面积	产量	播种面积	产量	播种面积	产量
76588		42097		54754		32418		105382	
33033	81276	14864	31825	11499	16300	545	1134	232	834
192	403	1445	3645	141	483	255	551	47	172
32245	80473	13149	27504	11234	15382	241	294	57	54
		182	285	13	33			1	1
				9	31			7	21
596	400	78	388	32	117	46	282	56	311
				2	1	195	398	40	197
								1	1
				2	1			17	60
								20	133
						195	398	2	3
						4	4	2	12
								1	4
						4	4	1	8
3428	7143	2382	4298	1916	3811	1960	4393	15502	28628
3067	6454	2160	3920	1520	3060	1680	3520	15200	28020
361	689	222	378	396	751	280	873	302	608
1539	2758	860	648	4066	1758	624	746	6510	27731
1	10			41	19				
				61	30	66	476	3053	7421
								50	255
				1	7				
		2	3			2	1	93	230
9	4			1	12				
				27	9				
						3	1		
3	2	26	17	230	84	33	7	3	21
		17	4	493	144	43	37	16	76
				1	1				

经济作物生产情况

指　标	毕节市		七星关		大方县	
	播种面积	产量	播种面积	产量	播种面积	产量
桔梗	543	1163	120	360	85	89
金银花	1376	657			41	18
半夏	2891	9989			39	10
川芎	18	33			8	20
青蒿	3	9				
鱼藤根	5	3				
白芷	15	28			1	1
厚朴	10	35			10	35
葛根	5	32				
柴胡	10	2				
其他	15657	41656	3820	11527	3825	3678
七、蔬菜及食用菌	192326	2215461	39738	562109	20743	294215
（一）叶菜类	20365	243283	11963	137780	1489	21683
其中：芹菜	2078	27072	991	12729	297	2650
油菜	2498	32605	1164	16036	193	2814
菠菜	5945	66165	2604	31787	265	2891
（二）白菜类	49673	971255	10723	242496	6278	97552
其中：大白菜	40132	818400	7976	197184	3827	76230
（三）甘蓝类	4224	40317	2173	8277	410	4771
其中：卷心菜（结球甘蓝）	3001	31159	1482	5888	341	4388
（四）根茎类	31304	234948	1334	19274	2458	30998
其中：白萝卜	7636	80573	491	8892	477	9039
胡萝卜	2453	35555	358	4907	610	6212
生姜	2046	17385	87	1004	143	912
榨菜头	356	6018	12	1045		
马铃薯	17168	58575	16	75	1228	14835
（五）瓜菜类	8169	86297	3194	24264	1137	18851
其中：黄瓜	2610	34086	1401	9382	456	8089
南瓜	3587	32906	1395	12286	248	3697
冬瓜	433	2761	215	1185		
（六）豆类（菜用）	24468	84038	1342	6517	664	8950

（1-2）（2016年）

单位：公顷、吨、支、盆、个

黔西县		金沙县		织金县		纳雍县		威宁县	
播种面积	产量	播种面积	产量	播种面积	产量	播种面积	产量	播种面积	产量
18	2	14	9	8	8	36	129	259	559
115	3	750	588	449	34	7	2	14	12
		4	2	47	141	38	27	244	2440
				9	11	1	2		
				3	9				
						5	3		
14	27								
				2	31	3	1		
10	2								
1369	2708	47	25	2693	1218	387	60	2778	16717
29232	191764	16866	251109	20858	229506	19524	185829	24610	285042
1448	3140	653	11295	1790	20647	2490	36931	78	561
64	440	100	641	266	4068	297	4623	20	195
169	636	18	108	797	12659	154	341	3	11
153	606	47	817	533	2336	1969	19591	50	264
5593	52489	7879	140503	5868	128840	4231	49367	3105	169885
4697	51156	6845	128233	5430	82281	3668	44777	3105	169885
509	5854	273	3960	240	6254	59	1376	366	6657
343	4093	98	1382	240	6254	59	1376	331	5780
5039	18015	1506	27713	3899	19311	4774	44307	6033	33450
1076	3467	489	9160	448	4643	1590	11040	1804	19056
234	3929	337	6461	135	2113	387	4746	130	2769
712	2847	318	5667	176	1410	281	2084	303	3345
158	1062	54	2684	132	1227				
2859	6710	50	146	2938	8999	2240	7565	3796	8280
926	2802	786	14100	503	7859	1006	7976	69	832
106	1061	173	3010	171	6031	155	3020	17	180
796	1641	520	7552	162	1016	120	1831	24	294
19	100	26	325	136	422	13	123		
5360	9348	673	7149	3228	6406	2236	17427	9953	24465

经济作物生产情况

指　　标	毕节市		七星关		大方县	
	播种面积	产量	播种面积	产量	播种面积	产量
其中：豇豆	4553	20906	1010	5297	201	1871
四季豆	16669	46609	178	919	276	1696
（七）茄果类	38079	406550	6484	109118	5729	71444
其中：茄子	2193	23826	653	10049	222	2513
辣椒	29729	283265	3500	54010	5025	44941
西红柿	4484	56272	1906	35118	252	1479
（八）葱蒜类	13062	78738	1440	10972	2480	18303
其中：大葱	3201	29837	811	8010	613	8572
蒜头	8233	35835	229	573	1390	3242
（九）水生菜类	1106	3387	1085	2540	1	50
其中：莲藕	7	210			1	50
（十）其它蔬菜	1876	31551			97	906
（十一）食用菌（干鲜混合）		35097		871		20707
1. 干品		2305				3
其中：香菇		1831				1
黑木耳		4				
2. 鲜品		32792		871		20704
其中：蘑菇		12869		871		2528
八、瓜果类（果用瓜）	2033	47090	168	2031	127	1988
其中：西瓜	1590	42206	82	1204	118	1501
香瓜（甜瓜）	228	2813			1	6
草莓	183	1209	55	379	7	77
九、其他农作物	162933		25158		7740	
其中：青饲料	64368		15995		3381	
绿肥	92499		5479		3635	
芭蕉芋	92				20	
十、特种农作物						
花卉种植面积	747				396	
鲜切花		3350268				
盆栽观赏植物（包括盆景）		1838302				
香料原料		520		13		151
其中：花椒		423		13		138
八角		28				10
十一、农业转基因及优良育种（个）	1					

（1-3）（2016 年）

单位：公顷、吨、支、盆、个

黔西县		金沙县		织金县		纳雍县		威宁县	
播种面积	产量	播种面积	产量	播种面积	产量	播种面积	产量	播种面积	产量
572	1825	269	2802	631	3287	531	2200	1142	2822
3067	5464	321	3367	1976	2361	1366	9169	8811	21643
8907	89355	4222	41637	3742	28398	2962	18336	2545	21817
233	2230	302	3568	402	1828	34	565	147	1232
7797	84791	3562	28314	2871	20574	2252	15063	1910	14276
377	2298	232	3507	343	1650	466	3228	488	6309
1387	8512	860	3853	1505	7936	1534	7358	1880	12113
499	3409	10	206	191	3091	819	4544	145	960
716	3443	783	3420	1204	4716	695	2652	1705	11063
6	160	14	637						
6	160								
57	836			83	536	232	2106	581	7262
	1253		262		3319		645		8000
	8		63		2231				
	4		63		1763				
	4								
	1245		199		1088		645		8000
	1234				204				8000
954	29693	202	4675	129	1445	132	1684	207	3374
906	29532	195	4600	59	731	69	1013	55	1480
				37	492	39	512	147	1788
48	161	7	75	33	212	24	159	5	106
8402		6923		16284		9434		58279	
5921		3180		432		2241		22299	
2481		3743		15724		6261		35980	
						72			
187		47		105		12			
	1750000		1600000		268				
	1760200		34040		44062				
	2		63		92		74		31
	2		63		46		74		7
					18				
				1					

经济作物生产情况（2-1）（2016年）

单位：公顷、吨、支、盆、个

指　　标	赫章县		百里杜鹃		金海湖区	
	播种面积	产量	播种面积	产量	播种面积	产量
经济作物	58411		7697		16036	
一、油料	283	581	887	1033	1441	2112
其中：花生	4	11			34	47
油菜籽	71	170	584	820	1327	1951
芝麻	1	1				
葵花籽	207	399	303	213	80	114
二、生麻	68	106				
其中：生黄红麻	1	2				
生苎麻	21	39				
生大麻	20	21				
生亚麻	26	44				
三、烟叶（未加工烟草）	2899	5813	1494	2217	1291	2435
其中：烤烟（未去梗烤烟叶）	2667	5270	1458	2139	1180	2260
土烟（晒烟）	232	543	35	78	111	175
四、中草药材（人工种植）	3579	14066	442	2114	1799	694
其中：党参	62	240	4	3	209	233
当归			44	1643		
杜仲	91	237	3	2		
天麻	166	490	84	106	1502	402
桔梗	3	7	18	2		
金银花			100	2		
半夏	2519	7369			32	8
白芷			14	27		
柴胡			10	2		
其他	738	5723	34	324	22	49
五、蔬菜及食用菌	20755	215887	4687	32317	8076	73178
（一）叶菜类	454	11246	53	152	2126	19384
其中：芹菜	43	1726			189	879
油菜			24	61	254	2519
菠菜	324	7873	29	91	290	2213
（二）白菜类	5996	90123	843	12981	2018	20056
其中：大白菜	4584	68654	809	12059	629	6631
（三）甘蓝类	194	3168			400	3663
其中：卷心菜（结球甘蓝）	107	1998			353	3501
（四）根茎类	6261	41880	3156	13744	342	4547

经济作物生产情况（2-2）（2016年）

单位：公顷、吨、支、盆、个

指　　标	赫章县		百里杜鹃		金海湖区	
	播种面积	产量	播种面积	产量	播种面积	产量
其中：白萝卜	1261	15276	227	3274	97	1297
胡萝卜	262	4418	114	1350	77	1290
生姜	26	116	6	102	15	110
马铃薯	4041	11965	2811	9018	32	194
（五）瓜菜类	548	9613	56	316	830	12873
其中：黄瓜	131	3313	21	134	624	9280
南瓜	322	4589	36	182	154	1690
冬瓜	24	606				
（六）豆类（菜用）	1012	3776	141	505	502	1729
其中：豇豆	197	802	21	65	266	1143
四季豆	674	1990	79	347	162	250
（七）茄果类	3488	26445	257	4803	1176	7216
其中：茄子	200	1841	19	127	109	310
辣椒	2812	21296	232	3914	851	5079
西红柿	420	2683	6	42	159	1057
（八）葱蒜类	1976	9691	132	667	682	3710
其中：大葱	113	1045	37	259	120	687
蒜头	1511	6726	85	374	70	298
（九）其它蔬菜	826	19905	29	40		
（十）食用菌（干鲜混合）		40		1293		
鲜品		40	21	1293		
其中：蘑菇		32	20	1293		
六、瓜果类（果用瓜）	114	2200	2	36	67	722
其中：西瓜	106	2145	2	36	57	620
香瓜（甜瓜）	4	15				
草莓	4	40			10	102
七、其他农作物	30713		187		3374	
其中：青饲料	10919		157		1992	
绿肥	19196		30		1382	
八、特种农作物						
花卉种植面积			526			
盆栽观赏植物（包括盆景）				200		
香料原料		94				31
其中：花椒		80				26
八角						5

茶叶、水果及食用坚果生产情况（一）（2016年）

指　　标	毕节市	七星关区	大方县	黔西县	金沙县	织金县
一、茶叶合计（吨）	2653	477	83	482	190	576
绿茶	1274			147	149	485
青茶	58					1
红茶	61	3			16	1
黑茶	1					
白茶	4					
其它茶	1255	474	83	335	25	89
二、园林水果（吨）	150752	40314	5958	8215	7305	10465
1. 苹果	40690	1628	321	86	26	525
其中：红富士苹果	22538	145	13		23	
国光苹果	2794					10
2. 梨	28695	12188	1307	2316	1271	3181
其中：雪花梨	3100		172	489	212	1017
鸭梨	2706	1020	68	189	47	70
3. 柑桔类	16702	8323	777	959	3828	825
其中：柑	5683	1526	405	156	3042	192
桔	3702	1222	206	788	216	467
橙	2620	2280	57	6	50	91
柚	708	500	9	5	68	15
4. 其他园林水果	64665	18175	3553	4854	2180	5934
其中：桃	18222	4378	1271	2632	636	2938
猕猴桃	1166	369	323	28	34	188
葡萄	2789	408	74	268	1173	568
红枣	193	96	12	13	56	9
柿子	1605	932	42	73	48	73
杨梅	1650	52	149	73	202	67
三、实用坚果（吨）	39964	1219	1050	360	260	806
其中：核桃	37390	864	682	299	213	708
板栗	2020	321	219	57	47	96
松子	353	34	1	4		2
四、年末实有茶园面积（公顷）	26810	986	2653	2160	4943	4179
其中：本年采摘面积	14268	886	730	1470	1323	1617
五、年末果园面积（公顷）	32836	5196	3513	3528	2226	3910
其中：苹果园	7191	208	116	5	4	174
梨园	6926	2177	384	1731	473	838
柑桔园	3842	1281	226	370	1148	598
桃园	4134	337	685	710	97	966
猕猴桃园	1077	411	312	50	33	143
葡萄园	675	29	27	61	283	178
杨梅园	266	7	13	27	78	19
六、年末桑园面积（公顷）	1310	1290				

注：表中七星关区、大方县和黔西县含百里杜鹃和金海湖新区数据。

茶叶、水果及食用坚果生产情况（二）（2016年）

指　　标	纳雍县	威宁县	赫章县	百里杜鹃	金海湖新区
一、茶叶合计（吨）	643	165	37	1	21
绿茶	328	165		1	
青茶	50		7		
红茶	41				
黑茶			1		
白茶	4				
其它茶	220		29		21
二、园林水果（吨）	24823	38597	15075	211	4781
1. 苹果	1222	32320	4562		125
其中：红富士苹果		20288	2069		
国光苹果	371	1436	977		
2. 梨	1919	4333	2180	86	3950
其中：雪花梨	441	642	127	12	145
鸭梨	494	718	100		55
3. 柑桔类	1882	42	66		5
其中：柑	302	27	33		3
桔	771	11	21		2
橙	127	4	5		
柚	111				
4. 其他园林水果	19800	1902	8267	125	701
其中：桃	2878	1557	1932	93	280
猕猴桃	203		21	23	253
葡萄	192	10	96		40
红枣	7				9
柿子	69	325	43	5	19
杨梅	724	10	373		4
三、实用坚果（吨）	1053	3434	31782	193	110
其中：核桃	551	3118	30955	163	43
板栗	437	200	643	30	67
松子	12	116	184		
四、年末实有茶园面积（公顷）	9259	1880	750	38	535
其中：本年采摘面积	7475	507	260	25	295
五、年末果园面积（公顷）	5909	7255	1299	755	668
其中：苹果园	129	6174	381		20
梨园	620	567	136	246	366
柑桔园	205	4	10		2
桃园	674	500	165	366	51
猕猴桃园	127		1	35	218
葡萄园	79	3	15		9
杨梅园	113	7	2		2
六、年末桑园面积（公顷）		20			

林业生产情

指标	毕节市	七星关区	大方县
主要林产品产量（吨）			
1. 天然生漆	504	140	128
2. 油桐籽	63	7	5
3. 油茶籽	63	7	10
4. 乌桕籽	8		
5. 五倍籽	57	3	4
6. 棕片	51		2
7. 天然松脂	26		4
8. 竹笋干	122	38	36
9. 银杏（白果）	12		1
10. 其他	1630	170	
竹木采伐			
1. 木材（立方米）	193513	47255	3282
其中：村及村以下采伐	175384	38792	3282
2. 竹材（万根）	150		87
其中：村及村以下采伐	61		

况（2016年）

黔西县	金沙县	织金县	纳雍县	威宁县	赫章县
9	27	33	48	22	97
	10	30	11		
2	21	15	3	5	
	8				
5	29	12	4		
0	13	29	2		5
	13				9
	17	13	18		
	3	8			
30	2	1249	27		152
10177	55133	19657	48700	891	8418
10177	55133	13193	47295		7512
20		17	8	18	
20		16	7	18	

畜牧业生产情况

指标	单位	毕节市	七星关区	大方县	黔西县
一、年末存栏数					
(一)牛	头	836062	117528	92886	96664
1. 肉牛	头	472536	60572	48880	58599
2. 役用牛	头	363526	56956	44006	38065
(二)活牲畜(除猪、牛、羊外)	头	115878	34089	14175	3071
其中：役用畜	头	75105	25350	9018	2550
1. 马	匹	111425	32747	14101	3071
2. 驴	头	302			
3. 骡	头	4151	1342	74	
(三)猪	头	3113535	629220	310743	280682
其中：能繁殖的母畜	头	302016	57324	30738	27764
(四)羊	只	716171	46817	41388	21061
其中：能繁殖的母畜	只	321194	21126	18926	9903
1. 山羊	只	560039	43007	33886	21061
其中：能繁殖的母畜	只	262325	18716	14233	9903
2. 绵羊	只	156132	3810	7502	
其中：能繁殖的母畜	只	58869	2410	4693	
(五)家禽	只	14524735	2441154	1934979	2031142
其中：活鸡	只	12562244	2175119	1661453	1792455
其中：肉鸡	只	8776033	1621476	1187653	1259812
其中：蛋鸡	只	3219170	532238	312963	532121
(六)兔	只	148342	25882	16519	10498
二、当年出栏头数					
(一)牛	头	246256	29964	25611	19202
(二)活牲畜(除猪、牛、羊外)	头	57797	20676	5455	2375
其中：役用畜	头	20164	5795	1802	1952
1. 马	匹	56568	20364	5439	2375
2. 驴	头	85	2		
3. 骡	头	1144	310	16	
(三)猪	头	3378682	616247	360307	341843
(四)羊	只	399285	22607	25943	6662
1. 山羊	只	330589	21423	21511	6662
2. 绵羊	只	68696	1184	4432	
(五)家禽	只	13830659	2194306	2081765	2146576
其中：活鸡	只	12418822	2080155	1918522	1927513
(六)兔	只	164294	38035	11606	14300
三、肉类总产量	吨	375968	65293	40127	37185
(一)猪肉	吨	309909	55573	32492	30827

（1-1）（2016 年）

金沙县	织金县	纳雍县	威宁县	赫章县	百里杜鹃	金海湖新区
65787	113659	81891	185556	82092	13471	13590
44153	69111	50396	95258	45567	9655	6649
21634	44548	31495	90298	36525	3816	6941
5597	5422	13162	22371	17992	707	2141
5400	4765	441	21825	5756	70	1807
5517	5422	13162	19507	17899	707	2067
			302			
80			2562	93		74
231599	285536	255228	796000	324527	33182	93316
22608	27739	25247	79000	31597	3227	6745
24637	38359	44293	316777	182838	5372	4676
10089	16778	20925	135447	88000	399	2305
24637	31049	42893	224626	138879	5372	2261
10089	12569	20413	107115	69287	399	713
	7310	1400	92151	43959		2415
	4209	512	28332	18713		1592
1419447	2274636	1668856	1806262	948258	191226	300693
1208340	1942413	1421448	1547088	813928	165025	270624
773681	1339385	1025376	1047451	521199	135265	148572
302948	597970	350667	386586	203677	21215	116098
11874	24867	13050	31250	14402	1748	13630
18704	36985	42012	54188	19590	4210	4532
2113	4454	14312	4332	4080	318	945
2072	2910	330	2531	2772	250	728
2096	4454	14312	3515	4013	318	929
			83			
17			734	67		16
307058	341505	273500	785000	353221	25322	87393
17056	14772	18266	194719	99259	2274	1796
17056	13490	17942	144417	88087	2274	927
	1282	324	50302	11172		869
1816577	2295838	1275692	1274762	745144	146421	234147
1581984	1951375	1145505	1166704	647065	130731	212277
10513	27646	10600	45325	6269	2656	9664
33529	40042	33738	87913	38141	3142	8983
27699	30797	24664	75360	32496	2284	7881

畜牧业生产情况

指　　标	单　位	毕节市	七星关区	大方县	黔西县
（二）牛肉	吨	32013	3895	3329	2496
（三）羊肉	吨	6094	345	396	103
1. 山羊肉	吨	5064	327	330	103
2. 绵羊肉	吨	1030	18	66	
（四）活牲畜（除猪、牛、羊外）	吨	4904	1754	464	202
其中：役用畜	吨	1953	568	177	191
1. 马肉	吨	4810	1731	462	202
2. 驴肉	吨	8	0		
3. 骡肉	吨	86	23	1	
（五）禽肉	吨	22757	3661	3425	3532
其中：鸡肉	吨	20183	3406	3118	3132
（六）兔肉	吨	283	65	20	25
（七）其他肉	吨	8			
五、主要畜产品产量					
（一）山羊毛产量	吨	84	12	6	
其中：山羊粗毛产量	吨	75	12	5	
山羊绒产量	吨	9		1	
（二）绵羊毛产量	吨	547	3	14	
其中：细羊毛	吨	150		1	
半细羊毛	吨	396	3	13	
（三）蜂蜜产量	吨	246	26	10	11
（四）禽蛋产量	吨	33368	6400	7710	3062
1. 鸡蛋产量	吨	29473	5991	6646	2655
2. 鸭、鹅蛋产量	吨	3797	374	1047	407
3. 其他禽蛋产量	吨	98	35	17	
（五）蚕茧产量	吨	36	35		
其中：桑蚕茧	吨	36	35		
六、战略性新兴产业					
1. 优良品种存栏					
其中：猪	头	164171	18423	39396	
牛	头	34314	2152	6852	
羊	头	42471	981	9082	
家禽	羽	878879	427127	79060	
2. 优良品种出栏					
其中：猪	头	134599	10760	43032	
牛	头	11504	1277	2253	
羊	头	19236	312	6801	
家禽	羽	498032	93791	69641	

（1–2）（2016 年）

金沙县	织金县	纳雍县	威宁县	赫章县	百里杜鹃	金海湖新区
2432	4808	5462	7044	2547	552	594
260	225	279	2971	1515	34	27
260	206	274	2216	1347	34	14
	19	5	755	168		13
182	379	1217	362	346	27	80
180	285	32	248	272	2	71
180	379	1217	299	341	27	79
			8			
1			55	5		1
2939	3778	2099	2097	1226	242	386
2547	3171	1861	1896	1051	213	346
18	48	18	78	11	4	14
	8					
3	0		47	16		
2	0		41	15		
1			6	1		
	5	4	462	59		
			136	14		
	5	4	326	45		
19	118	36	13	13	1	1
2490	2781	2057	6438	2430	268	4382
2188	2436	1804	5628	2125	253	4261
299	338	247	780	305	14	121
3	7	6	30		1	
	1					
	1					
40807	47333		18212			24907
9878	11306		4126			3292
3058	6558		22792			757
88129	176407		108156			44211
39493	37204		4110			22628
2221	3471		2282			886
1374	2370		8379			393
169367	89246		75987			35861

渔业生产情

指　　标	毕节市	七星关区	大方县	黔西县
一、水产品产量总计（吨）	10243	591	1395	1125
淡水水域捕捞	3105	18	225	388
鱼类	2865	18	221	384
虾蟹类	232		4	4
贝类	5			
其他类	4			
淡水水域养殖	7138	573	1170	737
鱼类	7019	569	1166	736
虾蟹类	87			
贝类	5			
其他类	27	4	4	1
其中：物种保护领域水生动植物饲养	6	1		
其中：大鲵(娃娃鱼)[人工养殖]	10	1	3	1
二、水产品养殖面积（公顷）				
淡水水域养殖(不包括稻田养殖)	1911	81	226	427
池塘养殖	569	79	199	118
湖泊养殖	554		24	134
河沟养殖	52	1		18
水库养殖	712		3	153
其他养殖	24	1		4
补充资料：稻田养鱼面积	109			0.4

注：表中七星关区、大方县和黔西县含百里杜鹃和金海湖新区数据。

况（2016年）

金沙县	织金县	纳雍县	威宁县	赫章县	金海湖新区
2910	2605	945	354	318	184
935	1227	198	94	20	44
926	1040	192	64	20	44
6	187	6	25		
			5		
4					
1975	1378	747	260	298	141
1958	1287	747	258	298	141
	86		1		
	5				
17			1		
4			1		
4			1		
336	74	140	481	146	41
42	25	70	16	20	14
25			371		24
12		12	9		
238	49	58	85	126	3
19					
1	53	55			

农林牧渔业总产值

指标	毕节市	七星关区	大方县
农林牧渔业总产值	5643040	1046559	662916
一、农业产值	3535182	679143	420540
(一)谷物及其他作物	1297159	194909	138157
1. 谷物	421368	70323	42214
其中：小麦	31035	4413	4779
稻谷	78083	14118	7929
玉米	278599	48976	27536
2. 薯类	435363	61568	40459
3. 油料	83931	6008	4753
其中：花生	6646	1309	312
油菜籽	73374	3707	3760
4. 豆类	140800	33088	18761
其中：大豆	50175	14552	6863
5. 麻类	585	139	0
6. 糖类	34	32	0
7. 烟草	190576	20474	30871
8. 其他农作物	24501	3276	1099
其中：饲料作物	9656	2399	507
(二)蔬菜、食用菌及花卉盆景园艺产品	1355690	319936	200231
1. 蔬菜(含菜用瓜)	1214524	316452	158817
2. 食用菌	129964	3484	41414
3. 花卉	11202	0	0
(三)水果、坚果、茶、饮料和香料	293486	40678	11358
1. 水果	148510	32918	7194
其中：苹果	30518	1221	241
梨	15904	7243	654
柑桔	4916	2355	220
2. 坚果	109090	2892	2204
其中：桃	104804	2422	1912
板栗	1248	198	135
松子	2824	272	8
3. 茶及饮料原料	32309	4764	830
其中：茶	32309	4764	830
4. 香料原料	3578	104	1130
其中：花椒	3384	104	1104
八角	56	0	20

（一）（2016 年）

单位：万元

黔西县	金沙县	织金县	纳雍县	威宁县	赫章县
533579	470467	608670	488250	1143765	688833
334154	265493	363815	281080	718373	472584
164781	119186	147853	117957	289337	124979
52220	58854	59134	44941	57125	36558
3781	3037	5989	4057	1431	3548
13247	18331	20156	2388	201	1713
33680	24021	32528	36521	48217	27121
30257	22486	52974	49502	122048	56070
42681	19777	8773	910	608	421
385	3479	461	526	164	11
41975	15639	8023	153	28	89
19838	5886	14287	9336	27500	12105
3796	2546	4366	4336	10238	3479
0	0	1	242	131	72
0	0	0	0	1.2	0
18499	11109	10105	11652	72823	15044
1285	1076	2581	1374	9102	4709
888	477	65	336	3345	1638
126502	133011	179773	112883	159693	123662
111639	130309	119810	110303	143693	123502
5012	1572	59742	2580	16000	160
9851	1130	221	0	0.0	0
20540	9374	20168	43364	41710	106296
14504	5447	8968	33684	29175	16620
65	20	394	917	24240	3422
1158	636	1691	1094	2340	1090
271	1173	234	632	12	19
905	629	2068	1964	9791	88636
838	597	1985	1545	8740	86767
35	29	59	270	124	397
32	0	16	96	928	1472
5114	2794	8671	7124	2640	371
5114	2794	8671	7124	2640	371
16	504	460	592	104	668
16	504	368	592	56	640
0.0	0	36	0	0	0

农林牧渔业总产

指标	毕节市	七星关区	大方县
(四)中草药材	588847	123620	70795
二、林业产值	204967	34623	26323
(一)林木的培育和种植	161693	24350	18592
1. 育种育苗	9542	997	1401
2. 造林	103391	15933	10831
3. 抚育和管理(含:零星植树、迹地更新)	48760	7420	6360
(二)竹木采运	18481	3780	2003
其中:村及村以下	15251	3103	263
(三)林产品	24793	6493	5728
三、牧业产值	1648290	288671	185497
(一)牲畜饲养	355154	45460	34791
1. 牛的饲养	283195	34459	29453
2. 羊的饲养	47914	2713	3113
3. 其他牲畜饲养	23119	8270	2182
4. 毛绒产品	926	18	43
其中:羊毛	746	18	23
羊绒	180		20
5. 其他牲畜副产品			
(二)猪的饲养	1102528	210949	117815
(三)家禽饲养	184538	31269	32614
1. 肉禽	124476	19749	18736
2. 禽蛋	60062	11520	13878
(四)狩猎和捕捉动物			
(五)其他畜牧业	6070	994	277
其中:蚕茧	216	210	
兔	1314	304	93
四、渔业产值	25904	1491	3482
淡水产品	25904	1491	3482
其中:养殖			
1. 鱼类	24424	1451	3427
2. 虾蟹类	1135		14
3. 贝类	36		
4. 其他	310	40	40
五、农林牧渔服务业产值	228698	42632	27075
补充资料:1. 家庭兼营商品性工业	217135	73197	39124

值（二）（2016年）

单位：万元

黔西县	金沙县	织金县	纳雍县	威宁县	赫章县
22332	3922	16021	6876	227634	117647
12652	21600	20729	24518	36067	28457
11023	15764	15362	18195	34752	23656
642	1673	742	1473	1440	1174
4816	8527	8789	11156	26422	16917
5565	5565	5830	5565	6890	5565
1214	4411	1913	4056	431	673
1214	4411	1375	3924	360	601
414	1425	3455	2267	883	4127
162504	149148	188906	162996	344385	166182
23832	24424	46093	56235	88139	36180
22082	21510	42533	48314	62316	22529
800	2047	1773	2192	23366	11911
950	845	1782	5725	1733	1632
	22	6	5	724	109
	2	6	5	604	89
	20			120	20
113524	103458	114740	90828	232582	118631
24831	20831	25668	15184	23061	11080
19319	16349	20663	11481	11473	6706
5512	4482	5006	3703	11588	4374
317	435	2405	749	603	290
		6			
114	84	221	85	363	50
2792	7358	6739	2342	916	786
2792	7358	6739	2342	916	786
2768	7126	5750	2320	796	786
14	21	971	21	93	
		18		18	
10	210			10	
21477	26869	28482	17315	44024	20825
11935	7712	12020	26630	26942	19575

农林牧渔业增加值（一）（2016年）

单位：万元

指标	合计	农业	林业	牧业	渔业	服务业
毕节市	5643040	3535182	204967	1648290	25904	228698
一、总产值	5643040	3535182	204967	1648290	25904	228698
二、中间消耗	1987994	1259924	20497	687013	2590	17970
（一）中间物质消耗	1729645	1108733	18447	583961	2331	16173
（二）生产服务支出	258349	151191	2050	103052	259	1797
三、增加值	3655046	2275258	184470	961277	23313	210728
可比价速度（%）	6.0	7.2	14.5	5.3	11.7	6.0
七星关区						
一、总产值	1046559	679143	34623	288671	1491	42632
二、中间消耗	368654	240525	3462	121242	149	3276
（一）中间物质消耗	320916	211662	3116	103056	134	2948
（二）生产服务支出	47738	28863	346	18186	15	328
三、增加值	677905	438618	31161	167429	1342	39356
可比价速度（%）	6.0	7.1	11.5	5.3	2.9	6.0
大方县						
一、总产值	662916	420540	26323	185497	3482	27075
二、中间消耗	233545	156022	2632	72344	348	2199
（一）中间物质消耗	203153	137300	2369	61492	313	1979
（二）生产服务支出	30092	18723	263	10852	35	220
三、增加值	429371	264518	23690	113153	3133	24876
可比价速度（%）	5.8	7.3	15.6	5.0	9.3	5.8
黔西县						
一、总产值	533579	334154	12652	162504	2792	21477
二、中间消耗	187980	114563	1265	70107	279	1766
（一）中间物质消耗	163385	100815	1139	59591	251	1589
（二）生产服务支出	24595	13748	127	10516	28	177
三、增加值	345599	219592	11387	92397	2513	19711
可比价速度（%）	6.2	7.4	-4.5	5.4	4.3	6.2

农林牧渔业增加值（二）（2016年）

单位：万元

指　标	合计	农业	林业	牧业	渔业	服务业
金沙县						
一、总产值	470467	265493	21600	149148	7358	26869
二、中间消耗	165745	96386	2160	64388	736	2076
（一）中间物质消耗	144024	84820	1944	54730	662	1868
（二）生产服务支出	21722	11566	216	9658	74	208
三、增加值	304721	169107	19440	84760	6622	24793
可比价速度（%）	6.1	7.3	-12.1	5.5	8.0	6.1
织金县						
一、总产值	608670	363815	20729	188906	6739	28482
二、中间消耗	214434	129996	2073	79492	674	2200
（一）中间物质消耗	186417	114396	1866	67568	607	1980
（二）生产服务支出	28018	15600	207	11924	67	220
三、增加值	394236	233819	18656	109414	6065	26282
可比价速度（%）	5.7	7.1	9.5	4.9	11.2	5.7
纳雍县						
一、总产值	488250	281080	24518	162996	2342	17315
二、中间消耗	172011	96529	2452	71458	234	1337
（一）中间物质消耗	149306	84946	2207	60740	211	1203
（二）生产服务支出	22705	11583	245	10719	23	134
三、增加值	316240	184551	22066	91538	2107	15978
可比价速度（%）	5.9	7.4	14.5	5.4	7.0	5.9
威宁县						
一、总产值	1143765	718373	36067	344385	916	44024
二、中间消耗	402948	254232	3607	141509	92	3509
（一）中间物质消耗	350493	223724	3246	120283	82	3158
（二）生产服务支出	52455	30508	361	21226	9	351
三、增加值	740817	464141	32460	202876	824	40515
可比价速度（%）	6.0	7.1	18.5	5.3	2.6	6.0
赫章县						
一、总产值	688833	472584	28457	166182	786	20825
二、中间消耗	242676	171671	2846	66473	79	1608
（一）中间物质消耗	211651	151070	2561	56502	71	1447
（二）生产服务支出	31025	20600	285	9971	8	161
三、增加值	446157	300913	25611	99709	707	19217
可比价速度（%）	6.3	7.5	19.5	5.5	6.6	6.3

规模以上工业总产值、增加值（2016 年）

单位：亿元

县　　区	总产值	增加值	增长（%）
总计	1153.1	401.3	11.6
七星关区	120.7	62.2	–0.1
大方县	109.3	38.2	15.3
黔西县	102.4	33.6	14.1
金沙县	226.8	85.1	15.6
织金县	88.9	32.8	11.6
纳雍县	159.2	57.5	15.5
威宁县	94.1	27.5	14.1
赫章县	59.8	14.6	15.1
百里杜鹃	18.6	7.5	15.0
金海湖新区	173.3	42.4	15.7

注：规模以上工业统计口径为全部年主营业务收入 2000 万元及以上的工业企业。

规模以上工业生产情况

单位：亿元

指标	2016 年	增长（%）
工业总产值（当年价格）	1153.1	13.6
1. 按经济类型分：		
国有企业	145.2	–1.6
股份合作企业	3.3	–6.0
股份制企业	837.9	24.0
外商及港澳台商投资企业	7.8	13.4
其他经济类型企业	158.9	–12.5
2. 按轻重工业分：		
轻工业	239.5	42.4
重工业	913.6	7.9
3. 按规模分：		
大中型	474.0	1.6

注：本表包含烟厂数据。

规模主要工业产品产量（2016年）

指标	总计	七星关区	大方县	黔西县	金沙县	织金县	纳雍县	威宁县	赫章县	百里杜鹃	金海湖新区
发电量（亿千瓦时）	384.8	17.3	46.4	80.2	109.5	37.1	73.8	17.2	3.4	0.01	
卷烟(亿只)	205	205									
锌（吨）	4522							2520	2002		
铸铁件（吨）	55								55		
水泥(万吨)	1166.2	142.0	134.2	102.9	240.6	87.7	143.5	124.4	37.4		153.5
白酒（千升）	12300	4500			7800						
汽车（辆）	94713										94713
铁矿石原矿（万吨）	190.5								190.5		
软饮料（万吨）	125.0			47.4			74.1	1.7	1.8		
服装（万件）	2254.3	30.4			205.3	1492.4	526.3				
硫酸（万吨）	16.1		16.1								
平板玻璃（万重量箱）	730.6	730.6									
钢化玻璃（万立方米）	1287.7			266.5	516.3	504.9					
锂离子电池(万只)	5441				3395		2046				
灯具及照明装置（套、台、个）	4360				4346						14.4
卫星导航定位接收机（部）	41270	41270									

工业企业主要经济指标

指　　标	企业单位数（个）	亏损企业	工业总产值（当年价格）	工业销售产值（当年价格）	出口交货值	年初存货	产成品
总计	512	123	987	962.27	6.04	45.5	15.68
一、按登记注册类型分组：							
内资企业	507	122	977.32	952.63	6.04	45.3	15.6
国有企业	14	3	35.71	30.38		0.27	0.13
中央企业	4	1	9.21	9.21		0.04	0.03
地方企业	10	2	26.5	21.17		0.23	0.1
股份合作企业	3		3.29	3.19		0.12	0.11
有限责任公司	156	37	450.12	444.89	0.67	22.18	8.23
国有独资公司	11	2	43.04	43.08		3.13	0.12
其他有限责任公司	145	35	407.08	401.81	0.67	19.05	8.12
股份有限公司	13	2	64.72	63.77		12.06	2.67
私营企业	320	79	423.07	410	5.37	10.57	4.45
私营独资企业	67	13	71.32	68.7	2.37	1.67	0.67
私营合伙企业	57	17	65.28	62.15		1.19	0.51
私营有限责任公司	189	49	271.29	263.96	3	7.38	2.95
私营股份有限公司	7		15.18	15.18		0.32	0.32
其他企业	1	1	0.41	0.41		0.11	
港、澳、台商投资企业	4		7.53	7.49		0.2	0.08
合资经营企业（港或澳、台资）	1		0.4	0.4			
港澳台商独资经营企业	2		5.62	5.57		0.2	0.07
港澳台商投资股份有限公司	1		1.51	1.51			
外商投资企业	1	1	2.15	2.15			
中外合资经营企业	1	1	2.15	2.15			
二、按经济组织类型分组							
独资企业	83	16	112.65	104.66	2.37	2.14	0.87
国有企业	14	3	35.71	30.38		0.27	0.13

说明：1、2011 年开始按照国家方案把年销售收入上 2000 万元以上的工业企业视为规上企业。

2、规上企业经济指标按年报口径共 512 家规上企业（不含顺泰烟叶、复烤厂、供电局及黔北发电厂数据）。

3、从 2008 年起，中间投入和增加值不能计算。

4、从 2014 年起，计量单位由原来的万元更改为亿元。

（1—1）（2016 年）

单位：亿元

资产总计	流动资产合计	应收账款	存货	产成品	固定资产合计	固定资产原价	累计折旧
1229.29	356.23	97.38	51.58	19.92	649.61	840.75	252.75
1218.88	355.05	97.24	51.14	19.74	641.42	832.31	251.5
18.21	4.33	0.31	0.2	0.03	11.49	9.52	3.28
1.66	0.46	0.02	0.02		0.99	1.55	0.56
16.55	3.86	0.29	0.18	0.03	10.5	7.97	2.72
1.55	0.76	0.3	0.18	0.18	0.72	1.55	0.84
759.57	162.1	47.44	19.64	6.23	493.54	619.62	173.23
170.59	8.82	2.69	1.16	0.12	155.21	170.5	60.58
588.99	153.28	44.75	18.48	6.11	338.33	449.12	112.65
96.19	30.11	4.93	13.5	6.16	47.56	75.96	29.05
342.43	157.66	44.26	17.59	7.15	87.86	125.38	45.07
74.67	38.43	10.27	2.63	1.26	19.69	23.67	6.67
78.48	39.38	8.76	2.37	1.43	15.79	21.54	6.82
180.51	75.77	24.45	12.23	4.13	48.2	75.41	30.95
8.77	4.09	0.79	0.37	0.33	4.19	4.76	0.63
0.92	0.09		0.03	0.01	0.26	0.28	0.03
9.77	0.9	0.06	0.44	0.18	7.83	8.08	1.12
0.1	0.03	0.02	0.02	0.02	0.03	0.03	
9.47	0.77	0.01	0.39	0.13	7.73	7.98	1.12
0.19	0.1	0.03	0.04	0.03	0.07	0.07	
0.65	0.29	0.08			0.36	0.36	0.12
0.65	0.29	0.08			0.36	0.36	0.12
102.35	43.53	10.59	3.22	1.41	38.9	41.17	11.07
18.21	4.33	0.31	0.2	0.03	11.49	9.52	3.28

工业企业主要经济指标

指　　标	企业单位数（个）	亏损企业	工业总产值（当年价格）	工业销售产值（当年价格）	出口交货值	年初存货	产成品
私营独资企业	67	13	71.32	68.7	2.37	1.67	0.67
港澳台商独资经营企业	2		5.62	5.57		0.2	0.07
合作、合伙企业	61	18	68.97	65.75		1.42	0.62
股份合作企业	3		3.29	3.19		0.12	0.11
私营合伙企业	57	17	65.28	62.15		1.19	0.51
其他企业（内资）	1	1	0.41	0.41		0.11	
股份有限公司	21	2	81.41	80.46		12.38	2.99
股份有限公司（内资）	13	2	64.72	63.77		12.06	2.67
私营股份有限公司	7		15.18	15.18		0.32	0.32
港澳台商投资股份有限公司	1		1.51	1.51			
有限责任公司	347	87	723.97	711.41	3.67	29.56	11.19
国有独资公司	11	2	43.04	43.08		3.13	0.12
私营有限责任公司	189	49	271.29	263.96	3	7.38	2.95
合资经营企业（港或澳、台资）	1		0.4	0.4			
中外合资经营企业	1	1	2.15	2.15			
其他有限责任公司	145	35	407.08	401.81	0.67	19.05	8.12
三、在总计中：亏损企业	123	123	212.17	207.41	0.17	12.11	3.46
在总计中：国有控股企业	61	20	220.2	211.47	0.01	10.07	1.36
在总计中：农村工业	9	1	19.25	18.75		0.2	0.04
在总计中：轻工业	111	21	171.43	167.44	3.11	15.95	3.85
重工业	401	102	815.57	794.84	2.93	29.55	11.83
在总计中：大型企业	8	1	96.11	95.53	0.03	15.98	4.25
中型企业	81	27	232.71	226.18	0.38	7.29	3.74
小型企业	386	85	645.63	629.66	5.47	20.52	7.36
纯小型企业	369	83	618.88	602.92	5.47	19.96	7.08
微型企业	17	2	26.75	26.73		0.56	0.29

（1—2）（2016年）

单位：亿元

资产总计	流动资产合计	应收账款	存货	产成品	固定资产合计	固定资产原价	累计折旧
74.67	38.43	10.27	2.63	1.26	19.69	23.67	6.67
9.47	0.77	0.01	0.39	0.13	7.73	7.98	1.12
80.95	40.23	9.05	2.57	1.61	16.77	23.37	7.69
1.55	0.76	0.3	0.18	0.18	0.72	1.55	0.84
78.48	39.38	8.76	2.37	1.43	15.79	21.54	6.82
0.92	0.09		0.03	0.01	0.26	0.28	0.03
105.15	34.3	5.75	13.91	6.52	51.82	80.79	29.69
96.19	30.11	4.93	13.5	6.16	47.56	75.96	29.05
8.77	4.09	0.79	0.37	0.33	4.19	4.76	0.63
0.19	0.1	0.03	0.04	0.03	0.07	0.07	
940.83	238.18	71.99	31.88	10.37	542.12	695.42	204.3
170.59	8.82	2.69	1.16	0.12	155.21	170.5	60.58
180.51	75.77	24.45	12.23	4.13	48.2	75.41	30.95
0.1	0.03	0.02	0.02	0.02	0.03	0.03	
0.65	0.29	0.08			0.36	0.36	0.12
588.99	153.28	44.75	18.48	6.11	338.33	449.12	112.65
411.73	95.08	23.05	13.19	4.27	231.81	347.88	123.38
619	68.84	20.11	8.22	1.51	474.52	602.26	181.65
25.78	22.36	3.09	0.29	0.06	2.08	4	2.08
116.37	51.16	8.44	19.75	7.56	32.84	35.99	6.04
1112.92	305.07	88.94	31.83	12.36	616.77	804.77	246.7
117.19	32.7	10.85	16.31	6.58	76.03	129.29	55.95
421.23	105.58	28.63	7.18	2.98	227.52	290.22	102.81
672.98	210.58	56.95	25.64	9.98	340.72	415.73	93.2
658.59	204.8	55.57	24.45	9.11	335.42	409.88	92.49
14.39	5.78	1.38	1.19	0.87	5.29	5.85	0.71

工业企业主要经济指标

指标	企业单位数（个）		工业总产值（当年价格）	工业销售产值（当年价格）		年初存货	
		亏损企业			出口交货值		产成品
总计	512	123	987	962.27	6.04	45.5	15.68
采矿业	243	73	372.78	365.58	2.38	9.3	4.42
煤炭开采和洗选业	216	67	355.75	348.58	2.38	8.72	4.12
烟煤和无烟煤开采洗选	214	66	355.37	348.19	2.38	8.72	4.12
其他煤炭采选	2	1	0.38	0.38			
黑色金属矿采选业	7	2	6.67	6.67		0.41	0.16
铁矿采选	7	2	6.67	6.67		0.41	0.16
有色金属矿采选业	3		2.71	2.68		0.07	0.06
常用有色金属矿采选	3		2.71	2.68		0.07	0.06
铅锌矿采选	2		2.44	2.44		0.06	0.06
铝矿采选	1		0.27	0.24			
非金属矿采选业	16	4	7.41	7.41		0.1	0.07
土砂石开采	16	4	7.41	7.41		0.1	0.07
石灰石、石膏开采	6	1	2.08	2.08		0.03	0.02
建筑装饰用石开采	4	2	3.64	3.64		0.01	0.01
粘土及其他土砂石开采	6	1	1.69	1.69		0.06	0.03
其他采矿业	1		0.24	0.24		0.01	0.01
制造业	243	44	486.06	475.65	3.66	29.88	11.15
农副食品加工业	26	5	29.27	29.1		2.07	0.53
饲料加工	2	1	1.52	1.52		0.03	
植物油加工	2	1	0.99	0.99		0.27	0.27
食用植物油加工	2	1	0.99	0.99		0.27	0.27
制糖业	1		1.1	1.1		0.06	0.06
屠宰及肉类加工	6		3.61	3.61		0.03	0.02
牲畜屠宰	1		0.42	0.42			
肉制品及副产品加工	5		3.19	3.19		0.03	0.02
蔬菜、水果和坚果加工	4		6.24	6.07		0.93	0.03
蔬菜加工	3		5.98	5.81		0.92	0.03
水果和坚果加工	1		0.26	0.26		0.01	
其他农副食品加工	11	3	15.81	15.81		0.74	0.16
淀粉及淀粉制品制造	2	1	5.49	5.49		0.11	0.09
豆制品制造	1		0.21	0.24		0.08	0.05
其他未列明农副食品加工	8	2	10.1	10.08		0.56	0.01
食品制造业	11	2	14.3	14.15		0.13	0.06
焙烤食品制造	1	1	2.24	2.24			
糕点、面包制造	1	1	2.24	2.24			
方便食品制造	3		4.22	4.1		0.08	0.05
米、面制品制造	2		3.96	3.85		0.07	0.04
方便面及其他方便食品制造	1		0.26	0.25		0.01	0.01
调味品、发酵制品制造	3		2.46	2.44		0.01	
酱油、食醋及类似制品制造	1		0.25	0.25			
其他调味品、发酵制品制造	2		2.22	2.2		0.01	

（1—3）（2016 年）

单位：亿元

资产总计	流动资产合计	应收账款	存货	产成品	固定资产合计	固定资产原价	累计折旧
1229.29	356.23	97.38	51.58	19.92	649.61	840.75	252.75
528.12	172.76	42.25	11.27	6.19	215.51	253.41	83
517.31	167.03	40.7	10.09	5.53	213.79	251.05	82.17
516.95	166.81	40.67	10.09	5.53	213.78	251.02	82.16
0.36	0.22	0.03			0.02	0.03	0.01
3.88	3.05	0.76	0.52	0.3	0.51	1.08	0.58
3.88	3.05	0.76	0.52	0.3	0.51	1.08	0.58
2.42	0.7	0.18	0.26	0.06	0.16	0.18	0.06
2.42	0.7	0.18	0.26	0.06	0.16	0.18	0.06
2.22	0.5	0.17	0.07	0.06	0.15	0.18	0.06
0.21	0.2	0.01	0.19				
4.34	1.94	0.59	0.4	0.29	0.93	0.98	0.19
4.34	1.94	0.59	0.4	0.29	0.93	0.98	0.19
2.44	1.19	0.32	0.28	0.2	0.23	0.25	0.02
0.56	0.27	0.1	0.06	0.04	0.17	0.17	0.01
1.34	0.48	0.17	0.06	0.05	0.53	0.56	0.16
0.17	0.05	0.02	0.01	0.01	0.12	0.11	0.01
305.09	139.5	40.65	35.95	13.71	107.14	126.12	31.68
29.18	8.21	1.79	2.84	1.28	6.33	6.64	0.78
0.38	0.15	0.03	0.08	0.04	0.21	0.3	0.09
2.14	1.65	0.03	0.68	0.66	0.13	0.13	
2.14	1.65	0.03	0.68	0.66	0.13	0.13	
0.13	0.09	0.02	0.06	0.06			
1.51	0.72	0.1	0.14	0.06	0.13	0.04	0.01
0.11					0.02	0.02	
1.4	0.72	0.1	0.14	0.06	0.11	0.02	
5.91	1.9	0.36	1.05	0.05	1.45	1.75	0.38
5.57	1.62	0.36	1.03	0.05	1.45	1.74	0.38
0.33	0.28		0.02		0.01	0.01	
19.11	3.7	1.25	0.83	0.4	4.41	4.42	0.31
2.2	0.7	0.01	0.02	0.02	1.03	1.11	0.19
0.24	0.17	0.04	0.12	0.04	0.04	0.04	
16.66	2.84	1.2	0.69	0.34	3.35	3.27	0.11
4.13	1.86	0.48	0.28	0.1	1.52	1.62	0.58
0.4	0.14		0.03		0.27	0.31	0.04
0.4	0.14		0.03		0.27	0.31	0.04
1.57	0.71	0.2	0.09	0.05	0.48	0.53	0.05
1.07	0.45	0.18	0.08	0.05	0.3	0.33	0.03
0.5	0.26	0.02	0.01	0.01	0.18	0.19	0.02
0.58	0.25	0.06	0.07	0.03	0.22	0.23	0.01
0.21	0.05				0.16	0.16	
0.37	0.2	0.05	0.07	0.03	0.05	0.07	0.01

工业企业主要经济指标

指标	企业单位数（个）	亏损企业	工业总产值（当年价格）	工业销售产值（当年价格）	出口交货值	年初存货	产成品
其他食品制造	4	1	5.37	5.37		0.04	0.01
营养食品制造	2	1	3.91	3.91		0.01	
其他未列明食品制造	2		1.46	1.46		0.03w	0.01
酒、饮料和精制茶制造业	18	2	32.57	31.25		11.2	2.66
酒的制造	7	2	21.32	20.06		10.82	2.48
白酒制造	5	2	19.29	18.03		10.82	2.48
其他酒制造	2		2.03	2.03			
饮料制造	7		6.56	6.56		0.14	0.02
碳酸饮料制造	2		3.45	3.45		0.06	0.01
瓶（罐）装饮用水制造	4		0.41	0.41		0.02	0.02
含乳饮料和植物蛋白饮料制造	1		2.69	2.69		0.06	
精制茶加工	4		4.69	4.64		0.24	0.15
烟草制品业	2						
烟叶复烤	1						
卷烟制造	1						
纺织业	2	1	3.22	3.22		0.07	
针织或钩针编织物及其制品制造	1	1	2.91	2.91		0.07	
针织或钩针编织品制造	1	1	2.91	2.91		0.07	
非家用纺织制成品制造	1		0.31	0.31			
其他非家用纺织制成品制造	1		0.31	0.31			
纺织服装、服饰业	11	3	19.26	18.27	0.19	0.58	0.04
机织服装制造	7	3	14.51	13.53	0.19	0.52	0.03
针织或钩针编织服装制造	2		3.93	3.93		0.05	
服饰制造	2		0.81	0.81			
皮革、毛皮、羽毛及其制品和制鞋业	4		10.21	10.21	0.37	0.06	0.01
皮革制品制造	2		4.67	4.67		0.03	
皮箱、包（袋）制造	1		1.2	1.2		0.03	
其他皮革制品制造	1		3.47	3.47			
毛皮鞣制及制品加工	1		2.06	2.06		0.01	0.01
毛皮鞣制加工	1		2.06	2.06		0.01	0.01
制鞋业	1		3.48	3.48	0.37	0.03	
皮鞋制造	1		3.48	3.48	0.37	0.03	
木材加工和木、竹、藤、棕、草制品业	2		0.5	0.49		0.03	0.02
人造板制造	1		0.23	0.22		0.01	0.01
胶合板制造	1		0.23	0.22		0.01	0.01
木制品制造	1		0.28	0.28		0.01	
木门窗、楼梯制造	1		0.28	0.28		0.01	
家具制造业	3		1.02	1.02			
木质家具制造	3		1.02	1.02			
造纸和纸制品业	2	1	0.64	0.64			
纸制品制造	2	1	0.64	0.64			
纸和纸板容器制造	1		0.23	0.23			

（1—4）（2016 年）

单位：亿元

资产总计	流动资产合计				固定资产合计	固定资产原价	累计折旧
		应收账款	存货				
				产成品			
1.57	0.76	0.22	0.09	0.01	0.55	0.56	0.48
1.33	0.6	0.22	0.05		0.51	0.51	0.48
0.24	0.16		0.03	0.01	0.04	0.04	
31.08	19.67	2.36	13.32	5.01	7.5	8.47	1.36
26.23	17.24	1.98	12.94	4.74	6.14	7.1	1.09
25.72	17.18	1.98	12.94	4.74	6.04	7.07	1.09
0.51	0.07				0.1	0.03	
2.75	1.43	0.04	0.18	0.11	0.58	0.4	0.07
1.9	0.98	0.01	0.01		0.34	0.13	0.04
0.59	0.29	0.03	0.03	0.02	0.13	0.15	0.02
0.26	0.16	0.01	0.14	0.09	0.11	0.12	0.01
2.1	1	0.34	0.2	0.15	0.78	0.98	0.2
0.25	0.13	0.03	0.02		0.06	0.77	0.71
0.24	0.13	0.03	0.02		0.05	0.77	0.71
0.24	0.13	0.03	0.02		0.05	0.77	0.71
0.01					0.01	0.01	
0.01					0.01	0.01	
13.3	4.01	1.1	0.8	0.29	4.16	5.18	1.16
11.99	3.17	0.62	0.65	0.24	3.68	4.59	0.99
0.94	0.62	0.39	0.14	0.04	0.31	0.37	0.09
0.38	0.22	0.09	0.01		0.16	0.23	0.08
1.94	0.98	0.19	0.17	0.05	0.86	0.77	0.05
0.64	0.51	0.17	0.03	0.01	0.14	0.14	0.02
0.39	0.29	0.13	0.03		0.1	0.1	
0.26	0.22	0.03		0.01	0.04	0.04	0.01
0.49	0.23		0.12	0.03	0.16	0.06	
0.49	0.23		0.12	0.03	0.16	0.06	
0.81	0.24	0.02	0.02		0.56	0.57	0.04
0.81	0.24	0.02	0.02		0.56	0.57	0.04
0.19	0.1	0.02	0.05	0.03	0.09	0.05	0.02
0.07	0.04	0.01	0.03	0.02	0.03	0.04	0.02
0.07	0.04	0.01	0.03	0.02	0.03	0.04	0.02
0.12	0.06	0.01	0.02	0.01	0.06	0.01	
0.12	0.06	0.01	0.02	0.01	0.06	0.01	
0.43	0.12	0.05	0.03	0.01	0.28	0.29	
0.43	0.12	0.05	0.03	0.01	0.28	0.29	
0.56	0.34	0.12	0.06	0.02	0.13	0.17	0.04
0.56	0.34	0.12	0.06	0.02	0.13	0.17	0.04
0.16	0.11	0.07	0.03		0.05	0.05	

工业企业主要经济指标

指标	企业单位数（个）	亏损企业	工业总产值（当年价格）	工业销售产值（当年价格）	出口交货值	年初存货	产成品
其他纸制品制造	1	1	0.41	0.41			
印刷和记录媒介复制业	2		2.79	2.79		0.02	
印刷	2		2.79	2.79		0.02	
包装装潢及其他印刷	2		2.79	2.79		0.02	
文教、工美、体育和娱乐用品制造业	3		9.41	9.41		0.06	
文教办公用品制造	1		4.98	4.98			
教学用模型及教具制造	1		4.98	4.98			
工艺美术品制造	1		2.98	2.98		0.06	
雕塑工艺品制造	1		2.98	2.98		0.06	
体育用品制造	1		1.44	1.44			
体育器材及配件制造	1		1.44	1.44			
石油加工、炼焦和核燃料加工业	3		6.69	6.69		0.31	0.28
炼焦	3		6.69	6.69		0.31	0.28
化学原料和化学制品制造业	6	1	5.33	5.16		0.29	
基础化学原料制造	2	1	1.14	1.12		0.02	
无机酸制造	1	1	1.14	1.12		0.01	
有机化学原料制造	1						
肥料制造	1		1.08	1		0.14	
复混肥料制造	1		1.08	1		0.14	
涂料、油墨、颜料及类似产品制造	1		0.3	0.3			
涂料制造	1		0.3	0.3			
合成材料制造	1		2.6	2.53		0.1	
初级形态塑料及合成树脂制造	1		2.6	2.53		0.1	
日用化学产品制造	1		0.21	0.21		0.03	
肥皂及合成洗涤剂制造	1		0.21	0.21		0.03	
医药制造业	3		6.38	5.65		0.47	
中药饮片加工	2		3.15	2.42			
卫生材料及医药用品制造	1		3.23	3.23		0.47	
橡胶和塑料制品业	11	2	16.63	16.08		0.27	0.07
轮胎制造	1		3.2	3.2		0.06	
塑料制品业	10	2	13.43	12.88		0.21	0.07
塑料薄膜制造	2		2.84	2.84			
塑料板、管、型材制造	4	1	7.56	7.5		0.02	
塑料丝、绳及编织品制造	2	1	0.38	0.37		0.18	0.06
日用塑料制品制造	1		0.33	0.33			
其他塑料制品制造	1		2.32	1.84		0.01	0.01
非金属矿物制品业	64	11	108.68	107.68	0.01	5.1	1.94
水泥、石灰和石膏制造	12	2	30.35	30.22		2.18	0.57
水泥制造	11	1	29.49	29.37		2.18	0.57
石灰和石膏制造	1	1	0.85	0.85			
石膏、水泥制品及类似制品制造	29	5	32.57	32.26		1.13	0.46
水泥制品制造	23	4	27.57	27.57		0.95	0.46

（1—5）（2016 年）

单位：亿元

资产总计	流动资产合计	应收账款	存货	产成品	固定资产合计	固定资产原价	累计折旧
0.4	0.23	0.06	0.03	0.02	0.08	0.12	0.04
3.14	0.06	0.04	0.02		0.35	0.34	
3.14	0.06	0.04	0.02		0.35	0.34	
3.14	0.06	0.04	0.02		0.35	0.34	
4.56	3.75	0.05	0.28	0.02	0.69	0.68	0.03
0.51	0.21		0.19		0.3	0.29	0.02
0.51	0.21		0.19		0.3	0.29	0.02
3.2	3.2	0.05	0.09	0.02			
3.2	3.2	0.05	0.09	0.02			
0.85	0.35				0.39	0.39	0.01
0.85	0.35				0.39	0.39	0.01
1.77	0.67	0.02	0.39	0.31	0.14	3.28	3.14
1.77	0.67	0.02	0.39	0.31	0.14	3.28	3.14
5.29	2.43	0.22	0.33	0.2	0.97	1.42	0.57
2.12	0.28		0.04	0.03	0.66	0.92	0.34
1.91	0.28		0.04	0.03	0.66	0.92	0.34
0.21							
2.4	1.62	0.02	0.16	0.12	0.12	0.31	0.18
2.4	1.62	0.02	0.16	0.12	0.12	0.31	0.18
0.08	0.08						
0.08	0.08						
0.57	0.42	0.19	0.13	0.05	0.09	0.09	0.04
0.57	0.42	0.19	0.13	0.05	0.09	0.09	0.04
0.12	0.03	0.02	0.01	0.01	0.1	0.1	0.01
0.12	0.03	0.02	0.01	0.01	0.1	0.1	0.01
1.04	0.8	0.52	0.05	0.04	0.07	0.08	0.01
0.47	0.25		0.01	0.01	0.06	0.07	0.01
0.57	0.55	0.51	0.04	0.04	0.02	0.02	
3.12	1.71	0.45	0.58	0.18	1.09	0.95	0.12
0.73	0.58	0.21	0.21		0.16	0.16	0.01
2.38	1.13	0.23	0.37	0.18	0.94	0.79	0.11
0.25	0.21	0.03	0.03	0.01	0.04	0.05	0.01
0.84	0.42	0.15	0.2	0.07	0.26	0.17	0.02
0.8	0.25	0.03	0.12	0.09	0.39	0.29	0.04
0.05	0.05	0.01	0.02	0.01			
0.44	0.19	0.02			0.25	0.29	0.04
101.6	41.34	10.34	5.89	2.57	50.86	57.41	16.15
53.47	15.24	0.71	2.68	0.74	34.86	40.78	12.87
53.3	15.15	0.71	2.68	0.74	34.78	40.69	12.86
0.17	0.09				0.08	0.09	0.01
19.27	11.76	6.13	1	0.53	5.65	5.95	1.72
15.44	10.44	5.63	0.79	0.45	3.86	3.97	1.54

工业企业主要经济指标

指　　标	企业单位数（个）	亏损企业	工业总产值（当年价格）	工业销售产值（当年价格）	出口交货值	年初存货	产成品
砼结构构件制造	3	1	2.57	2.57		0.04	
石棉水泥制品制造	1		0.84	0.86			
轻质建筑材料制造	2		1.58	1.25		0.14	
砖瓦、石材等建筑材料制造	14	2	28.79	28.49		0.61	0.28
粘土砖瓦及建筑砌块制造	7		13.58	13.59		0.21	0.09
建筑用石加工	2	1	0.7	0.29		0.05	0.04
防水建筑材料制造	1		5.11	5.1			
其他建筑材料制造	4	1	9.41	9.51		0.35	0.15
玻璃制造	2		7.92	7.66		0.49	0.25
平板玻璃制造	1		5.81	5.54		0.47	0.25
其他玻璃制造	1		2.11	2.11		0.01	0.01
玻璃制品制造	5		5.7	5.7	0.01	0.57	0.37
技术玻璃制品制造	3		5.01	5	0.01	0.02	0.02
日用玻璃制品制造	2		0.69	0.71		0.55	0.35
玻璃纤维和玻璃纤维增强塑料制品制造	1	1	1.41	1.41			
玻璃纤维增强塑料制品制造	1	1	1.41	1.41			
陶瓷制品制造	1	1	1.94	1.94		0.12	
园林、陈设艺术及其他陶瓷制品制造	1	1	1.94	1.94		0.12	
黑色金属冶炼和压延加工业	10	1	32.74	32.73		0.66	0.47
黑色金属铸造	10	1	32.74	32.73		0.66	0.47
有色金属冶炼和压延加工业	3		1.12	1.12		0.12	
常用有色金属冶炼	3		1.12	1.12		0.12	
铅锌冶炼	3		1.12	1.12		0.12	
金属制品业	8	1	17.18	16.94		2.67	2.43
结构性金属制品制造	6		16.35	16.12		2.62	2.43
金属结构制造	3		12.85	12.63		2.51	2.4
金属门窗制造	3		3.49	3.49		0.11	0.03
金属丝绳及其制品制造	1	1	0.27	0.26			
其他金属制品制造	1		0.56	0.56		0.04	
锻件及粉末冶金制品制造	1		0.56	0.56		0.04	
通用设备制造业	3	1	4.61	4.34		0.34	
物料搬运设备制造	1	1					
其他物料搬运设备制造	1	1					
烘炉、风机、衡器、包装等设备制造	2		4.61	4.34		0.34	
风机、风扇制造	2		4.61	4.34		0.34	
专用设备制造业	5	1	14.37	11.36		0.58	0.04
采矿、冶金、建筑专用设备制造	3	1	9.34	6.33		0.58	0.04
矿山机械制造	3	1	9.34	6.33		0.58	0.04
农、林、牧、渔专用机械制造	1		3.54	3.54			
农林牧渔机械配件制造	1		3.54	3.54			
环保、社会公共服务及其他专用设备制造	1		1.49	1.49			
汽车制造业	12	4	98.13	99.36		4.27	2.39

（1—6）（2016年）

单位：亿元

资产总计	流动资产合计	应收账款	存货	产成品	固定资产合计	固定资产原价	累计折旧
0.72	0.51	0.25	0.07		0.13	0.17	0.04
0.55	0.23	0.23			0.32	0.33	0.01
2.56	0.58	0.02	0.14	0.08	1.34	1.47	0.13
9.47	5.24	3.21	0.79	0.45	3.38	3.83	0.63
2.14	0.97	0.56	0.17	0.13	0.82	1.12	0.28
0.55	0.18	0.06	0.06	0.04	0.2	0.25	0.05
0.18	0.14	0.14			0.03	0.03	0.01
6.6	3.95	2.45	0.56	0.28	2.34	2.42	0.29
13.58	6.88	0.12	0.91	0.67	5	5.59	0.58
13.47	6.81	0.1	0.9	0.67	4.97	5.49	0.53
0.11	0.07	0.03	0.01		0.03	0.09	0.06
1.57	0.61	0.14	0.38	0.16	0.55	0.72	0.17
0.63	0.21	0.1	0.06	0.04	0.03	0.04	0.01
0.95	0.4	0.04	0.32	0.12	0.51	0.68	0.17
0.18	0.15	0.03	0.01		0.04	0.04	
0.18	0.15	0.03	0.01		0.04	0.04	
4.05	1.46		0.12	0.02	1.38	0.51	0.16
4.05	1.46		0.12	0.02	1.38	0.51	0.16
8.42	3.72	1.69	0.83	0.21	0.9	0.88	0.16
8.42	3.72	1.69	0.83	0.21	0.9	0.88	0.16
0.67	0.59	0.07	0.17	0.05	0.04	0.08	0.04
0.67	0.59	0.07	0.17	0.05	0.04	0.08	0.04
0.67	0.59	0.07	0.17	0.05	0.04	0.08	0.04
5.81	3.81	0.98	0.88	0.28	1.01	2.41	1.34
5.05	3.72	0.97	0.83	0.26	0.89	2.26	1.32
3.48	3.21	0.94	0.43	0.22	0.11	1.56	1.14
1.56	0.5	0.02	0.39	0.04	0.77	0.71	0.19
0.37	0.02				0.13	0.15	0.02
0.4	0.08	0.01	0.05	0.02			
0.4	0.08	0.01	0.05	0.02			
4.01	3.32	1.06	0.62	0.44	0.61	0.73	0.12
1.2	0.86		0.05		0.31	0.31	
1.2	0.86		0.05		0.31	0.31	
2.81	2.45	1.06	0.57	0.44	0.31	0.43	0.12
2.81	2.45	1.06	0.57	0.44	0.31	0.43	0.12
11.28	4.56	2.81	0.56	0.03	3.72	3.73	0.54
8.67	4.05	2.81	0.56	0.03	2.45	2.56	0.45
8.67	4.05	2.81	0.56	0.03	2.45	2.56	0.45
0.99	0.42				0.4	0.34	0.05
0.99	0.42				0.4	0.34	0.05
1.62	0.09				0.87	0.83	0.04
45.67	23.1	13.69	5.45	1.93	16.09	20.32	4.37

工业企业主要经济指标

指　　标	企业单位数（个）		工业总产值（当年价格）	工业销售产值（当年价格）		年初存货	
		亏损企业			出口交货值		产成品
汽车整车制造	1		42.25	42.57		3.56	2.14
电车制造	2	1	6.98	6.9		0.02	
汽车零部件及配件制造	9	3	48.9	49.9		0.69	0.26
电气机械和器材制造业	13	5	32.31	32.24	2.55	0.53	0.19
电线、电缆、光缆及电工器材制造	1	1	0.21	0.2		0.08	
电线、电缆制造	1	1	0.21	0.2		0.08	
电池制造	5	1	13.1	13.04		0.02	
锂离子电池制造	5	1	13.1	13.04		0.02	
家用电力器具制造	1		3.37	3.37			
家用厨房电器具制造	1		3.37	3.37			
照明器具制造	6	3	15.63	15.63	2.55	0.43	0.19
照明灯具制造	5	3	13.08	13.08		0.43	0.19
灯用电器附件及其他照明器具制造	1		2.55	2.55	2.55		
计算机、通信和其他电子设备制造业	15	2	18.35	15.36	0.54	0.04	0.01
通信设备制造	8	1	3.16	3.15			
通信系统设备制造	1		2.93	2.93			
通信终端设备制造	7	1	0.23	0.22			
广播电视设备制造	1		0.28	0.28	0.1	0.02	0.01
广播电视接收设备及器材制造	1		0.28	0.28	0.1	0.02	0.01
视听设备制造	1		1.88	1.88			
音响设备制造	1		1.88	1.88			
电子器件制造	3	1	6.32	3.41	0.44		
集成电路制造	1		3.32	0.62			
光电子器件及其他电子器件制造	2	1	3	2.79	0.44		
电子元件制造	1		2.93	2.86		0.02	
电子元件及组件制造	1		2.93	2.86		0.02	
其他电子设备制造	1		3.78	3.78			
其他制造业	1	1	0.36	0.36			
电力、热力、燃气及水生产和供应业	26	6	128.16	121.04		6.32	0.11
电力、热力生产和供应业	22	5	124.85	117.86		6.2	0.11
电力生产	14	4	92.59	90.93		6.09	0.04
火力发电	7	4	74.83	74.83		5.96	
水力发电	1		4.42	4.42		0.04	0.04
风力发电	4		10.9	10.9		0.08	
太阳能发电	1		0.78	0.78			
其他电力生产	1		1.66				
电力供应	8	1	32.26	26.93		0.11	0.07
燃气生产和供应业	1		1.08	1.08			
水的生产和供应业	3	1	2.24	2.11		0.12	
自来水生产和供应	3	1	2.24	2.11		0.12	

（1—7）（2016 年）

单位：亿元

资产总计	流动资产合计				固定资产合计	固定资产原价	累计折旧
		应收账款	存货	产成品			
34.28	15.73	8.74	4.79	1.71	14.53	18.59	4.06
2.81	1.86	1.62	0.04	0.01	0.28	0.25	0.06
8.58	5.52	3.32	0.61	0.21	1.29	1.48	0.25
16.08	7.42	1.3	1.36	0.58	5.92	6.03	0.29
0.28	0.26		0.08		0.02	0.01	
0.28	0.26		0.08		0.02	0.01	
4.64	1.56	0.91	0.17	0.04	1.52	1.55	0.06
4.64	1.56	0.91	0.17	0.04	1.52	1.55	0.06
0.87	0.27	0.15	0.12		0.6	0.6	0.04
0.87	0.27	0.15	0.12		0.6	0.6	0.04
10.28	5.32	0.24	0.98	0.54	3.79	3.87	0.19
9.98	5.13	0.18	0.91	0.5	3.68	3.75	0.18
0.31	0.2	0.05	0.07	0.04	0.11	0.12	0.01
11.53	6.78	1.25	0.97	0.08	3.73	3.8	0.09
3.5	2.79	0.33	0.03	0.01	0.01	0.02	
3.38	2.67	0.33	0.01		0.01	0.02	
0.12	0.12		0.01	0.01			
0.3	0.23	0.04	0.03	0.01	0.06	0.06	
0.3	0.23	0.04	0.03	0.01	0.06	0.06	
0.42	0.22	0.16			0.03	0.03	
0.42	0.22	0.16			0.03	0.03	
2.6	1.75	0.4	0.84	0.01	0.76	0.79	0.03
0.26	0.07	0.05	0.01		0.15	0.17	0.02
2.33	1.69	0.35	0.83	0.01	0.62	0.62	
0.4	0.32	0.27	0.05	0.04	0.02	0.01	0.01
0.4	0.32	0.27	0.05	0.04	0.02	0.01	0.01
4.31	1.46	0.04	0.01		2.85	2.9	0.05
0.05	0.03	0.02	0.01	0.01			
396.08	43.97	14.48	4.36	0.02	326.96	461.23	138.06
390.75	42.05	14.01	4.25	0.02	324.02	457.65	137.42
382.31	38.9	13.89	4.16	0.02	319.69	451	134.61
242.35	30.78	10.37	3.95		193.43	290.11	99.35
38.5	0.15		0.02	0.02	38.34	61.33	23.38
89.68	7.01	3.08	0.1		77.82	89.08	11.26
9.89	0.68	0.26			8.51	8.91	0.4
1.89	0.29	0.18	0.1		1.58	1.58	0.23
8.44	3.15	0.12	0.08		4.33	6.65	2.8
0.54	0.31	0.3			0.23	0.23	
4.79	1.61	0.16	0.12		2.72	3.34	0.64
4.79	1.61	0.16	0.12		2.72	3.34	0.64

工业企业主要经济指标

指　　标	本年折旧	负债合计	流动负债合计	应付账款	非流动负债合计
总计	46.24	857.42	559.43	104.92	210.97
一、按登记注册类型分组：					
内资企业	45.83	851.94	553.96	104.46	210.97
国有企业	0.6	14.25	14.09	6.51	0.16
中央企业	0.08	0.79	0.74	0.13	0.05
地方企业	0.52	13.46	13.35	6.38	0.11
股份合作企业		0.08	-0.02	-0.24	-0.22
有限责任公司	30.88	559.65	346.97	61.97	172.72
国有独资公司	10.32	120.29	86.01	7.63	23.52
其他有限责任公司	20.55	439.36	260.96	54.34	149.2
股份有限公司	5.8	73.07	55.2	15.81	16.74
私营企业	8.55	203.97	137.55	20.4	21.06
私营独资企业	1.71	41.21	30.05	4.79	7.17
私营合伙企业	1.63	51.64	39.98	6.84	0.64
私营有限责任公司	4.99	106.09	64.24	8.63	11.76
私营股份有限公司	0.22	5.03	3.28	0.14	1.5
其他企业		0.91	0.17	0.02	0.5
港、澳、台商投资企业	0.39	5.45	5.44	0.44	
合资经营企业（港或澳、台资）		0.01	0.01		
港澳台商独资经营企业	0.39	5.28	5.28	0.44	
港澳台商投资股份有限公司		0.16	0.15		
外商投资企业	0.03	0.03	0.03	0.03	
中外合资经营企业	0.03	0.03	0.03	0.03	
二、按经济组织类型分组					
独资企业	2.69	60.74	49.42	11.73	7.33
国有企业	0.6	14.25	14.09	6.51	0.16

（2-1）（2016 年）

单位：亿元

所有者权益合计	实收资本						营业收入		营业成本
		国家资本	集体资本	法人资本	个人资本	港澳台资本		主营业务收入	
370.89	227.78	58.73	4.54	95.27	65.27	3.97	876.38	872.06	720.36
365.96	224.01	55.93	4.54	94.81	65.24	3.49	868.59	864.28	715.17
3.96	2.82	2.79			0.03		33.49	33	29.82
0.86	0.32	0.32					7	6.97	6.41
3.09	2.5	2.47			0.03		26.49	26.03	23.41
1.47	1.31			0.01	1.31		2.52	2.52	2.13
199.92	122.89	37.24	0.73	60.63	24.28		429.52	427.84	361.56
50.3	15.94	14.44			1.5		40.59	40.52	34.8
149.62	106.95	22.79	0.73	60.63	22.78		388.93	387.32	326.76
23.11	20.76	14.3	2.66	1.19	2.61		60.12	59.75	40.11
137.48	76.23	1.6	1.15	32.98	37.02	3.49	342.53	340.96	281.2
31.63	13.64	0.66	0.63	3.09	9.25		56.9	56.86	43.99
27.8	11.4	0.32	0.18	2.37	8.52		53.74	52.49	42.88
74.31	50.19	0.61	0.34	27.31	18.44	3.49	216.97	216.81	181.01
3.74	1.01			0.2	0.81		14.92	14.8	13.32
0.01							0.41	0.21	0.35
4.32	2.83	2.8			0.03		7.52	7.51	4.89
0.1	0.01				0.01		0.42	0.42	
4.19	2.8	2.8					5.59	5.57	3.87
0.03	0.02				0.02		1.51	1.51	1.02
0.62	0.94			0.46		0.48	0.27	0.27	0.3
0.62	0.94			0.46		0.48	0.27	0.27	0.3
39.78	19.26	6.26	0.63	3.09	9.28		95.97	95.44	77.68
3.96	2.82	2.79			0.03		33.49	33	29.82

工业企业主要经济指标

指　　标	本年折旧	负债合计	流动负债合计	应付账款	非流动负债合计
私营独资企业	1.71	41.21	30.05	4.79	7.17
港澳台商独资经营企业	0.39	5.28	5.28	0.44	
合作、合伙企业	1.64	52.64	40.13	6.62	0.92
股份合作企业		0.08	–0.02	–0.24	–0.22
私营合伙企业	1.63	51.64	39.98	6.84	0.64
其他企业（内资）		0.91	0.17	0.02	0.5
股份有限公司	6.02	78.27	58.63	15.94	18.24
股份有限公司(内资)	5.8	73.07	55.2	15.81	16.74
私营股份有限公司	0.22	5.03	3.28	0.14	1.5
港澳台商投资股份有限公司		0.16	0.15		
有限责任公司	35.89	665.78	411.25	70.62	184.47
国有独资公司	10.32	120.29	86.01	7.63	23.52
私营有限责任公司	4.99	106.09	64.24	8.63	11.76
合资经营企业(港或澳、台资)		0.01	0.01		
中外合资经营企业	0.03	0.03	0.03	0.03	
其他有限责任公司	20.55	439.36	260.96	54.34	149.2
三、在总计中:亏损企业	18.26	331.42	221.49	42.46	79.07
在总计中:国有控股企业	31.29	494.33	304.01	50.83	163.53
在总计中:农村工业	0.28	10.03	4.07	0.52	1.38
在总计中:轻工业	2.71	65.84	48.32	12.48	4.92
重工业	43.53	791.58	511.11	92.44	206.04
在总计中:大型企业	9.94	92.25	84.73	18.4	7.52
中型企业	16.01	286.01	184.07	35.51	60.13
小型企业	19.99	467.14	284.68	50.52	140.33
纯小型企业	19.61	458.3	279.87	48.73	136.69
微型企业	0.38	8.84	4.82	1.79	3.65

（2-2）（2016 年）

单位：亿元

所有者权益合计	实收资本						营业收入	主营业务收入	营业成本
		国家资本	集体资本	法人资本	个人资本	港澳台资本			
31.63	13.64	0.66	0.63	3.09	9.25		56.9	56.86	43.99
4.19	2.8	2.8					5.59	5.57	3.87
29.28	12.71	0.32	0.18	2.38	9.82		56.66	55.22	45.36
1.47	1.31			0.01	1.31		2.52	2.52	2.13
27.8	11.4	0.32	0.18	2.37	8.52		53.74	52.49	42.88
0.01							0.41	0.21	0.35
26.88	21.79	14.3	2.66	1.39	3.44		76.56	76.07	54.45
23.11	20.76	14.3	2.66	1.19	2.61		60.12	59.75	40.11
3.74	1.01			0.2	0.81		14.92	14.8	13.32
0.03	0.02				0.02		1.51	1.51	1.02
274.95	174.03	37.85	1.07	88.4	42.73	3.97	647.19	645.33	542.87
50.3	15.94	14.44			1.5		40.59	40.52	34.8
74.31	50.19	0.61	0.34	27.31	18.44	3.49	216.97	216.81	181.01
0.1	0.01				0.01		0.42	0.42	
0.62	0.94			0.46		0.48	0.27	0.27	0.3
149.62	106.95	22.79	0.73	60.63	22.78		388.93	387.32	326.76
79.43	64.23	13.09	0.23	30.55	16.38	3.97	160.51	159.04	150.44
124.67	93.95	51.24	2.67	37.16	2.88		198.14	195.71	165.67
15.75	4.03	0.58	0.02	2.05	1.39		19.04	19.04	13.74
50.53	41.47	1.23	0.45	25.35	14.45		150.13	150.1	113.95
320.36	186.31	57.5	4.09	69.92	50.82	3.97	726.25	721.96	606.41
24.93	11.09	1.59		4	5.5		91.38	91.31	73.48
135.22	71.52	31.75	3.26	22.18	10.84	3.49	219.34	217.52	181.43
204.86	140.46	24.79	0.83	67.8	46.56	0.48	552.96	550.62	454.78
199.32	127.55	24.58	0.83	55.24	46.42	0.48	531.46	529.13	436.69
5.54	12.91	0.21		12.55	0.14		21.5	21.49	18.09

工业企业主要经济指标

指　　标	本年折旧	负债合计	流动负债合计	应付账款	非流动负债合计
总计	46.24	857.42	559.43	104.92	210.97
采矿业	16.05	355.46	249.61	43.09	45.72
煤炭开采和洗选业	15.8	349.36	244.85	41.98	45.37
烟煤和无烟煤开采洗选	15.79	348.95	244.68	41.98	45.37
其他煤炭采选		0.42	0.17		
黑色金属矿采选业	0.06	1.57	1.43	0.43	
铁矿采选	0.06	1.57	1.43	0.43	
有色金属矿采选业	0.01	1.94	1.94		
常用有色金属矿采选	0.01	1.94	1.94		
铅锌矿采选	0.01	1.89	1.89		
铝矿采选		0.05	0.05		
非金属矿采选业	0.18	2.54	1.33	0.63	0.35
土砂石开采	0.18	2.54	1.33	0.63	0.35
石灰石、石膏开采	0.01	1.73	0.59	0.28	0.29
建筑装饰用石开采	0.01	0.38	0.38	0.08	
粘土及其他土砂石开采	0.15	0.43	0.36	0.27	0.06
其他采矿业	0.01	0.05	0.05	0.05	
制造业	7.54	183.14	130.08	40.23	27.08
农副食品加工业	0.4	22.42	11.12	0.96	1.97
饲料加工		0.26	0.26	0.01	
植物油加工		1.6	0.99	0.03	
食用植物油加工		1.6	0.99	0.03	
制糖业		0.02	0.02	0.02	
屠宰及肉类加工	0.01	0.43	0.18	0.08	0.1
牲畜屠宰		0.08	0.02	0.01	0.06
肉制品及副产品加工		0.35	0.16	0.07	0.04
蔬菜、水果和坚果加工	0.24	5.48	4.9	0.11	0.53
蔬菜加工	0.24	5.26	4.68	0.11	0.53
水果和坚果加工		0.22	0.22		
其他农副食品加工	0.15	14.62	4.77	0.72	1.34
淀粉及淀粉制品制造	0.06	1.57	1.1	0.22	0.39
豆制品制造		0.01	0.01	0.01	
其他未列明农副食品加工	0.09	13.04	3.66	0.49	0.95
食品制造业	0.49	1.25	0.8	0.21	0.29
焙烤食品制造	0.03				
糕点、面包制造	0.03				
方便食品制造	0.03	0.51	0.22	0.11	0.29
米、面制品制造	0.02	0.46	0.17	0.07	0.29
方便面及其他方便食品制造		0.05	0.05	0.04	
调味品、发酵制品制造	0.01	0.05	0.04	0.03	
酱油、食醋及类似制品制造		0.01	0.01		
其他调味品、发酵制品制造	0.01	0.04	0.03	0.02	

（2-3）（2016 年）

单位：亿元

所有者权益合计	实收资本	国家资本	集体资本	法人资本	个人资本	港澳台资本	营业收入	主营业务收入	营业成本
370.89	227.78	58.73	4.54	95.27	65.27	3.97	876.38	872.06	720.36
171.79	79.11	10.07	3.02	31.26	30.78	3.97	311.86	309.79	250.18
167.08	77.47	10.07	3.02	30.05	30.35	3.97	295.17	293.12	237.06
167.13	77.36	10.07	3.02	30.04	30.25	3.97	294.51	292.45	236.41
-0.06	0.11			0.01	0.1		0.67	0.67	0.65
2.31	0.42			0.39	0.02		6.67	6.67	5.36
2.31	0.42			0.39	0.02		6.67	6.67	5.36
0.49	0.13			0.1	0.03		2.68	2.66	2.26
0.49	0.13			0.1	0.03		2.68	2.66	2.26
0.32	0.13			0.1	0.03		2.44	2.44	2.2
0.16							0.24	0.22	0.06
1.8	1			0.62	0.38		7.1	7.1	5.33
1.8	1			0.62	0.38		7.1	7.1	5.33
0.72	0.34			0.12	0.22		3.41	3.41	2.46
0.18	0.15			0.09	0.05		2	2	1.63
0.9	0.51			0.41	0.1		1.69	1.69	1.24
0.11	0.1			0.1			0.24	0.24	0.17
121.84	86.82	8.63	0.77	43.54	33.88		445.55	445.16	366.83
6.76	9.83	0.07		3.12	6.65		26.64	26.64	22.22
0.11	0.32				0.32		1.71	1.71	1.22
0.54	0.01			0.01			1.21	1.21	1.19
0.54	0.01			0.01			1.21	1.21	1.19
0.11	0.01				0.01		1.1	1.1	0.89
1.08	0.63			0.46	0.17		3.34	3.34	2.83
0.03	0.28			0.28			0.42	0.42	0.34
1.05	0.35			0.18	0.17		2.92	2.92	2.48
0.43	1.44	0.07		1.23	0.15		6.07	6.07	4.79
0.31	1.29	0.07		1.23			5.81	5.81	4.68
0.12	0.15				0.15		0.26	0.26	0.11
4.48	7.42			1.42	6		13.22	13.21	11.3
0.64	0.4			0.1	0.3		2.88	2.88	2.47
0.24	0.2				0.2		0.24	0.24	0.18
3.61	6.82			1.32	5.5		10.1	10.1	8.66
2.88	1.38		0.2	0.11	1.07		13.24	13.24	11.68
0.4							2.4	2.4	2.38
0.4							2.4	2.4	2.38
1.06	0.32		0.2		0.12		4.08	4.08	3.23
0.61	0.12				0.12		3.88	3.88	3.08
0.45	0.2		0.2				0.2	0.2	0.15
0.53	0.21			0.01	0.2		1.33	1.33	1.2
0.2	0.1				0.1		0.25	0.25	0.19
0.34	0.11			0.01	0.1		1.08	1.08	1.01

工业企业主要经济指标

指　　标	本年折旧	负债合计	流动负债合计	应付账款	非流动负债合计
其他食品制造	0.42	0.69	0.54	0.07	
营养食品制造	0.42	0.58	0.52	0.07	
其他未列明食品制造		0.11	0.01	0.01	
酒、饮料和精制茶制造业	0.33	22.46	20.89	7.88	0.94
酒的制造	0.25	21.22	20.18	7.82	0.76
白酒制造	0.25	20.91	20.16	7.82	0.76
其他酒制造		0.31	0.03		
饮料制造	0.04	0.42	0.19	0.02	
碳酸饮料制造	0.01	0.14	0.09	0.01	
瓶（罐）装饮用水制造	0.02	0.12	0.1		
含乳饮料和植物蛋白饮料制造	0.01	0.15			
精制茶加工	0.04	0.83	0.52	0.04	0.19
烟草制品业					
烟叶复烤					
卷烟制造					
纺织业	0.61	0.05	0.05		
针织或钩针编织物及其制品制造	0.61	0.05	0.05		
针织或钩针编织品制造	0.61	0.05	0.05		
非家用纺织制成品制造					
其他非家用纺织制成品制造					
纺织服装、服饰业	0.43	3.82	3.16	0.39	0.06
机织服装制造	0.37	3.49	2.97	0.28	
针织或钩针编织服装制造	0.04	0.24	0.1	0.06	0.06
服饰制造	0.03	0.09	0.09	0.05	
皮革、毛皮、羽毛及其制品和制鞋业	0.05	1.07	1.07	0.1	
皮革制品制造	0.01	0.29	0.29	0.07	
皮箱、包（袋）制造		0.21	0.21		
其他皮革制品制造	0.01	0.07	0.07	0.07	
毛皮鞣制及制品加工		0.21	0.21		
毛皮鞣制加工		0.21	0.21		
制鞋业	0.03	0.57	0.57	0.02	
皮鞋制造	0.03	0.57	0.57	0.02	
木材加工和木、竹、藤、棕、草制品业	0.01	0.07	0.06	0.01	0.02
人造板制造	0.01	0.01	0.01	0.01	
胶合板制造	0.01	0.01	0.01	0.01	
木制品制造		0.07	0.05		0.02
木门窗、楼梯制造		0.07	0.05		0.02
家具制造业		0.08	0.08	0.01	
木质家具制造		0.08	0.08	0.01	
造纸和纸制品业	0.01	0.36	0.34	0.04	0.02
纸制品制造	0.01	0.36	0.34	0.04	0.02
纸和纸板容器制造		0.05	0.03		0.02

（2-4）（2016 年）

单位：亿元

所有者权益合计	实收资本						营业收入		营业成本
		国家资本	集体资本	法人资本	个人资本	港澳台资本		主营业务收入	
0.89	0.85			0.1	0.75		5.43	5.43	4.87
0.75	0.77			0.1	0.67		3.91	3.91	3.63
0.14	0.08				0.08		1.52	1.52	1.24
8.61	3.75	0.07	0.03	1.34	2.32		29.45	29.44	16.38
5.01	2.32			1.29	1.04		18.35	18.35	7.46
4.81	2.17			1.25	0.92		17.85	17.85	7.06
0.2	0.16			0.04	0.12		0.5	0.5	0.4
2.34	0.75	0.07	0.03	0.05	0.6		7.77	7.76	6.05
1.76	0.62	0.07		0.05	0.5		3.45	3.45	2.78
0.47	0.07		0.03		0.04		1.62	1.61	0.94
0.11	0.06				0.06		2.69	2.69	2.33
1.27	0.68				0.68		3.33	3.33	2.88
0.21	0.03				0.03		1.97	1.97	1.88
0.2	0.02				0.02		1.75	1.75	1.66
0.2	0.02				0.02		1.75	1.75	1.66
0.01	0.01				0.01		0.22	0.22	0.22
0.01	0.01				0.01		0.22	0.22	0.22
9.48	8.41			7.6	0.81		15.17	15.17	11.83
8.5	7.45			6.92	0.53		11.64	11.64	8.69
0.7	0.68			0.68			2.72	2.72	2.47
0.28	0.28				0.28		0.81	0.81	0.67
0.87	0.33			0.15	0.18		10.21	10.21	8.27
0.36	0.15			0.15			4.67	4.67	3.54
0.18	0.05			0.05			1.2	1.2	0.77
0.18	0.1			0.1			3.47	3.47	2.77
0.28	0.02				0.02		2.06	2.06	1.69
0.28	0.02				0.02		2.06	2.06	1.69
0.24	0.17				0.17		3.48	3.48	3.04
0.24	0.17				0.17		3.48	3.48	3.04
0.11	0.06				0.06		0.49	0.49	0.41
0.06	0.05				0.05		0.22	0.22	0.21
0.06	0.05				0.05		0.22	0.22	0.21
0.06	0.01				0.01		0.27	0.27	0.21
0.06	0.01				0.01		0.27	0.27	0.21
0.35	0.25			0.05	0.2		1.02	1.02	0.89
0.35	0.25			0.05	0.2		1.02	1.02	0.89
0.2	0.11			0.06	0.05		0.64	0.64	0.5
0.2	0.11			0.06	0.05		0.64	0.64	0.5
0.11	0.05				0.05		0.23	0.23	0.13

工业企业主要经济指标

指　　标	本年折旧	负债合计	流动负债合计	应付账款	非流动负债合计
其他纸制品制造	0.01	0.31	0.31	0.04	
印刷和记录媒介复制业		1.01	1.01	1.01	
印刷		1.01	1.01	1.01	
包装装潢及其他印刷		1.01	1.01	1.01	
文教、工美、体育和娱乐用品制造业	0.01	0.59	0.54		0.05
文教办公用品制造	0.01	0.22	0.17		0.05
教学用模型及教具制造	0.01	0.22	0.17		0.05
工艺美术品制造					
雕塑工艺品制造					
体育用品制造		0.37	0.37		
体育器材及配件制造		0.37	0.37		
石油加工、炼焦和核燃料加工业	0.04	1.54	0.21	0.04	
炼焦	0.04	1.54	0.21	0.04	
化学原料和化学制品制造业	0.09	2.73	2.36	0.3	0.03
基础化学原料制造	0.06	0.62	0.45	0.14	
无机酸制造	0.06	0.57	0.45	0.14	
有机化学原料制造		0.05			
肥料制造	0.02	1.68	1.68	0.01	
复混肥料制造	0.02	1.68	1.68	0.01	
涂料、油墨、颜料及类似产品制造		0.08			
涂料制造		0.08			
合成材料制造	0.01	0.29	0.2	0.15	
初级形态塑料及合成树脂制造	0.01	0.29	0.2	0.15	
日用化学产品制造	0.01	0.06	0.03		0.03
肥皂及合成洗涤剂制造	0.01	0.06	0.03		0.03
医药制造业		0.35	0.07		
中药饮片加工		0.26	0.07		
卫生材料及医药用品制造		0.1			
橡胶和塑料制品业	0.1	1.61	0.64	0.17	0.68
轮胎制造	0.01	0.63	0.15		0.49
塑料制品业	0.09	0.98	0.49	0.17	0.19
塑料薄膜制造	0.01	0.17			
塑料板、管、型材制造	0.02	0.33	0.23	0.07	
塑料丝、绳及编织品制造	0.04	0.25	0.17	0.01	0.06
日用塑料制品制造		0.02	0.02	0.02	
其他塑料制品制造	0.01	0.2	0.07	0.07	0.13
非金属矿物制品业	2.9	63.9	48.9	15.45	13.07
水泥、石灰和石膏制造	1.72	29.1	21.22	3.52	7.51
水泥制造	1.71	29.09	21.2	3.52	7.51
石灰和石膏制造	0.01	0.01	0.01		
石膏、水泥制品及类似制品制造	0.51	11.88	9.95	3.25	1.18
水泥制品制造	0.46	10.09	8.81	2.85	0.98

（2-5）（2016 年）

单位：亿元

所有者权益合计	实收资本						营业收入	主营业务收入	营业成本
		国家资本	集体资本	法人资本	个人资本	港澳台资本			
0.09	0.06			0.06			0.41	0.41	0.37
2.13	2.13			2.02	0.11		2.79	2.79	1.96
2.13	2.13			2.02	0.11		2.79	2.79	1.96
2.13	2.13			2.02	0.11		2.79	2.79	1.96
3.97	10.35			10	0.35		9.41	9.41	6.06
0.29	0.05				0.05		4.98	4.98	2.17
0.29	0.05				0.05		4.98	4.98	2.17
3.2	10			10			2.98	2.98	2.94
3.2	10			10			2.98	2.98	2.94
0.48	0.3				0.3		1.44	1.44	0.95
0.48	0.3				0.3		1.44	1.44	0.95
0.23	0.7				0.7		6.9	6.9	5.57
0.23	0.7				0.7		6.9	6.9	5.57
2.56	1.1	0.18		0.06	0.86		3.55	3.55	3.11
1.49	0.24	0.18		0.06			1.35	1.35	1.26
1.34	0.06			0.06			1.14	1.14	1.08
0.15	0.18	0.18					0.21	0.21	0.18
0.72	0.5				0.5		1	1	0.89
0.72	0.5				0.5		1	1	0.89
	0.2				0.2		0.28	0.28	0.26
	0.2				0.2		0.28	0.28	0.26
0.28	0.1				0.1		0.72	0.72	0.57
0.28	0.1				0.1		0.72	0.72	0.57
0.06	0.06				0.06		0.21	0.21	0.13
0.06	0.06				0.06		0.21	0.21	0.13
0.69	0.46	0.2	0.21	0.05			6.25	6.25	5.61
0.21	0.3	0.2	0.05	0.05			3.02	3.02	2.52
0.47	0.16		0.16				3.23	3.23	3.09
1.51	1.12			0.13	0.99		12.87	12.87	11.02
0.1	0.1			0.1			3.2	3.2	2.85
1.41	1.02			0.03	0.99		9.67	9.67	8.17
0.08	0.13				0.13		2.84	2.84	2.48
0.5	0.23			0.03	0.2		4.14	4.14	3.35
0.55	0.52				0.52		0.51	0.51	0.46
0.03	0.03				0.03		0.33	0.33	0.25
0.24	0.11				0.11		1.84	1.84	1.63
37.69	22.41	7.41		5.53	9.48		92.54	92.48	73.41
24.37	12.5	7.32		2.74	2.44		27.95	27.9	20.35
24.21	12.3	7.32		2.74	2.24		27.1	27.04	19.48
0.16	0.19				0.19		0.85	0.85	0.87
7.39	5.65	0.09		2.44	3.12		29.45	29.45	23.14
5.35	3.88	0.09		1.44	2.35		24.22	24.22	18.83

工业企业主要经济指标

指标	本年折旧	负债合计	流动负债合计	应付账款	非流动负债合计
砼结构构件制造		0.56	0.53	0.15	0.03
石棉水泥制品制造	0.01	0.22	0.22		
轻质建筑材料制造	0.05	1.01	0.39	0.25	0.17
砖瓦、石材等建筑材料制造	0.25	7.53	6.38	3.78	0.39
粘土砖瓦及建筑砌块制造	0.11	1.18	1.12	0.46	0.04
建筑用石加工	0.01	0.4	0.2	0.12	0.02
防水建筑材料制造	0.01	0.08			
其他建筑材料制造	0.12	5.86	5.06	3.19	0.33
玻璃制造	0.31	11.94	8.19	4.18	3.71
平板玻璃制造	0.3	11.87	8.16	4.15	3.71
其他玻璃制造	0.01	0.08	0.04	0.03	
玻璃制品制造	0.04	0.3	0.27	0.1	
技术玻璃制品制造	0.01	0.13	0.1	0.07	
日用玻璃制品制造	0.04	0.17	0.17	0.03	
玻璃纤维和玻璃纤维增强塑料制品制造		0.09	0.09	0.02	
玻璃纤维增强塑料制品制造		0.09	0.09	0.02	
陶瓷制品制造	0.05	3.07	2.8	0.59	0.27
园林、陈设艺术及其他陶瓷制品制造	0.05	3.07	2.8	0.59	0.27
黑色金属冶炼和压延加工业	0.02	5.27	3.52	0.51	0.17
黑色金属铸造	0.02	5.27	3.52	0.51	0.17
有色金属冶炼和压延加工业	0.01	0.32	0.32	0.1	
常用有色金属冶炼	0.01	0.32	0.32	0.1	
铅锌冶炼	0.01	0.32	0.32	0.1	
金属制品业	0.33	2.07	1.75	0.17	0.03
结构性金属制品制造	0.31	1.73	1.66	0.16	0.03
金属结构制造	0.13	1.01	0.94	0.15	0.03
金属门窗制造	0.18	0.71	0.71	0.02	
金属丝绳及其制品制造	0.02	0.09	0.09		
其他金属制品制造		0.25			
锻件及粉末冶金制品制造		0.25			
通用设备制造业	0.09	2.41	2.41	1.02	
物料搬运设备制造		0.6	0.6		
其他物料搬运设备制造		0.6	0.6		
烘炉、风机、衡器、包装等设备制造	0.09	1.8	1.8	1.02	
风机、风扇制造	0.09	1.8	1.8	1.02	
专用设备制造业	0.21	8.35	5	1.5	0.42
采矿、冶金、建筑专用设备制造	0.13	6.41	3.48	1.5	
矿山机械制造	0.13	6.41	3.48	1.5	
农、林、牧、渔专用机械制造	0.05	0.68	0.58		0.1
农林牧渔机械配件制造	0.05	0.68	0.58		0.1
环保、社会公共服务及其他专用设备制造	0.04	1.27	0.95		0.32
汽车制造业	1.16	25.05	17.77	8.94	6.76

（2-6）（2016年）

单位：亿元

所有者权益合计	实收资本	国家资本	集体资本	法人资本	个人资本	港澳台资本	营业收入	主营业务收入	营业成本
0.17	0.22				0.22		2.63	2.63	2.31
0.32	0.5				0.5		0.84	0.84	0.81
1.55	1.05			1	0.05		1.76	1.76	1.19
1.94	1.9			0.24	1.65		24.27	24.27	20.89
0.96	0.76			0.06	0.7		9.17	9.17	8.15
0.15	0.3				0.3		0.49	0.49	0.41
0.1	0.08				0.08		5.1	5.1	3.77
0.74	0.75			0.18	0.57		9.51	9.51	8.56
1.64	1.1				1.1		5.92	5.92	5.09
1.61	1				1		3.81	3.81	3.18
0.03	0.1				0.1		2.11	2.11	1.91
1.28	0.16				0.16		1.7	1.7	1.33
0.5	0.04				0.04		1.01	1.01	0.81
0.78	0.12				0.12		0.69	0.69	0.52
0.09	0.1			0.1			1.31	1.31	1.08
0.09	0.1			0.1			1.31	1.31	1.08
0.99	1				1		1.94	1.94	1.53
0.99	1				1		1.94	1.94	1.53
3.09	0.69		0.32	0.3	0.06		38.99	38.99	32.95
3.09	0.69		0.32	0.3	0.06		38.99	38.99	32.95
0.35	0.31			0.01	0.31		1.12	1.12	1.06
0.35	0.31			0.01	0.31		1.12	1.12	1.06
0.35	0.31			0.01	0.31		1.12	1.12	1.06
3.75	0.92			0.54	0.38		17.17	17.17	15.05
3.32	0.72			0.34	0.38		16.35	16.35	14.44
2.47	0.25			0.25			12.85	12.85	11.21
0.85	0.47			0.09	0.38		3.5	3.5	3.23
0.28	0.2			0.2			0.26	0.26	0.2
0.15	0.01				0.01		0.56	0.56	0.41
0.15	0.01				0.01		0.56	0.56	0.41
1.6	1	0.1		0.42	0.48		4.87	4.83	3.7
0.6	0.6			0.42	0.18		0.22	0.2	0.22
0.6	0.6			0.42	0.18		0.22	0.2	0.22
1	0.4	0.1			0.3		4.65	4.63	3.49
1	0.4	0.1			0.3		4.65	4.63	3.49
2.92	0.83	0.3		0.13	0.4		11.37	11.16	7.66
2.26	0.43	0.3		0.13			6.33	6.13	4.8
2.26	0.43	0.3		0.13			6.33	6.13	4.8
0.31	0.2				0.2		3.54	3.54	1.81
0.31	0.2				0.2		3.54	3.54	1.81
0.35	0.2				0.2		1.49	1.49	1.06
20.57	17.46	0.06		10.72	6.68		101.91	101.86	95.68

工业企业主要经济指标

指　　标	本年折旧	负债合计	流动负债合计	应付账款	非流动负债合计
汽车整车制造	1.01	16.3	10.17	7.43	6.13
电车制造	0.06	3.2	3		0.2
汽车零部件及配件制造	0.09	5.55	4.6	1.52	0.42
电气机械和器材制造业	0.2	7.88	5.55	1.13	1.08
电线、电缆、光缆及电工器材制造		0.26	0.25	0.01	
电线、电缆制造		0.26	0.25	0.01	
电池制造	0.04	2.64	1.67	0.95	0.07
锂离子电池制造	0.04	2.64	1.67	0.95	0.07
家用电力器具制造	0.01	0.21			
家用厨房电器具制造	0.01	0.21			
照明器具制造	0.14	4.76	3.62	0.17	1
照明灯具制造	0.13	4.68	3.56	0.12	1
灯用电器附件及其他照明器具制造	0.01	0.08	0.06	0.05	
计算机、通信和其他电子设备制造业	0.06	8.46	2.46	0.3	1.5
通信设备制造		3.06	0.06	−0.01	
通信系统设备制造		3.04	0.04		
通信终端设备制造		0.02	0.02	−0.01	
广播电视设备制造		0.18	0.18	0.09	
广播电视接收设备及器材制造		0.18	0.18	0.09	
视听设备制造		0.22	0.02		
音响设备制造		0.22	0.02		
电子器件制造		1.52	0.42	0.21	
集成电路制造		0.1	0.09	0.01	
光电子器件及其他电子器件制造		1.42	0.33	0.2	
电子元件制造		0.26	0.06	0.01	
电子元件及组件制造		0.26	0.06	0.01	
其他电子设备制造	0.05	3.21	1.71		1.5
其他制造业		0.01			
电力、热力、燃气及水生产和供应业	22.65	318.82	179.74	21.59	138.17
电力、热力生产和供应业	22.58	317.59	178.92	21.53	138.09
电力生产	22.17	313.81	175.29	20.86	137.94
火力发电	16.08	198.19	98.12	15.78	100.08
水力发电	1.59	38.5	38.5	0.06	
风力发电	4.09	67.05	35.08	5.01	31.97
太阳能发电	0.31	8.94	3.05	0.07	5.89
其他电力生产	0.1	1.13	0.54	−0.06	
电力供应	0.41	3.78	3.63	0.68	0.15
燃气生产和供应业		0.3	0.05		
水的生产和供应业	0.07	0.93	0.78	0.06	0.08
自来水生产和供应	0.07	0.93	0.78	0.06	0.08

（2-7）（2016年）

单位：亿元

所有者权益合计	实收资本	国家资本	集体资本	法人资本	个人资本	港澳台资本	营业收入	主营业务收入	营业成本
17.98	5.2				5.2		42.57	42.57	39.19
-0.39	1.18				1.18		6.9	6.9	5.84
2.98	11.08	0.06		10.72	0.3		52.44	52.39	50.64
8.2	2.12	0.25		0.81	1.07		23.17	23.17	18.11
0.03	0.04			0.04			0.2	0.2	0.2
0.03	0.04			0.04			0.2	0.2	0.2
2	0.42			0.15	0.26		6.98	6.98	6.34
2	0.42			0.15	0.26		6.98	6.98	6.34
0.66	0.05			0.05			4.12	4.12	3.11
0.66	0.05			0.05			4.12	4.12	3.11
5.52	1.62	0.25		0.57	0.8		11.87	11.87	8.46
5.29	1.42	0.25		0.57	0.6		9.33	9.33	6.35
0.22	0.2				0.2		2.55	2.55	2.12
3.07	1.02			0.39	0.64		13.22	13.2	11.28
0.44	0.16			0.16			4.51	4.51	3.86
0.34	0.06			0.06			4.29	4.29	3.66
0.1	0.1			0.1			0.22	0.22	0.2
0.11	0.11				0.11		0.28	0.28	0.25
0.11	0.11				0.11		0.28	0.28	0.25
0.2	0.12			0.06	0.07		1.88	1.88	1.83
0.2	0.12			0.06	0.07		1.88	1.88	1.83
1.08	0.51			0.17	0.34		2.03	2.02	1.78
0.16	0.2				0.2		0.36	0.36	0.29
0.91	0.31			0.17	0.14		1.67	1.65	1.48
0.14	0.02				0.02		0.74	0.74	0.63
0.14	0.02				0.02		0.74	0.74	0.63
1.1	0.1				0.1		3.78	3.78	2.94
0.04	0.04			0.04			0.6	0.59	0.52
77.26	61.85	40.03	0.75	20.46	0.61		118.97	117.11	103.34
73.16	61	39.38	0.75	20.26	0.6		115.54	113.8	100.66
68.5	59.95	38.34	0.75	20.26	0.6		84.99	83.74	72.77
44.16	40.18	21.11	0.75	18.32			67.72	66.5	62.85
	0.09	0.09					4.21	4.19	2.34
22.62	18.31	16.37		1.94			10.9	10.9	6.09
0.95	0.78	0.78					0.74	0.73	0.4
0.77	0.6				0.6		1.42	1.42	1.09
4.66	1.04	1.04					30.55	30.06	27.89
0.24	0.2			0.2			0.82	0.7	0.6
3.86	0.65	0.64			0.01		2.61	2.61	2.09
3.86	0.65	0.64			0.01		2.61	2.61	2.09

工业企业主要经济指标

指　　标	主营业务成本	营业税金及附加	主营业务税金及附加	其他业务收入	其他业务利润
总计	716.3	19.83	18.64	4.32	0.83
一、按登记注册类型分组:					
内资企业	711.13	19.76	18.57	4.31	0.83
国有企业	29.7	0.33	0.31	0.49	
中央企业	6.38	0.02	0.02	0.03	
地方企业	23.32	0.31	0.29	0.46	
股份合作企业	2.13	0.17	0.17		
有限责任公司	359.69	6.76	6.31	1.69	0.75
国有独资公司	33.81	0.93	0.93	0.07	0.06
其他有限责任公司	325.88	5.84	5.39	1.61	0.69
股份有限公司	40.01	3.27	2.81	0.37	
私营企业	279.45	9.21	8.95	1.57	0.08
私营独资企业	43.97	2.49	2.47	0.03	
私营合伙企业	41.81	2.27	2.27	1.25	
私营有限责任公司	180.45	4.31	4.09	0.17	0.08
私营股份有限公司	13.21	0.14	0.14	0.12	
其他企业	0.15	0.02	0.01	0.2	
港、澳、台商投资企业	4.87	0.07	0.07	0.01	
合资经营企业(港或澳、台资)		0.01	0.01		
港澳台商独资经营企业	3.86	0.06	0.06	0.01	
港澳台商投资股份有限公司	1.02				
外商投资企业	0.3				
中外合资经营企业	0.3				
二、按经济组织类型分组					
独资企业	77.53	2.88	2.84	0.54	
国有企业	29.7	0.33	0.31	0.49	

（3-1）（2016 年）

单位：亿元

销售费用	管理费用	税金	财务费用	利息收入	利息支出	营业利润	资产减值损失	公允价值变动收益	投资收益
21.89	43.01	2.65	26.9	0.59	24.73	43.36	1.3	0.03	0.25
21.65	42.47	2.58	26.63	0.59	24.53	41.88	1.3	0.03	0.25
0.38	1.51	0.01	0.03	0.01	0.02	1.42	−0.01		
0.36	0.37		0.01		0.01	−0.17	0.01		
0.02	1.15	0.01	0.02	0.01	0.01	1.59	−0.01		
0.02	0.17					0.02			
8.9	17.94	1.02	19.87	0.49	18.68	13.98	0.58		0.07
0.93	0.74	0.02	4.8		4.73	−1.6			
7.97	17.2	1	15.07	0.49	13.95	15.58	0.58		0.07
2.4	2.08	0.38	1.62	0.02	1.38	10.74	0.08		0.17
9.95	20.7	1.16	5.1	0.07	4.45	15.76	0.65	0.03	
1.97	4.3	0.66	1.21	0.05	1.14	2.93			
1.34	3.51	0.08	0.92		0.76	2.52	0.3		
6.18	12.28	0.42	2.94	0.01	2.53	9.93	0.35	0.03	
0.46	0.61		0.03		0.01	0.37			
	0.07					−0.03			
0.22	0.51	0.08	0.27		0.21	1.56			
0.16	0.14	0.05	0.07			0.04			
0.04	0.35	0.02	0.2		0.21	1.07			
0.02	0.02					0.45			
0.03	0.03					−0.09			
0.03	0.03					−0.09			
2.39	6.16	0.7	1.45	0.06	1.37	5.42	−0.01		
0.38	1.51	0.01	0.03	0.01	0.02	1.42	−0.01		

工业企业主要经济指标

指　　标	主营业务成本	营业税金及附加	主营业务税金及附加	其他业务收入	其他业务利润
私营独资企业	43.97	2.49	2.47	0.03	
港澳台商独资经营企业	3.86	0.06	0.06	0.01	
合作、合伙企业	44.09	2.46	2.44	1.44	
股份合作企业	2.13	0.17	0.17		
私营合伙企业	41.81	2.27	2.27	1.25	
其他企业（内资）	0.15	0.02	0.01	0.2	
股份有限公司	54.24	3.41	2.95	0.49	
股份有限公司(内资)	40.01	3.27	2.81	0.37	
私营股份有限公司	13.21	0.14	0.14	0.12	
港澳台商投资股份有限公司	1.02				
有限责任公司	540.44	11.08	10.41	1.85	0.83
国有独资公司	33.81	0.93	0.93	0.07	0.06
私营有限责任公司	180.45	4.31	4.09	0.17	0.08
合资经营企业(港或澳、台资)		0.01	0.01		
中外合资经营企业	0.3				
其他有限责任公司	325.88	5.84	5.39	1.61	0.69
三、在总计中：亏损企业	149.77	3.7	3.28	1.47	0.37
在总计中：国有控股企业	164.34	4.36	4.05	2.43	0.74
在总计中：农村工业	13.69	0.27	0.25		
在总计中：轻工业	113.92	3.95	3.82	0.03	0.11
重工业	602.38	15.87	14.81	4.3	0.71
在总计中：大型企业	73.48	2.35	2.35	0.06	0.06
中型企业	181	5.71	5.35	1.83	0.22
小型企业	451.41	11.52	10.69	2.34	0.44
纯小型企业	433.33	11.21	10.43	2.33	0.44
微型企业	18.08	0.31	0.26	0.01	

（3-2）（2016年）

单位：亿元

销售费用	管理费用		财务费用			营业利润	资产减值损失	公允价值变动收益	投资收益
		税金		利息收入	利息支出				
1.97	4.3	0.66	1.21	0.05	1.14	2.93			
0.04	0.35	0.02	0.2		0.21	1.07			
1.35	3.76	0.08	0.92		0.77	2.51	0.3		
0.02	0.17					0.02			
1.34	3.51	0.08	0.92		0.76	2.52	0.3		
	0.07					-0.03			
2.88	2.71	0.38	1.65	0.02	1.39	11.56	0.08		0.17
2.4	2.08	0.38	1.62	0.02	1.38	10.74	0.08		0.17
0.46	0.61		0.03		0.01	0.37			
0.02	0.02					0.45			
15.27	30.39	1.49	22.88	0.5	21.21	23.87	0.93	0.03	0.07
0.93	0.74	0.02	4.8		4.73	-1.6			
6.18	12.28	0.42	2.94	0.01	2.53	9.93	0.35	0.03	
0.16	0.14	0.05	0.07			0.04			
0.03	0.03					-0.09			
7.97	17.2	1	15.07	0.49	13.95	15.58	0.58		0.07
3.61	10.89	0.78	10.77	0.13	10.26	-19.78	0.89		
3.58	6.62	0.47	16.93	0.14	16.56	0.86	0.3		0.19
0.4	2	0.01	0.16	0.04	0.16	2.26	0.21		
5.78	7.98	0.62	1.86		1.25	16.56	0.06	0.02	
16.12	35.03	2.03	25.04	0.59	23.48	26.81	1.24	0.01	0.25
1.98	1.67	0.21	4.87	-0.02	4.71	6.96	0.07		
4.03	12.94	0.3	8.53	0.44	8.03	6.31	0.56		0.17
15.44	27.62	2.12	13.19	0.17	11.75	29.83	0.68	0.03	0.08
15.1	27.15	2.11	12.99	0.12	11.51	27.78	0.65	0.03	0.08
0.34	0.46	0.01	0.21	0.04	0.24	2.05	0.03		

工业企业主要经济指标

指　　标	主营业务成本	营业税金及附加	主营业务税金及附加	其他业务收入	其他业务利润
总计	716.3	19.83	18.64	4.32	0.83
采矿业	248.53	11.95	11.74	2.08	0.01
煤炭开采和洗选业	235.47	11.58	11.38	2.06	0.01
烟煤和无烟煤开采洗选	234.82	11.54	11.33	2.06	0.01
其他煤炭采选	0.65	0.04	0.04		
黑色金属矿采选业	5.36	0.09	0.09		
铁矿采选	5.36	0.09	0.09		
有色金属矿采选业	2.2	0.03	0.03	0.02	
常用有色金属矿采选	2.2	0.03	0.03	0.02	
铅锌矿采选	2.2	0.03	0.03		
铝矿采选				0.02	
非金属矿采选业	5.33	0.22	0.22		
土砂石开采	5.33	0.22	0.22		
石灰石、石膏开采	2.46	0.12	0.12		
建筑装饰用石开采	1.63	0.04	0.04		
粘土及其他土砂石开采	1.24	0.05	0.05		
其他采矿业	0.17	0.02	0.02		
制造业	365.75	6.74	5.98	0.39	0.09
农副食品加工业	22.22	0.19	0.13	0.01	0.01
饲料加工	1.22				
植物油加工	1.19				
食用植物油加工	1.19				
制糖业	0.89	0.03	0.03		
屠宰及肉类加工	2.83	0.01	0.01		
牲畜屠宰	0.34				
肉制品及副产品加工	2.48	0.01	0.01		
蔬菜、水果和坚果加工	4.79	0.03	0.03		
蔬菜加工	4.68	0.03	0.03		
水果和坚果加工	0.11				
其他农副食品加工	11.3	0.12	0.06	0.01	0.01
淀粉及淀粉制品制造	2.47	0.07			
豆制品制造	0.18				
其他未列明农副食品加工	8.66	0.06	0.06	0.01	0.01
食品制造业	11.68	0.17	0.17		
焙烤食品制造	2.38				
糕点、面包制造	2.38				
方便食品制造	3.23	0.11	0.11		
米、面制品制造	3.08	0.11	0.11		
方便面及其他方便食品制造	0.15				
调味品、发酵制品制造	1.2				
酱油、食醋及类似制品制造	0.19				
其他调味品、发酵制品制造	1.01				

（3-3）（2016年）

单位：亿元

销售费用	管理费用		财务费用			营业利润	资产减值损失	公允价值变动收益	投资收益
		税金		利息收入	利息支出				
21.89	43.01	2.65	26.9	0.59	24.73	43.36	1.3	0.03	0.25
7.38	20.92	1.12	9.77	0.53	8.8	10.51	1.18		0.03
6.73	19.98	1.07	9.7	0.52	8.74	8.98	1.17		0.03
6.73	19.95	1.07	9.7	0.52	8.74	9.04	1.17		0.03
	0.03					−0.05			
0.08	0.17	0.04	0.01		0.01	0.96			
0.08	0.17	0.04	0.01		0.01	0.96			
0.11	0.15					0.12			
0.11	0.15					0.12			
0.02	0.08					0.1			
0.09	0.07					0.02			
0.46	0.62		0.06		0.05	0.41	0.01		
0.46	0.62		0.06		0.05	0.41	0.01		
0.17	0.42		0.02		0.02	0.22			
0.14	0.1		0.01			0.08			
0.14	0.1		0.04		0.03	0.11	0.01		
						0.04			
13.94	19.76	1.19	5.59	0.03	4.49	32.68	0.06	0.03	0.03
0.58	1.39	0.06	0.24		0.1	2.02			−0.01
0.02	0.02					0.45			
	0.01								
	0.01								
	0.05					0.13			
0.16	0.08	0.02	0.01		0.01	0.25			
0.09	0.01					−0.03			
0.06	0.07	0.02	0.01		0.01	0.28			
0.05	0.27		0.08		0.04	0.87	−0.02		
0.04	0.2		0.07		0.04	0.8	−0.02		
0.01	0.07		0.01			0.07			
0.35	0.94	0.04	0.15		0.05	0.33	0.01		−0.01
0.07	0.18	0.03	0.07				0.01		−0.01
	0.01					0.05			
0.28	0.76	0.01	0.07		0.05	0.28			
0.35	0.39		0.07		0.07	0.57			
0.26	0.21		0.05		0.05	0.21			
0.26	0.2		0.05		0.05	0.18			
0.01	0.01					0.04			
0.01	0.02					0.09			
0.01	0.01					0.03			
	0.01					0.06			

工业企业主要经济指标

指标	主营业务成本	营业税金及附加	主营业务税金及附加	其他业务收入	其他业务利润
其他食品制造	4.87	0.05	0.05		
营养食品制造	3.63	0.05	0.05		
其他未列明食品制造	1.24				
酒、饮料和精制茶制造业	16.37	2.04	2.01	0.01	0.07
酒的制造	7.46	1.93	1.93		
白酒制造	7.06	1.92	1.92		
其他酒制造	0.4	0.01	0.01		
饮料制造	6.03	0.04	0.04	0.01	0.07
碳酸饮料制造	2.78				
瓶（罐）装饮用水制造	0.92	0.04	0.04	0.01	0.07
含乳饮料和植物蛋白饮料制造	2.33				
精制茶加工	2.88	0.07	0.04		
烟草制品业					
烟叶复烤					
卷烟制造					
纺织业	1.88	0.03	0.03		
针织或钩针编织物及其制品制造	1.66	0.03	0.03		
针织或钩针编织品制造	1.66	0.03	0.03		
非家用纺织制成品制造	0.22				
其他非家用纺织制成品制造	0.22				
纺织服装、服饰业	11.83	0.05	0.05		
机织服装制造	8.69	0.04	0.04		
针织或钩针编织服装制造	2.47	0.02	0.02		
服饰制造	0.67				
皮革、毛皮、羽毛及其制品和制鞋业	8.27	0.05	0.05		
皮革制品制造	3.51	0.05	0.05		
皮箱、包（袋）制造	0.77	0.04	0.04		
其他皮革制品制造	2.77	0.01	0.01		
毛皮鞣制及制品加工	1.69				
毛皮鞣制加工	1.69				
制鞋业	3.04				
皮鞋制造	3.04				
木材加工和木、竹、藤、棕、草制品业	0.41				
人造板制造	0.21				
胶合板制造	0.21				
木制品制造	0.21				
木门窗、楼梯制造	0.21				
家具制造业	0.89	0.02	0.02		
木质家具制造	0.89	0.02	0.02		
造纸和纸制品业	0.5	0.02	0.02		
纸制品制造	0.5	0.02	0.02		
纸和纸板容器制造	0.13	0.01	0.01		

（3-4）（2016年）

单位：亿元

销售费用	管理费用		财务费用			营业利润	资产减值损失	公允价值变动收益	投资收益
		税金		利息收入	利息支出				
0.07	0.15		0.01		0.01	0.27			
0.06	0.05		0.01		0.01	0.09			
0.01	0.1					0.17			
1.5	1.18	0.11	0.39		0.14	7.96			
0.99	0.63	0.05	0.23		0.05	7.12			
0.95	0.6	0.05	0.23		0.05	7.09			
0.03	0.02					0.03			
0.38	0.4	0.05	0.14		0.06	0.76			
0.08	0.12		0.06		0.06	0.41			
0.26	0.24	0.05	0.07			0.08			
0.04	0.04					0.27			
0.14	0.15		0.02		0.02	0.08			
0.02	0.06		0.01		0.01	–0.04			
0.02	0.06		0.01		0.01	–0.04			
0.02	0.06		0.01		0.01	–0.04			
0.37	0.91	0.01	0.12		0.08	1.84	0.07	0.02	
0.3	0.68	0.01	0.11		0.07	1.76	0.07		
0.03	0.13		0.01		0.01	0.07		0.02	
0.04	0.1								
0.45	0.66	0.01	0.06		0.06	0.72			
0.4	0.49		0.02		0.02	0.17			
0.15	0.2					0.05			
0.25	0.29		0.02		0.02	0.13			
	0.02	0.01				0.35			
	0.02	0.01				0.35			
0.05	0.16		0.04		0.04	0.2			
0.05	0.16		0.04		0.04	0.2			
0.03	0.02		0.01		0.01	0.02			
0.01									
0.01									
0.02	0.02		0.01		0.01	0.02			
0.02	0.02		0.01		0.01	0.02			
0.04	0.05		0.01		0.01	0.03			
0.04	0.05		0.01		0.01	0.03			
0.05	0.04	0.01	0.02		0.02	0.02			
0.05	0.04	0.01	0.02		0.02	0.02			
0.02	0.03	0.01	0.02		0.02	0.02			

工业企业主要经济指标

指　　标	主营业务成本	营业税金及附加	主营业务税金及附加	其他业务收入	其他业务利润
其他纸制品制造	0.37				
印刷和记录媒介复制业	1.96				
印刷	1.96				
包装装潢及其他印刷	1.96				
文教、工美、体育和娱乐用品制造业	6.06	0.45	0.45		
文教办公用品制造	2.17	0.45	0.45		
教学用模型及教具制造	2.17	0.45	0.45		
工艺美术品制造	2.94				
雕塑工艺品制造	2.94				
体育用品制造	0.95				
体育器材及配件制造	0.95				
石油加工、炼焦和核燃料加工业	5.57	0.19	0.19		
炼焦	5.57	0.19	0.19		
化学原料和化学制品制造业	3.11	0.05	0.05		
基础化学原料制造	1.26	0.01	0.01		
无机酸制造	1.08	0.01	0.01		
有机化学原料制造	0.18				
肥料制造	0.89				
复混肥料制造	0.89				
涂料、油墨、颜料及类似产品制造	0.26	0.01	0.01		
涂料制造	0.26	0.01	0.01		
合成材料制造	0.57	0.01	0.01		
初级形态塑料及合成树脂制造	0.57	0.01	0.01		
日用化学产品制造	0.13	0.03	0.03		
肥皂及合成洗涤剂制造	0.13	0.03	0.03		
医药制造业	5.61	0.29	0.29		
中药饮片加工	2.52	0.27	0.27		
卫生材料及医药用品制造	3.09	0.03	0.03		
橡胶和塑料制品业	11.02	0.1	0.1		
轮胎制造	2.85				
塑料制品业	8.17	0.09	0.09		
塑料薄膜制造	2.48	0.04	0.04		
塑料板、管、型材制造	3.35	0.01	0.01		
塑料丝、绳及编织品制造	0.46				
日用塑料制品制造	0.25				
其他塑料制品制造	1.63	0.04	0.04		
非金属矿物制品业	72.65	1.18	0.99	0.05	0.02
水泥、石灰和石膏制造	20.3	0.19	0.19	0.05	0.01
水泥制造	19.44	0.19	0.19	0.05	0.01
石灰和石膏制造	0.87				
石膏、水泥制品及类似制品制造	22.99	0.56	0.54		
水泥制品制造	18.68	0.5	0.47		

（3–5）（2016年）

单位：亿元

销售费用	管理费用		财务费用			营业利润	资产减值损失	公允价值变动收益	投资收益
		税金		利息收入	利息支出				
0.02	0.02								
0.03	0.04		0.06			0.7			
0.03	0.04		0.06			0.7			
0.03	0.04		0.06			0.7			
0.83	1.14	0.04	0.72		0.63	0.2			
0.66	0.9	0.04	0.72		0.62	0.09			
0.66	0.9	0.04	0.72		0.62	0.09			
	0.04								
	0.04								
0.17	0.21		0.01		0.01	0.1			
0.17	0.21		0.01		0.01	0.1			
0.36	0.29		0.01		0.01	0.49			
0.36	0.29		0.01		0.01	0.49			
0.04	0.21		0.11		0.01	0.06			0.02
	0.08								
	0.07					–0.02			
	0.01					0.01			
	0.08		0.02			0.03			0.02
	0.08		0.02			0.03			0.02
						0.01			
						0.01			
0.01	0.02		0.08			0.02			
0.01	0.02		0.08			0.02			
0.02	0.02		0.01		0.01	0.01			
0.02	0.02		0.01		0.01	0.01			
0.02	0.09	0.04	0.05		0.04	0.19			
0.02	0.04		0.05		0.04	0.12			
	0.04	0.04				0.06			
0.41	0.84	0.03	0.03		0.03	0.47			
0.1	0.11					0.14			
0.31	0.73	0.02	0.03		0.03	0.34			
0.14	0.13					0.06			
0.14	0.53	0.01	0.01			0.11			
0.01	0.03	0.01				0.01			
0.02	0.02					0.04			
0.01	0.03		0.02		0.02	0.11			
4.19	5.07	0.3	2.25	0.04	2	6.46	0.01	0.01	0.01
1.77	1.52	0.1	1.26	0.02	1.29	2.87			
1.75	1.52	0.1	1.26	0.02	1.29	2.9			
0.02	0.01					–0.04			
1.38	1.57	0.11	0.55		0.35	2.25	0.01		
1.03	1.31	0.07	0.55		0.34	2.01			

工业企业主要经济指标

指　　标	主营业务成本	营业税金及附加	主营业务税金及附加	其他业务收入	其他业务利润
砼结构构件制造	2.31	0.05	0.05		
石棉水泥制品制造	0.81				
轻质建筑材料制造	1.19	0.01	0.01		
砖瓦、石材等建筑材料制造	20.32	0.26	0.1		
粘土砖瓦及建筑砌块制造	8.15	0.05	0.02		
建筑用石加工	0.41	0.01	0.01		
防水建筑材料制造	3.2	0.01	0.01		
其他建筑材料制造	8.56	0.2	0.07		
玻璃制造	5.09				
平板玻璃制造	3.18				
其他玻璃制造	1.91				
玻璃制品制造	1.33	0.02	0.02		0.01
技术玻璃制品制造	0.81	0.01	0.01		0.01
日用玻璃制品制造	0.52				
玻璃纤维和玻璃纤维增强塑料制品制造	1.08				
玻璃纤维增强塑料制品制造	1.08				
陶瓷制品制造	1.53	0.15	0.15		
园林、陈设艺术及其他陶瓷制品制造	1.53	0.15	0.15		
黑色金属冶炼和压延加工业	32.95	0.35	0.35		
黑色金属铸造	32.95	0.35	0.35		
有色金属冶炼和压延加工业	1.06				
常用有色金属冶炼	1.06				
铅锌冶炼	1.06				
金属制品业	15.05	0.58	0.1		
结构性金属制品制造	14.44	0.55	0.07		
金属结构制造	11.21	0.51	0.04		
金属门窗制造	3.23	0.04	0.04		
金属丝绳及其制品制造	0.2	0.03	0.03		
其他金属制品制造	0.41				
锻件及粉末冶金制品制造	0.41				
通用设备制造业	3.49	0.01	0.01	0.04	
物料搬运设备制造	0.02			0.02	
其他物料搬运设备制造	0.02			0.02	
烘炉、风机、衡器、包装等设备制造	3.46	0.01	0.01	0.02	
风机、风扇制造	3.46	0.01	0.01	0.02	
专用设备制造业	7.59	0.54	0.54	0.2	
采矿、冶金、建筑专用设备制造	4.72	0.1	0.1	0.2	
矿山机械制造	4.72	0.1	0.1	0.2	
农、林、牧、渔专用机械制造	1.81	0.44	0.44		
农林牧渔机械配件制造	1.81	0.44	0.44		
环保、社会公共服务及其他专用设备制造	1.06				
汽车制造业	95.68	0.01	0.01	0.05	

（3-6）（2016年）

单位：亿元

销售费用	管理费用		财务费用			营业利润	资产减值损失	公允价值变动收益	投资收益
		税金		利息收入	利息支出				
0.28	0.17					–0.19			
0.01	0.01					0.02			
0.07	0.08	0.04	0.01		0.01	0.41	0.01		
0.73	1.52	0.04	0.07		0.06	0.8			
0.29	0.41		0.02		0.02	0.24			
0.04	0.03								
0.21	0.78	0.03	0.03		0.03	0.31			
0.2	0.3		0.02		0.01	0.24			
0.02	0.23	0.05	0.28	0.01	0.3	0.29			
0.02	0.22	0.05	0.28	0.01	0.3	0.09			
						0.2			
0.04	0.05		0.01			0.26		0.01	0.01
0.04	0.04		0.01			0.11		0.01	0.01
0.01	0.01					0.15			
0.05	0.12		0.06						
0.05	0.12		0.06						
0.19	0.07								
0.19	0.07								
0.7	1.13		0.02		0.01	3.84			
0.7	1.13		0.02		0.01	3.84			
0.02	0.02					0.01			
0.02	0.02					0.01			
0.02	0.02					0.01			
0.29	0.37		0.03		0.03	0.85			
0.29	0.32		0.03		0.03	0.72			
0.26	0.28		0.03		0.02	0.56			
0.03	0.05					0.15			
	0.04					–0.01			
	0.01					0.14			
	0.01					0.14			
0.26	0.08	0.02	0.05		0.05	0.78			
			0.02		0.02	–0.02			
			0.02		0.02	–0.02			
0.26	0.08	0.02	0.02		0.02	0.8			
0.26	0.08	0.02	0.02		0.02	0.8			
0.81	1.49	0.06	0.42		0.42	0.46	–0.01		
0.44	0.6	0.04	0.15		0.15	0.25	–0.01		
0.44	0.6	0.04	0.15		0.15	0.25	–0.01		
0.25	0.71	0.03	0.27		0.27	0.07			
0.25	0.71	0.03	0.27		0.27	0.07			
0.12	0.17					0.13			
0.97	1.55	0.16	0.72	–0.02	0.72	2.98			

工业企业主要经济指标

指标	主营业务成本	营业税金及附加	主营业务税金及附加	其他业务收入	其他业务利润
汽车整车制造	39.19	0.01	0.01		
电车制造	5.84				
汽车零部件及配件制造	50.64	0.01	0.01	0.05	
电气机械和器材制造业	18.1	0.36	0.36		
电线、电缆、光缆及电工器材制造	0.2				
电线、电缆制造	0.2				
电池制造	6.33	0.01	0.01		
锂离子电池制造	6.33	0.01	0.01		
家用电力器具制造	3.11	0.02	0.02		
家用厨房电器具制造	3.11	0.02	0.02		
照明器具制造	8.46	0.33	0.33		
照明灯具制造	6.35	0.32	0.32		
灯用电器附件及其他照明器具制造	2.12	0.01	0.01		
计算机、通信和其他电子设备制造业	11.28	0.05	0.05	0.02	
通信设备制造	3.86	0.01	0.01		
通信系统设备制造	3.66	0.01	0.01		
通信终端设备制造	0.2				
广播电视设备制造	0.25				
广播电视接收设备及器材制造	0.25				
视听设备制造	1.83				
音响设备制造	1.83				
电子器件制造	1.78			0.02	
集成电路制造	0.29				
光电子器件及其他电子器件制造	1.48			0.02	
电子元件制造	0.63				
电子元件及组件制造	0.63				
其他电子设备制造	2.94	0.04	0.04		
其他制造业	0.52			0.01	
电力、热力、燃气及水生产和供应业	102.02	1.14	0.92	1.86	0.72
电力、热力生产和供应业	99.44	1.1	0.91	1.74	0.68
电力生产	71.66	1.04	0.87	1.25	0.68
火力发电	62.73	0.99	0.82	1.22	0.66
水力发电	2.34	0.04	0.04	0.02	0.02
风力发电	5.1				
太阳能发电	0.4				
其他电力生产	1.09	0.01	0.01		
电力供应	27.78	0.07	0.05	0.49	
燃气生产和供应业	0.49			0.12	
水的生产和供应业	2.09	0.04			0.04
自来水生产和供应	2.09	0.04			0.04

（3-7）（2016年）

单位：亿元

销售费用	管理费用		财务费用			营业利润	资产减值损失	公允价值变动收益	投资收益
		税金		利息收入	利息支出				
0.3	0.4	0.16	0.61	−0.02	0.62	2.06			
0.52	0.48		0.03		0.03	0.03			
0.15	0.67		0.08		0.07	0.89			
1.1	1.61	0.31	0.08		0.08	1.91			
0.07	0.19		0.01		0.01	0.36			
0.07	0.19		0.01		0.01	0.36			
0.05	0.08					0.86			
0.05	0.08					0.86			
0.98	1.33	0.3	0.07		0.07	0.7			
0.94	1.26	0.3	0.07		0.06	0.39			
0.04	0.08					0.31			
0.49	1.07		0.09			0.25			
0.1	0.32					0.23			
0.09	0.31					0.23			
0.01	0.01								
	0.02								
	0.02								
	0.04					0.01			
	0.04					0.01			
0.04	0.25					−0.04			
						0.06			
0.04	0.25					−0.1			
0.01			0.08			0.02			
0.01			0.08			0.02			
0.35	0.43		0.01			0.02			
0.06	0.09		0.01			−0.08			
0.57	2.32	0.35	11.54	0.03	11.44	0.17	0.06		0.19
0.36	2.12	0.34	11.55	0.04	11.44	−0.12	0.06		0.19
	0.74	0.33	11.54	0.03	11.43	−0.97	0.07		0.19
	0.64	0.33	8.23	0.01	8.1	−4.87	0.07		0.19
			0.67		0.67	1.17			
	0.04		2.29	0.01	2.3	2.49			
			0.2		0.2	0.13			
	0.06		0.15		0.15	0.11			
0.36	1.38	0.01	0.01	0.01	0.01	0.85	−0.01		
0.07	0.05					0.1			
0.14	0.16	0.01	−0.01	−0.01		0.19			
0.14	0.16	0.01	−0.01	−0.01		0.19			

工业企业主要经济指标

指　　标	营业外收入	政府补助	营业外支出	利润总额	所得税费用	亏损企业亏损总额
总计	2.91	1.57	2.63	43.64	5.85	20.77
一、按登记注册类型分组：						
内资企业	2.89	1.57	2.62	42.15	5.61	20.69
国有企业	0.06		0.08	1.41	0.04	0.47
中央企业	0.02		0.02	–0.17	0.02	0.43
地方企业	0.05		0.06	1.58	0.02	0.04
股份合作企业	0.07			0.09		
有限责任公司	1.85	1.28	1.75		2.59	15.31
国有独资公司	0.18	0.02	0.19	–1.61	0.14	4.87
其他有限责任公司	1.67	1.26	1.56	15.69	2.45	10.44
股份有限公司	0.14	0.01	0.08	10.79	0.74	0.1
私营企业	0.76	0.28	0.72	15.8	2.24	4.78
私营独资企业	0.16	0.1	0.18	2.91	0.54	1.07
私营合伙企业	0.1	0.01	0.18	2.44	0.35	1.06
私营有限责任公司	0.49	0.17	0.33	10.09	1.29	2.65
私营股份有限公司			0.02	0.35	0.06	
其他企业				–0.03		0.03
港、澳、台商投资企业	0.01			1.58	0.24	
合资经营企业（港或澳、台资）				0.04		
港澳台商独资经营企业	0.01			1.08	0.23	
港澳台商投资股份有限公司				0.45		
外商投资企业	0.01			–0.08		0.08
中外合资经营企业	0.01			–0.08		0.08
二、按经济组织类型分组						
独资企业	0.24	0.1	0.26	5.4	0.81	1.53
国有企业	0.06		0.08	1.41	0.04	0.47

（4-1）（2016年）

单位：亿元、万人

利税总额	应交税金及附加	本年应付职工薪酬	本年应交增值税	从业人员平均人数	从业人员期末人数	平均用工人数	期末用工人数
99.87	64.73	58.46	36.4	9.63	9.88	9.91	9.33
97.82	63.87	57.84	35.91	9.54	9.79	9.82	9.25
2.46	1.1	3.94	0.72	0.53	0.53	0.46	0.46
0.02	0.21	1.02	0.17	0.17	0.17	0.1	0.1
2.44	0.9	2.92	0.55	0.36	0.36	0.36	0.36
0.37	0.28	0.09	0.11	0.03	0.03	0.04	0.04
39.44	28.97	28.41	18.6	4.26	4.28	4.18	3.83
2.44	4.2	4.02	3.12	0.38	0.37	0.37	0.37
37.01	24.77	24.39	15.48	3.88	3.91	3.81	3.46
16.91	7.24	6.19	2.85	0.55	0.59	0.61	0.53
38.65	26.25	19.21	13.64	4.16	4.36	4.54	4.37
8.61	6.9	4.66	3.21	0.9	1	1.14	1.1
6.8	4.78	5.3	2.08	1.1	1.12	1.09	1
21.35	12.97	8.65	6.95	2.01	2.1	2.16	2.13
1.88	1.59	0.6	1.39	0.14	0.14	0.14	0.15
−0.01	0.02		0.01	0.01	0.01	0.01	0.01
2.13	0.87	0.59	0.48	0.09	0.08	0.08	0.08
0.09	0.11	0.04	0.04				
1.58	0.76	0.54	0.44	0.07	0.07	0.08	0.07
0.45		0.01		0.01	0.01	0.01	0.01
−0.08		0.03					
−0.08		0.03					
12.66	8.76	9.14	4.37	1.5	1.6	1.67	1.63
2.46	1.1	3.94	0.72	0.53	0.53	0.46	0.46

工业企业主要经济指标

指　　标	营业外收入	政府补助	营业外支出	利润总额	所得税费用	亏损企业亏损总额
私营独资企业	0.16	0.1	0.18	2.91	0.54	1.07
港澳台商独资经营企业	0.01			1.08	0.23	
合作、合伙企业	0.17	0.01	0.18	2.5	0.35	1.09
股份合作企业	0.07			0.09		
私营合伙企业	0.1	0.01	0.18	2.44	0.35	1.06
其他企业（内资）				–0.03		0.03
股份有限公司	0.15	0.01	0.1	11.6	0.81	0.1
股份有限公司(内资)	0.14	0.01	0.08	10.79	0.74	0.1
私营股份有限公司			0.02	0.35	0.06	
港澳台商投资股份有限公司				0.45		
有限责任公司	2.35	1.45	2.08	24.13	3.89	18.04
国有独资公司	0.18	0.02	0.19	–1.61	0.14	4.87
私营有限责任公司	0.49	0.17	0.33	10.09	1.29	2.65
合资经营企业(港或澳、台资)				0.04		
中外合资经营企业	0.01			–0.08		0.08
其他有限责任公司	1.67	1.26	1.56	15.69	2.45	10.44
三、在总计中：亏损企业	0.39	0.09	1.37	–20.77	0.7	20.77
在总计中：国有控股企业	1.39	0.95	1.47	0.77	1.58	14.34
在总计中：农村工业			0.02	2.25	0.02	0.11
在总计中：轻工业	0.28	0.16	0.19	16.65	0.45	0.54
重工业	2.62	1.41	2.44	26.99	5.4	20.24
在总计中：大型企业	0.07	0.03	0.11	6.92	0.54	4.6
中型企业	1.24	0.64	1.4	6.15	2.68	9.49
小型企业	1.53	0.87	1.11	30.25	2.57	6.22
纯小型企业	1.53	0.86	1.09	28.22	2.57	6.17
微型企业			0.02	2.03		0.05

（4-2）（2016年）

单位：亿元、万人

利税总额	应交税金及附加	本年应付职工薪酬	本年应交增值税	从业人员平均人数	从业人员期末人数	平均用工人数	期末用工人数
8.61	6.9	4.66	3.21	0.9	1	1.14	1.1
1.58	0.76	0.54	0.44	0.07	0.07	0.08	0.07
7.16	5.09	5.39	2.2	1.14	1.15	1.13	1.05
0.37	0.28	0.09	0.11	0.03	0.03	0.04	0.04
6.8	4.78	5.3	2.08	1.1	1.12	1.09	1
-0.01	0.02		0.01	0.01	0.01	0.01	0.01
19.25	8.83	6.79	4.24	0.7	0.74	0.76	0.68
16.91	7.24	6.19	2.85	0.55	0.59	0.61	0.53
1.88	1.59	0.6	1.39	0.14	0.14	0.14	0.15
0.45		0.01		0.01	0.01	0.01	0.01
60.81	42.05	37.14	25.6	6.29	6.39	6.35	5.97
2.44	4.2	4.02	3.12	0.38	0.37	0.37	0.37
21.35	12.97	8.65	6.95	2.01	2.1	2.16	2.13
0.09	0.11	0.04	0.04				
-0.08		0.03					
37.01	24.77	24.39	15.48	3.88	3.91	3.81	3.46
-8.59	13.66	17.37	8.48	2.82	2.88	2.77	2.68
16.82	18.09	22.86	11.68	2.61	2.57	2.51	2.47
3.28	1.07	1.51	0.77	0.21	0.22	0.26	0.22
24.6	9.02	5.74	4	1.74	1.8	1.73	1.36
75.27	55.71	52.71	32.4	7.89	8.08	8.18	7.98
13.87	7.7	4.5	4.6	0.92	0.92	0.9	0.56
26.13	22.96	26.9	14.26	3.98	4.06	4.06	3.99
59.02	33.45	25.98	17.25	4.38	4.54	4.6	4.44
56.35	32.81	25.74	16.92	4.33	4.49	4.54	4.38
2.67	0.65	0.24	0.32	0.05	0.04	0.06	0.06

工业企业主要经济指标

指　　标	营业外收入	政府补助	营业外支出	利润总额	所得税费用	亏损企业亏损总额
总计	2.91	1.57	2.63	43.64	5.85	20.77
采矿业	1.17	0.76	1.84	9.84	2.75	10.98
煤炭开采和洗选业	1.16	0.76	1.83	8.31	2.72	10.87
烟煤和无烟煤开采洗选	1.16	0.76	1.83	8.37	2.72	10.81
其他煤炭采选				–0.05		0.06
黑色金属矿采选业				0.96		0.07
铁矿采选				0.96		0.07
有色金属矿采选业				0.13	0.01	
常用有色金属矿采选				0.13	0.01	
铅锌矿采选				0.11	0.01	
铝矿采选				0.02		
非金属矿采选业	0.01			0.41	0.02	0.04
土砂石开采	0.01			0.41	0.02	0.04
石灰石、石膏开采				0.22	0.01	0.03
建筑装饰用石开采				0.08		
粘土及其他土砂石开采				0.11	0.01	0.01
其他采矿业				0.04		
制造业	1.46	0.71	0.49	33.66	2.13	1.38
农副食品加工业	0.12	0.07	0.03	2.11	0.07	0.16
饲料加工				0.45		
植物油加工						
食用植物油加工						
制糖业				0.13		
屠宰及肉类加工	0.07	0.04		0.32		
牲畜屠宰	0.04					
肉制品及副产品加工	0.04	0.04		0.32		
蔬菜、水果和坚果加工	0.01	0.01	0.02	0.87	0.05	
蔬菜加工	0.01	0.01	0.02	0.79	0.05	
水果和坚果加工	0.01			0.07		
其他农副食品加工	0.03	0.02	0.01	0.35	0.02	0.15
淀粉及淀粉制品制造						
豆制品制造				0.05	0.01	
其他未列明农副食品加工	0.03	0.02	0.01	0.3		0.15
食品制造业			0.08	0.49	0.01	0.02
焙烤食品制造						
糕点、面包制造						
方便食品制造				0.21		
米、面制品制造				0.18		
方便面及其他方便食品制造				0.04		
调味品、发酵制品制造				0.09	0.01	
酱油、食醋及类似制品制造				0.03		
其他调味品、发酵制品制造				0.06		

（4-3）（2016年）

单位：亿元、万人

利税总额	应交税金及附加	本年应付职工薪酬	本年应交增值税	从业人员平均人数	从业人员期末人数	平均用工人数	期末用工人数
99.87	64.73	58.46	36.4	96258	98800	99103	93342
39.94	33.96	31.42	18.15	54500	55785	57584	55558
37.36	32.84	30.12	17.47	51871	53114	55049	53163
37.33	32.76	30.11	17.42	51814	53057	55017	53131
0.03	0.08	0.01	0.04	57	57	32	32
1.38	0.47	0.6	0.34	952	963	954	952
1.38	0.47	0.6	0.34	952	963	954	952
0.39	0.28	0.21	0.23	802	810	805	811
0.39	0.28	0.21	0.23	802	810	805	811
0.37	0.28	0.2	0.23	779	787	782	788
0.02		0.01		23	23	23	23
0.73	0.35	0.48	0.11	835	857	735	590
0.73	0.35	0.48	0.11	835	857	735	590
0.39	0.19	0.16	0.05	285	284	314	244
0.12	0.04	0.09		191	191	137	137
0.22	0.12	0.23	0.05	359	382	284	209
0.07	0.03	0.01	0.01	40	41	41	42
51.61	21.27	15.29	11.21	32221	33501	32916	29180
2.92	0.94	0.58	0.62	4030	4073	2855	2851
0.45		0.01		96	94	90	85
		0.01		72	70	75	75
		0.01		72	70	75	75
0.3	0.17		0.14	179	191	179	179
0.62	0.32	0.07	0.29	224	225	270	250
		0.01		25	25	25	25
0.61	0.32	0.06	0.29	199	200	245	225
0.95	0.14	0.23	0.05	1253	1291	1285	1296
0.88	0.14	0.22	0.05	1218	1256	1250	1261
0.07		0.01		35	35	35	35
0.6	0.31	0.26	0.13	2206	2202	956	966
0.12	0.14	0.02	0.05	115	115	140	140
0.05	0.01			14	15	14	15
0.43	0.15	0.23	0.08	2077	2072	802	811
0.81	0.33	0.42	0.14	825	907	905	814
0.01	0.01	0.04		135	136	132	135
0.01	0.01	0.04		135	136	132	135
0.38	0.17	0.06	0.05	191	195	197	197
0.34	0.16	0.04	0.05	113	117	119	119
0.04	0.01	0.02		78	78	78	78
0.1	0.01	0.02		84	153	102	100
0.04	0.01			26	26	26	26
0.07	0.01	0.01		58	127	76	74

工业企业主要经济指标

指　　标	营业外收入	政府补助	营业外支出	利润总额	所得税费用	亏损企业亏损总额
其他食品制造			0.08	0.19		0.02
营养食品制造				0.09		0.02
其他未列明食品制造			0.08	0.09		
酒、饮料和精制茶制造业	0.08	0.04	0.05	7.99	0.06	0.16
酒的制造	0.04		0.04	7.11	0.01	0.16
白酒制造	0.04		0.02	7.1	0.01	0.16
其他酒制造			0.02	0.01		
饮料制造				0.76	0.02	
碳酸饮料制造				0.41		
瓶（罐）装饮用水制造				0.08	0.01	
含乳饮料和植物蛋白饮料制造				0.27	0.01	
精制茶加工	0.04	0.04		0.12	0.03	
烟草制品业						
烟叶复烤						
卷烟制造						
纺织业				–0.04		0.04
针织或钩针编织物及其制品制造				–0.04		0.04
针织或钩针编织品制造				–0.04		0.04
非家用纺织制成品制造						
其他非家用纺织制成品制造						
纺织服装、服饰业	0.03	0.03	0.03	1.84	0.03	0.02
机织服装制造	0.03	0.03	0.03	1.76	0.03	0.02
针织或钩针编织服装制造				0.07		
服饰制造						
皮革、毛皮、羽毛及其制品和制鞋业	0.02	0.01		0.74		
皮革制品制造				0.18		
皮箱、包（袋）制造				0.05		
其他皮革制品制造				0.13		
毛皮鞣制及制品加工				0.35		
毛皮鞣制加工				0.35		
制鞋业	0.02	0.01		0.22		
皮鞋制造	0.02	0.01		0.22		
木材加工和木、竹、藤、棕、草制品业				0.02	0.01	
人造板制造						
胶合板制造						
木制品制造				0.02	0.01	
木门窗、楼梯制造				0.02	0.01	
家具制造业				0.03		
木质家具制造				0.03		
造纸和纸制品业				0.02		
纸制品制造				0.02		
纸和纸板容器制造				0.02		

（4–4）（2016年）

单位：亿元、万人

利税总额	应交税金及附加	本年应付职工薪酬	本年应交增值税	从业人员平均人数	从业人员期末人数	平均用工人数	期末用工人数
0.32	0.14	0.3	0.08	415	423	474	382
0.23	0.14	0.23	0.08	115	115	165	115
0.09		0.07		300	308	309	267
10.41	2.58	1.06	0.37	2274	2323	2383	2258
9.23	2.18	0.8	0.18	1707	1737	1850	1719
9.18	2.14	0.75	0.16	1585	1615	1734	1597
0.05	0.03	0.05	0.02	122	122	116	122
0.96	0.27	0.18	0.16	389	406	347	343
0.5	0.09	0.11	0.09	143	160	156	156
0.18	0.16	0.05	0.06	177	177	116	112
0.28	0.02	0.03	0.01	69	69	75	75
0.22	0.13	0.07	0.03	178	180	186	196
	0.03	0.01		161	160	160	160
	0.03	0.01		121	120	120	120
	0.03	0.01		121	120	120	120
				40	40	40	40
				40	40	40	40
3.79	1.99	1.55	1.9	4307	4552	4917	1236
3.5	1.77	1.3	1.7	3755	3909	4026	653
0.28	0.21	0.07	0.2	272	283	524	383
0.01	0.01	0.18	0.01	280	360	367	200
0.87	0.14	0.36	0.08	595	631	597	631
0.26	0.08	0.06	0.04	110	128	112	128
0.09	0.04	0.03		50	66	50	66
0.17	0.04	0.03	0.04	60	62	62	62
0.35	0.01	0.02		65	65	65	65
0.35	0.01	0.02		65	65	65	65
0.27	0.05	0.27	0.04	420	438	420	438
0.27	0.05	0.27	0.04	420	438	420	438
0.02	0.01	0.02		55	55	58	58
		0.01		20	20	20	20
		0.01		20	20	20	20
0.02	0.01	0.01		35	35	38	38
0.02	0.01	0.01		35	35	38	38
0.05	0.03	0.02	0.01	66	67	66	67
0.05	0.03	0.02	0.01	66	67	66	67
0.1	0.1	0.05	0.07	155	186	158	160
0.1	0.1	0.05	0.07	155	186	158	160
0.03	0.03			28	56	30	30

工业企业主要经济指标

指　　标	营业外收入	政府补助	营业外支出	利润总额	所得税费用	亏损企业亏损总额
其他纸制品制造						
印刷和记录媒介复制业	0.01	0.01		0.7	0.17	
印刷	0.01	0.01		0.7	0.17	
包装装潢及其他印刷	0.01	0.01		0.7	0.17	
文教、工美、体育和娱乐用品制造业				0.2		
文教办公用品制造				0.09		
教学用模型及教具制造				0.09		
工艺美术品制造						
雕塑工艺品制造						
体育用品制造				0.11		
体育器材及配件制造				0.11		
石油加工、炼焦和核燃料加工业				0.49	0.03	
炼焦				0.49	0.03	
化学原料和化学制品制造业				0.06	0.03	0.02
基础化学原料制造				–0.01		0.02
无机酸制造				–0.02		0.02
有机化学原料制造				0.01		
肥料制造				0.03	0.03	
复混肥料制造				0.03	0.03	
涂料、油墨、颜料及类似产品制造				0.01		
涂料制造				0.01		
合成材料制造				0.02		
初级形态塑料及合成树脂制造				0.02		
日用化学产品制造				0.01		
肥皂及合成洗涤剂制造				0.01		
医药制造业				0.19	0.02	
中药饮片加工				0.12	0.01	
卫生材料及医药用品制造				0.06		
橡胶和塑料制品业				0.47	0.02	0.01
轮胎制造				0.14		
塑料制品业				0.34	0.02	0.01
塑料薄膜制造				0.06	0.01	
塑料板、管、型材制造				0.11		
塑料丝、绳及编织品制造				0.01	0.01	
日用塑料制品制造				0.04		
其他塑料制品制造				0.11		
非金属矿物制品业	1.08	0.52	0.15	7.39	0.97	0.64
水泥、石灰和石膏制造	0.83	0.5	0.04	3.65	0.66	0.17
水泥制造	0.83	0.5	0.04	3.69	0.66	0.14
石灰和石膏制造				–0.04		0.04
石膏、水泥制品及类似制品制造	0.15	0.02	0.04	2.36	0.3	0.42
水泥制品制造	0.05	0.02	0.03	2.02	0.25	0.19

（4–5）（2016年）

单位：亿元、万人

利税总额	应交税金及附加	本年应付职工薪酬	本年应交增值税	从业人员平均人数	从业人员期末人数	平均用工人数	期末用工人数
0.07	0.07	0.05	0.07	127	130	128	130
0.96	0.42	0.04	0.25	75	73	124	124
0.96	0.42	0.04	0.25	75	73	124	124
0.96	0.42	0.04	0.25	75	73	124	124
0.69	0.54	0.11	0.04	272	302	249	283
0.58	0.53	0.04	0.04	85	85	85	85
0.58	0.53	0.04	0.04	85	85	85	85
0.01		0.05		129	129	106	110
0.01		0.05		129	129	106	110
0.11		0.03		58	88	58	88
0.11		0.03		58	88	58	88
0.83	0.37	0.11	0.16	356	338	384	369
0.83	0.37	0.11	0.16	356	338	384	369
0.15	0.12	0.1	0.04	373	426	409	390
0.02	0.02	0.03	0.02	133	133	100	100
	0.02	0.03	0.02	100	100	100	100
0.01				33	33		
0.05	0.04	0.05	0.01	120	163	179	165
0.05	0.04	0.05	0.01	120	163	179	165
0.01	0.01			75	75	75	75
0.01	0.01			75	75	75	75
0.02	0.01	0.01		37	37	37	37
0.02	0.01	0.01		37	37	37	37
0.05	0.04	0.01	0.01	8	18	18	13
0.05	0.04	0.01	0.01	8	18	18	13
0.76	0.63	0.03	0.28	289	290	191	285
0.67	0.55	0.02	0.28	157	158	79	173
0.09	0.08	0.02		132	132	112	112
0.73	0.3	0.24	0.16	740	713	718	681
0.23	0.1	0.05	0.1	85	85	85	85
0.5	0.2	0.19	0.07	655	628	633	596
0.1	0.05	0.04		115	114	115	114
0.15	0.06	0.04	0.03	237	237	205	205
0.02	0.02	0.05	0.01	150	120	156	120
0.05		0.02		48	48	48	48
0.18	0.07	0.04	0.02	105	109	109	109
11.56	5.45	3.66	3	6637	6981	7289	7398
5.43	2.53	1.79	1.59	2582	2572	2677	2646
5.46	2.53	1.77	1.58	2516	2506	2611	2580
−0.03	0.01	0.02		66	66	66	66
3.71	1.77	0.63	0.79	1747	1820	1771	1857
2.97	1.27	0.54	0.45	1505	1578	1409	1497

工业企业主要经济指标

指　　标	营业外收入	政府补助	营业外支出	利润总额	所得税费用	亏损企业亏损总额
砼结构构件制造				-0.19		0.23
石棉水泥制品制造				0.02		
轻质建筑材料制造	0.1			0.51	0.05	
砖瓦、石材等建筑材料制造	0.05	0.01	0.04	0.8		0.04
粘土砖瓦及建筑砌块制造	0.04	0.01	0.01	0.28		
建筑用石加工						0.01
防水建筑材料制造				0.31		
其他建筑材料制造	0.01		0.03	0.22		0.04
玻璃制造	0.05		0.03	0.31		
平板玻璃制造	0.05		0.03	0.12		
其他玻璃制造				0.2		
玻璃制品制造	0.01		0.01	0.26	0.01	
技术玻璃制品制造	0.01		0.01	0.11		
日用玻璃制品制造				0.15	0.01	
玻璃纤维和玻璃纤维增强塑料制品制造						
玻璃纤维增强塑料制品制造						
陶瓷制品制造						
园林、陈设艺术及其他陶瓷制品制造						
黑色金属冶炼和压延加工业	0.01			3.85		
黑色金属铸造	0.01			3.85		
有色金属冶炼和压延加工业				0.01		
常用有色金属冶炼				0.01		
铅锌冶炼				0.01		
金属制品业	0.04		0.08	0.81		0.01
结构性金属制品制造	0.03		0.07	0.68		
金属结构制造	0.03		0.07	0.52		
金属门窗制造				0.15		
金属丝绳及其制品制造				-0.01		0.01
其他金属制品制造				0.14		
锻件及粉末冶金制品制造				0.14		
通用设备制造业				0.78	0.04	0.01
物料搬运设备制造				-0.01		0.01
其他物料搬运设备制造				-0.01		0.01
烘炉、风机、衡器、包装等设备制造				0.8	0.04	
风机、风扇制造				0.8	0.04	
专用设备制造业			0.03	0.43		0.06
采矿、冶金、建筑专用设备制造			0.03	0.22		0.06
矿山机械制造			0.03	0.22		0.06
农、林、牧、渔专用机械制造				0.07		
农林牧渔机械配件制造				0.07		
环保、社会公共服务及其他专用设备制造				0.13		
汽车制造业	0.04	0.02	0.03	2.99	0.6	0.02

（4-6）（2016年）

单位：亿元、万人

利税总额	应交税金及附加	本年应付职工薪酬	本年应交增值税	从业人员平均人数	从业人员期末人数	平均用工人数	期末用工人数
0.21	0.4	0.03	0.34	75	75	190	193
0.02		0.01		25	25	30	25
0.52	0.1	0.05		142	142	142	142
1.65	0.89	0.8	0.59	937	956	1321	1338
0.4	0.13	0.22	0.08	372	401	588	618
0.01	0.01	0.02		34	34	34	34
0.34	0.06	0.48	0.02	65	65	165	165
0.9	0.69	0.09	0.49	466	456	534	521
0.34	0.08	0.25	0.02	710	948	816	820
0.13	0.07	0.17	0.01	600	840	530	530
0.21	0.01	0.08	0.01	110	108	286	290
0.28	0.03	0.05	0.01	202	215	205	235
0.13	0.01	0.04		125	125	95	125
0.16	0.01	0.01	0.01	77	90	110	110
		0.13		299	302	299	302
		0.13		299	302	299	302
0.15	0.15	0.02		160	168	200	200
0.15	0.15	0.02		160	168	200	200
4.83	0.98	0.53	0.63	864	1015	1146	1060
4.83	0.98	0.53	0.63	864	1015	1146	1060
0.02	0.01	0.03	0.01	123	124	117	117
0.02	0.01	0.03	0.01	123	124	117	117
0.02	0.01	0.03	0.01	123	124	117	117
1.78	0.97	2.94	0.39	782	792	842	812
1.57	0.89	2.92	0.34	606	612	665	630
1.36	0.84	2.85	0.32	423	429	424	429
0.21	0.06	0.07	0.02	183	183	241	201
0.05	0.06	0.01	0.03	145	148	145	150
0.16	0.02	0.01	0.02	31	32	32	32
0.16	0.02	0.01	0.02	31	32	32	32
0.94	0.22	0.2	0.15	424	430	383	365
-0.01				65	65		
-0.01				65	65		
0.96	0.22	0.2	0.15	359	365	383	365
0.96	0.22	0.2	0.15	359	365	383	365
1.06	0.7	0.26	0.1	434	436	508	505
0.39	0.21	0.2	0.07	308	310	382	379
0.39	0.21	0.2	0.07	308	310	382	379
0.54	0.49	0.04	0.03	61	61	61	61
0.54	0.49	0.04	0.03	61	61	61	61
0.13		0.02		65	65	65	65
5.67	3.44	1.52	2.67	4039	4190	3607	3637

工业企业主要经济指标

指　　标	营业外收入	政府补助	营业外支出	利润总额	所得税费用	亏损企业亏损总额
汽车整车制造	0.01			2.06	0.52	
电车制造			0.03			0.01
汽车零部件及配件制造	0.04	0.01		0.93	0.08	0.01
电气机械和器材制造业	0.02		0.01	1.92	0.08	0.04
电线、电缆、光缆及电工器材制造						
电线、电缆制造						
电池制造				0.36		0.02
锂离子电池制造				0.36		0.02
家用电力器具制造				0.86		
家用厨房电器具制造				0.86		
照明器具制造	0.01		0.01	0.71	0.08	0.02
照明灯具制造				0.4		0.02
灯用电器附件及其他照明器具制造	0.01		0.01	0.31	0.08	
计算机、通信和其他电子设备制造业				0.25		0.11
通信设备制造				0.23		
通信系统设备制造				0.23		
通信终端设备制造						
广播电视设备制造				0.01		
广播电视接收设备及器材制造				0.01		
视听设备制造				0.01		
音响设备制造				0.01		
电子器件制造				–0.03		0.11
集成电路制造				0.06		
光电子器件及其他电子器件制造				–0.1		0.11
电子元件制造				0.02		
电子元件及组件制造				0.02		
其他电子设备制造				0.02		
其他制造业				–0.08		0.08
电力、热力、燃气及水生产和供应业	0.27	0.1	0.3	0.14	0.98	8.41
电力、热力生产和供应业	0.26	0.1	0.3	–0.16	0.97	8.38
电力生产	0.2	0.1	0.23	–1	0.94	7.95
火力发电	0.17	0.09	0.2	–4.9	0.85	7.95
水力发电			0.03	1.14		
风力发电	0.01			2.49	0.05	
太阳能发电	0.01	0.01		0.14		
其他电力生产	0.02			0.13	0.04	
电力供应	0.06		0.07	0.84	0.03	0.43
燃气生产和供应业				0.1		
水的生产和供应业	0.01			0.19	0.01	0.03
自来水生产和供应	0.01			0.19	0.01	0.03

（4-7）（2016年）

单位：亿元、万人

利税总额	应交税金及附加	本年应付职工薪酬	本年应交增值税	从业人员平均人数	从业人员期末人数	平均用工人数	期末用工人数
3.07	1.69	0.81	1.01	2618	2641	2147	2153
		0.14		347	354	347	354
2.6	1.75	0.57	1.66	1074	1195	1113	1130
2.44	0.91	0.96	0.16	2081	2154	2364	2392
				5	5	52	52
				5	5	52	52
0.4	0.04	0.17	0.03	679	716	915	905
0.4	0.04	0.17	0.03	679	716	915	905
0.9	0.04	0.03	0.02	73	73	71	71
0.9	0.04	0.03	0.02	73	73	71	71
1.15	0.83	0.75	0.11	1324	1360	1326	1364
0.8	0.7	0.43	0.08	644	660	626	654
0.36	0.12	0.33	0.04	680	700	700	710
0.3	0.06	0.48		2254	2273	2466	2502
0.24		0.02		71	71	73	81
0.24	0.01	0.01		40	40	50	50
		0.01		31	31	23	31
0.01		0.08		430	450	430	450
0.01		0.08		430	450	430	450
0.01		0.22		1275	1275	1293	1293
0.01		0.22		1275	1275	1293	1293
−0.03		0.07		201	201	393	402
0.06		0.02		60	60	50	60
−0.1		0.05		141	141	343	342
0.02		0.02		76	76	76	76
0.02		0.02		76	76	76	76
0.06	0.04	0.07		201	200	201	200
−0.08				10	10	20	25
8.32	9.5	11.74	7.04	9537	9514	8603	8604
7.95	9.42	11.5	7	9044	9015	8110	8105
6.34	8.61	7.72	6.3	5152	5124	4189	4171
1.56	7.64	5.84	5.47	4643	4611	3718	3679
1.76	0.62	0.25	0.58	96	99	96	99
2.48	0.03	1.51	−0.02	232	233	217	225
0.26	0.13	0.07	0.13	56	56	33	43
0.28	0.19	0.04	0.14	125	125	125	125
1.61	0.81	3.79	0.7	3892	3891	3921	3934
0.11		0.01		24	26	26	24
0.26	0.08	0.23	0.03	469	473	467	475
0.26	0.08	0.23	0.03	469	473	467	475

规模以上工业企业用水情况（2016）

单位：立方米

指　　标	取水量		外供水量	
	本　期	上年同期	本　期	上年同期
合计	111893549	89275772	18283135	17590235
1. 地表淡水	105926464	84723732		
2. 地下淡水	2626060	2013559		
3. 自来水	2057975	1256595	17590260	17590230
4. 矿井水	1280375	1239817		
5. 雨水	2241	2138		
6. 其他水	434	39932	692875	5

注：本表及补充资料为辖区内规模工业法人单位用水情况汇总表。

规模以上工业企业用水补充资料（2016）

单位：立方米

指　　标	本　　期	上年同期
外排水量	8366630	6684461
重复用水量	1727436227	1559939409
污水处理企业污水处理量	1000	

规模以上工业企业综合用能情况（2016）

指　　标	单位	数值
同期电力消费合计	万千瓦时	512451.3
本期电力消费合计	万千瓦时	594138.0
同期原煤消费量合计	吨	23401891.2
本期原煤消费量合计	吨	28229229.5
同期火力发电投入	吨标准煤	8305332.9
本期火力发电投入	吨标准煤	10503284.8
同期电力产出	万千瓦时	2659991.0
本期电力产出	万千瓦时	3436869.0
同期综合能源消费量（当量值）	吨标准煤	8193225.0
本期综合能源消费量（当量值）	吨标准煤	9467814.0

注：能源当量值是指一个计量单位的能源本身所具有的热量，一般用折标系数折成标准煤来表示。

规模以上工业能源转换效率（2016）

指　　标	能源加工转换产出（吨标准煤）	加工转换投入合计（吨标准煤）	能源转换效率（%）
火力发电	4223912.1	10503284.8	40.2
供热	7650.9	9815.3	78.0
原煤入洗	5559025.7	6573816.7	84.6
炼焦	460058.1	577735.7	79.6
热电联产	4231563.0	10513100.1	40.3
炼焦与制气	460058.1	577735.7	79.6
合计	10250646.7	17664652.4	58.0
原煤入洗（计算煤矸石）	5559025.7	6573816.7	84.6

注：本表数据来源规模工业法人单位能源报表。

规模以上工业企业能源加工转换与回收利用情况（2016）

指　　标	计量单位	工业生产消费量	加工转换投入合计					能源加工转换产出	回收利用
				火力发电	供热	原煤入洗	炼焦		
原煤（吨）	吨	26835943	26835429	18166553	15149	8653726.16			
其中：1. 无烟煤	吨	22333314	22332800	15685334		6647466			
2. 一般烟煤	吨	4502629	4502629	2481219	15149	2006261			
洗精煤（吨）	吨	641929	641929				641928.5	550159	
其他洗煤（吨）	吨	27101						6435212	
焦炭（吨）	吨	36204						473603	
煤层气（煤田）(万立方米)	万立方米	33.41	33.41	33.41					
汽油（吨）	吨	11.80							
柴油（吨）	吨	13926	5345	5345					
石油焦	吨	78499							
其它石油制品	吨	5.25							
热力(百万千焦)	百万千焦							224367	
电力(万千瓦时)	万千瓦时	313552						3436869	
生物质废料用于燃料（吨）	吨	138229	138229	138228.94					
余热余压	百万千焦	611734	611734	611734.1					611734
能源合计(吨标准煤)	吨标准煤	18208279	17664652	10503285	9815	6573817	577736	10250647	20860

注：本表为辖区内规模工业法人单位能源加工转换情况。

规模以上工业企业能

指　　标	计量单位	年初库存量	购进量	
				购自省外
原煤	吨	3895474.2	25969770.6	39599.0
无烟煤	吨	3510383.4	21201377.0	657.0
一般烟煤	吨	385090.8	4768393.6	38942.0
洗精煤（用于炼焦）	吨		641928.5	
其他洗煤	吨		27101.0	
煤制品	吨	3.0		
焦炭	吨	1037.1	142830.8	35881.3
天然气	万立方米		14.3	
煤层气	万立方米			
汽油	吨	8.6	3183.2	740.2
煤油	吨		0.6	
柴油	吨	5203.5	39900.7	2450.5
润滑油	吨		71.9	
石油焦	吨	8899.4	74679.4	
其他石油制品	吨		5.3	
热力	百万千焦		73244.8	
电力	万千瓦时		297943.2	174.0
生物燃料	吨标准煤		138358.9	
余热余压	百万千焦		320832.0	
其他燃料	吨标准煤		137.6	
能源合计	吨标准煤			

注：本表为辖区规模工业法人单位能源消费情况汇总表，“采用折标系数”栏所列值为参考折标煤系数。

重点经销企业能源购进、

指　　标	年初商品库存量	商品购进量			
		本年		上年同期	
			购自省外		购自省外
原煤	57813.9	26213600.5	20186.6	2421182.8	49268.7
其他洗煤	113.5	3973.0			
煤制品	10.0	80000.0			
焦炭	22.5	16901.3	16901.3	1822.2	1822.2
液化天然气	73	31010	31010	33029	33029
汽油	6875	305681		243702	
柴油	6706	396572		377384	

注：本表为辖区内限额以上（年主营业务收入2000万及以上）批发和零售业法人单位情况汇总表。

源购进、消费与库存（2016）

消费量					期末库存量	采用折标系数
合计	1. 工业生产消费	用于原材料	2. 非工业生产消费	合计中：运输工具消费		
28229229.5	28216695.3	119673.5	12534.2		993391.7	—
23375721.6	23363187.4		12534.2		699614.0	0.9428
4853508.0	4853508.0	119673.5			293777.8	0.7143
641928.5	641928.5					0.9000
27101.0	27101.0					0.4643
						0.5286
153090.8	153090.8				777.1	0.9714
14.3	14.3					13.300
33.4	33.4					11.0000
3078.2	629.0		2449.2	1081.1	7.8	1.4714
0.6			0.6	0.6		1.4714
39807.8	35167.2	3695.7	4640.6	6159.0	4933.9	1.4571
71.9	71.9					1.4143
78498.8	78498.8				5080.0	1.0918
5.3	5.3					1.4000
73244.8	73244.8					0.0341
594138.2	584936.2		9202.0	1304.5		1.2290
138358.9	138358.9					1.0000
611734.1	611734.1					0.0341
763.4	715.8		47.7			1.0000
19770351.9	19739320.4		31031.5			—

销售与库存（2016）

单位：吨

商品销售量				期末商品库存量	
本年	销往省外	上年同期	销往省外	本期	上年同期
26184332.0	73748.9	2407193.9	119386.4	77747.3	73401.7
4086.5	3441.1				
79760.0					
15403.8	14485.7	4544.5	3368.4	767.7	22.5
30873		32547		246	608
300915		239971		11595	6969
391342		375038		11801	6727

规模以上工业主要能源产品

产　　品	计量单位	年初产成品库存量	产品产量			
			本年		上年同期	
			本月	1-本月	本月	1-本月
发电量	万千瓦小时		428830	3848441	323017	2979023
火力发电量	万千瓦小时		399956	3436869	300695	2684248
燃煤发电量	万千瓦小时		396836	3398848	298160	2662118
燃气发电量	万千瓦小时			81	17	280
其中：煤层气发电量	万千瓦小时			81	17	280
余热、余压、余气发电量	万千瓦小时		751	7584		
生物质发电量	万千瓦小时		2369	30356	2518	21443
水力发电量	万千瓦小时		7507	190319	11757	126375
风力发电量	万千瓦小时		20274	212482	10296	166291
太阳能发电量	万千瓦小时		1093	8771	268	2109

注：本表为辖区内工业法人单位主要能源产品生产情况。

主要耗能工业企业单位产

指　　标	单　　位			单位换算系数
	指标单位	子项单位	母项单位	
电厂火力发电标准煤耗	克标准煤/千瓦时	吨标准煤	万千瓦时	100
电厂火力供电标准煤耗	克标准煤/千瓦时	吨标准煤	万千瓦时	100
发电厂用电率	%	万千瓦时	万千瓦时	100
吨水泥熟料综合能耗	千克标准煤/吨	吨标准煤	吨	1000
吨水泥熟料烧成标准煤耗	千克标准煤/吨	吨标准煤	吨	1000
吨水泥熟料综合电耗	千瓦时/吨	万千瓦时	吨	10000
吨水泥综合能耗	千克标准煤/吨	吨标准煤	吨	1000
吨水泥综合电耗	千瓦时/吨	万千瓦时	吨	10000
吨水泥标准煤耗	千克标准煤/吨	吨标准煤	吨	1000
每重量箱平板玻璃综合能耗	千克标准煤/重量箱	吨标准煤	重量箱	1000
每重量箱平板玻璃耗电	千瓦时/重量箱	万千瓦时	重量箱	10000
选煤电力单耗	千瓦时/吨	万千瓦时	吨	10000
炼焦工序单位能耗	千克标准煤/吨	吨标准煤	吨	1000

注：本表为辖区内年综合能源消费量1万吨标煤及以上工业法人单位产品能耗汇总表，指标值=（子项值/母项值）

生产、销售与库存（2016）

销售量				企业自用及其他		期末产成品库存量	
1-本月	上年同期	销往省外		1-本月	上年同期	本期	上年同期
		1-本月	上年同期				
3561245	2754042			294702	226001		
3149697	2459773			292924	224834		
3116159	2440888			288361	222587		
81				81	280		
81				81	280		
5160				2424			
28297	18885			2059	1560		
190319	125880			1684	1141		
212482	166291						
8746	2098			93	25		

品能源消耗（2016年）

本　期			上年同期		
指标值	子项值	母项值	指标值	子项值	母项值
306.1	8928679.4	2917082.6	308.7	8191832.7	2653573.2
333.7	8928679.4	2675533.7	335.6	8191832.7	2440646.2
8.3	241331.7	2917082.6	8.1	213861.3	2653573.2
127.3	744895.3	5852738.8	131.2	775193.9	5906465.8
120.9	481135.1	3980910.8	116.7	482091.1	4129948.8
78.3	45846.7	5852738.8	78.8	46558.2	5906465.8
95.7	786160.1	8212885.1	98.4	783291.3	7960812.4
76.0	62309.8	8200326.0	78.2	62252.3	7960812.4
104.1	499448.5	4797803.0	94.0	439984.2	4682300.6
12.2	89261.7	7305585.9			
7.3	5323.6	7305585.9			
5.6	488.5	877993.0	5.2	692.0	1332934.0
254.4	108499.0	426423.0	215.3	136413.9	633684.5

★单位换算系数。指标值为生产某产品的单位能耗，子项值为能源消费量，母项值为产品产出量。

规模以上工业能耗、电耗、电力产出、煤耗分组表（2016）

指标	本期			同比增长(%)		
	综合能源消费量（吨标准煤）	电力消费合计（万千瓦时）	电力加工转换产出（万千瓦时）	综合能源消费量	电力消费合计	电力加工转换产出
全部工业企业	9467814	594138	3436869	15.6	15.9	29.2
一、按工业行业门类分						
（一）轻工业	65661	16114		114.7	102.6	-100.0
（二）重工业	9402152	578024	3436869	15.2	14.6	29.2
（三）采矿业	1232995	148549	81	-11.0	-3.1	-88.8
06. 煤炭开采和洗选业	1208401	142558	81	-10.7	-5.8	-88.8
08. 黑色金属矿采选业	12949	1802		-58.7	13.4	-100.0
09. 有色金属矿采选业	611	496		27.2	28.8	-100.0
10. 非金属矿采选业	11034	3693		-100.0	-100.0	-100.0
（四）制造业	1571760	130622	7584	7.4	14.8	-100.0
13. 农副食品加工业	8567	3482		694.7	327.0	-100.0
14. 食品制造业	7916	1258		13.1	73.7	-100.0
15. 酒、饮料和精制茶制造业	14877	1276		1.1	99.4	-100.0
17. 纺织业	40	33		575.7	561.2	-100.0
18. 纺织服装、服饰业	3445	1720		53.0	100.6	-100.0
19. 皮革、毛皮、羽毛及其制品和制鞋业	462	260		18.2	48.8	-100.0
20. 木材加工和木、竹、藤、棕、草制品业	386	314		2277.1	2277.5	-100.0
21. 家具制造业	47	75		-100.0	-100.0	-100.0
22. 造纸和纸制品业	33	27		-100.0	-100.0	-100.0
23. 印刷和记录媒介复制业	74	73		551.4	692.6	-100.0
24. 文教、工美、体育和娱乐用品制造业	2054	2100		11.2	7.3	-100.0
25. 石油加工、炼焦和核燃料加工业	119381	1054		-16.3	9.7	-100.0
26. 化学原料和化学制品制造业	679	320		2.7	30.8	-100.0
27. 医药制造业	280	228		-60.3	-60.3	-100.0
29. 橡胶和塑料制品业	3131	2901		-1.6	8.0	-100.0
30. 非金属矿物制品业	1191276	87008	2424	15.3	5.9	-100.0
31. 黑色金属冶炼和压延加工业	191673	17243	5160	-18.3	2.7	-100.0
32. 有色金属冶炼和压延加工业	6089	149		-24.1	39.9	-100.0
33. 金属制品业	677	441		10.1	46.1	-100.0
34. 通用设备制造业	460	365		27.1	19.5	-100.0

规模以上工业能耗、电耗、电力产出、煤耗分组表（续）（2016）

指　标	本期			同比增长 (%)		
	综合能源消费量（吨标准煤）	电力消费合计（万千瓦时）	电力加工转换产出（万千瓦时）	综合能源消费量	电力消费合计	电力加工转换产出
35. 专用设备制造业	4090	3800		122.5	126.8	-100.0
36. 汽车制造业	11758	2600		30.0	69.5	-100.0
38. 电气机械和器材制造业	3310	2935		160.7	165.8	-100.0
39. 计算机、通信和其他电子设备制造业	944	871		379.4	418.4	-100.0
41. 其他制造业	111	90		-100.0	-100.0	-100.0
（五）电力、热力、燃气及水生产和供应业	6663058	314966	3429204	24.7	28.4	29.0
44. 电力、热力生产和供应业	6661472	314118	3429204	24.7	28.3	29.0
45. 燃气生产和供应业	70	85		-100.0	-100.0	-100.0
46. 水的生产和供应业	1517	764		107.6	28.4	-100.0
二、分部门						
全国总计	9467814	594138	3436869	15.6	15.9	29.2
煤炭	1208401	142558	81	-10.7	-5.8	-88.8
冶金	324031	20121	5160	-20.7	4.1	-100.0
有色	6700	645		-21.2	31.2	-100.0
建材	1202675	90889	2424	16.4	10.5	-100.0
化工	2990	2539		9.7	30.6	-100.0
轻工	38159	12168		39.1	89.8	-100.0
纺织	3485	1753		54.4	103.3	-100.0
医药	280	228		-60.3	-60.3	-100.0
机械	16309	6765		45.0	92.5	-100.0
电子	944	871		379.4	418.4	-100.0
电力	6661472	314118	3429204	24.7	28.3	29.0
其他	2368	1484		143.3	87.4	-100.0
三、分能源消费量（吨标准煤）						
5000 吨以下	240929	161095	81	-4.2	5.0	-88.8
5000 吨以上	9226884	433043	3436788	16.2	20.6	29.2
1 万以上	9126449	417347	3436788	18.5	21.2	29.2
5 万以上	8384144	371329	3436788	20.6	24.3	29.2
10 万以上	7403710	341135	3429204	22.8	26.4	29.0
15 万以上	6722902	299166	3398848	23.4	29.2	28.9

建筑业总产值

单位：亿元

指　　标	2016年	2015年	增长（%）
毕节市	35.28	25.60	37.8
七星关区	21.01	13.52	55.3
大方县	1.71	1.97	-13.4
黔西县	0.71	0.46	53.6
金沙县	0.83	2.37	-65.1
织金县	1.52	1.00	52.3
纳雍县	1.75	1.14	54.4
威宁县	2.09	1.48	41.5
赫章县	5.67	3.67	54.8

建筑业企业生产情况（2016年）

指　　标	计量单位	总　　计	
			国有及国有控股企业
一、企业个数	个	82	11
有工作量的企业个数	个	73	10
二、建筑业合同情况			
签订的合同额	亿元	159.14	98.07
1、上年结转合同额	亿元	26.51	3.54
2、本年新签合同额	亿元	132.63	94.53
三、承包工程完成情况			
1、直接从建设单位承揽工程完成的产值	亿元	63.21	31.78
自行完成施工产值	亿元	63.20	31.76
2、从建设单位以外承揽工程完成的产值	亿元	3.49	3.09
四、建筑业总产值	亿元	35.27	34.22
其中：装饰装修产值	亿元	3.85	1.11
1、建筑工程产值	亿元	33.58	33.57
2、安装工程产值	亿元	1.01	0.06
3、其他产值	亿元	0.69	0.59
五、竣工产值	亿元	60.73	29.16
六、房屋建筑施工面积	万平方米	315.15	105.12
其中：本年新开工面积	万平方米	214.50	54.75
其中：实行投标承包面积	万平方米	112.43	18.97
七、劳动人员情况			
从事建筑业活动的从业人员平均人数	人	18425	5983
其中：工程技术人员	人	1781	767
其中：一级建造师	人	97	12

建筑业企业主要生产指标完成情况（2016 年）

指　　标	计量单位	自年初累计	上年同期
一、全部建筑业企业			
企业个数	个	73	54
签订的合同额	亿元	159.12	39.29
建筑业总产值	亿元	35.28	25.60
竣工产值	亿元	60.73	22.04
房屋建筑施工面积	万平方米	315.15	197.18
其中：新开工面积	万平方米	214.50	153.46
其中：实行投标承包面积	万平方米	112.43	57.65
房屋建筑竣工面积	万平方米	102.90	99.95
从事建筑业活动的从业人员平均人数	万人	1.84	1.25
二、国有及国有控股建筑业企业			
企业个数	个	10	8
签订的合同额	亿元	98.07	8.91
建筑业总产值	亿元	34.85	7.78
竣工产值	亿元	29.16	5.31
房屋建筑施工面积	万平方米	105.12	54.86
其中：新开工面积	万平方米	54.75	48.11
其中：实行投标承包面积	万平方米	18.97	4.94
房屋竣工面积	万平方米	11.55	11.75

建筑业企业财务情况

单位：亿元

指　　标	2016年	2015年
一、年初存货	16.78	6.25
二、期末资产负债		
流动资产合计	249.64	61.38
其中：应收工程款	52.71	12.73
存货	28.56	11.63
固定资产合计	3.19	2.10
固定资产减值准备	0.00	0.00
固定资产原价	3.01	2.32
累计折旧	1.07	0.88
其中：本年折旧	0.10	0.05
在建工程	0.76	0.09
资产总计	269.49	72.15
流动负债合计	155.06	50.56
其中：应付账款	48.90	8.26
非流动负债合计	9.33	3.19
负债合计	165.64	54.19
所有者权益合计	103.85	17.96
其中：实收资本	15.37	9.97
国家资本	4.03	0.66
集体资本	1.44	1.73
法人资本	6.28	3.82
个人资本	3.62	3.76
三、损益及分配		
营业收入	70.41	24.79
其中：主营业务收入	67.99	24.77
营业成本	56.44	22.73
其中：主营业务成本	54.44	22.71
营业税金及附加	2.52	0.92
其中：主营业务税金及附加	2.48	0.88
其他业务利润	0.65	0.02
销售费用	0.08	0.03
管理费用	1.25	0.53
财务费用	0.79	0.12
营业利润	9.33	0.47
营业外收入	0.09	0.02
营业外支出	0.08	0.13
利润总额	9.33	0.35
应交所得税	2.36	0.33
应付职工薪酬(本年贷方累计发生额)	2.67	2.26

建筑业企业房屋建筑竣工面积及价值(2016年)

房屋建筑分类	房屋建筑竣工面积（万平方米）	国有及国有控股企业（万平方米）	竣工房屋价值（亿元）	国有及国有控股企业（亿元）
合计	102.90	11.55	12.60	1.50
住宅房屋	47.24	7.01	6.46	0.89
商业及服务用房屋	4.17	0.54	0.52	0.05
商厦房屋（批发和零售用房）	3.15		0.42	
商务会展用房屋	0.48		0.05	
其他商业及服务用房屋（居民服务业用房）	0.54	0.54	0.05	0.05
办公用房屋	11.12		1.40	
科研、教育、医疗用房屋	27.13	1.99	3.21	0.28
科学研究用房屋	0.88		0.09	
教育用房屋	24.09	1.99	2.87	0.28
医疗用房屋（卫生医疗用房）	2.16		0.26	
厂房及建筑物	11.39	0.86	0.76	0.12
厂房	11.23	0.86	0.75	0.12
仓库	0.99	0.63	0.13	0.09
其他未列明的房屋建筑物	0.86	0.52	0.10	0.07

固定资产投资完成情况

单位：亿元

指　　标	2016年	2015年	增长（%）
500万元以上固定资产投资	1601.8	1344.9	19.1
七星关区	226.0	189.3	19.4
大方县	143.9	120.8	19.1
黔西县	162.8	151.6	7.4
金沙县	225.6	183.8	22.8
织金县	196.1	192.4	1.9
纳雍县	160.9	131.7	22.2
威宁县	175.6	145.3	20.9
赫章县	102.5	84.2	21.7
百里杜鹃管理区	43.6	35.8	21.8
金海湖新区	132.1	110.0	20.1

注：固定资产投资统计口径为计划总投资500万元及以上的固定资产项目投资和房地产开发项目投资。

房地产项目与资金

指　　标	总　计	内资企业			
			国有企业	国有独资公司	其他有限责任公司
企业个数（个）	219	219	3	4	77
年末从业人员总计（人）	6870	6870	45	60	2821
本年资金来源合计	1938310	1938310	6050	48804	883595
(1) 国内贷款	65341	65341		5158	37128
(2) 自筹资金	1089714	1089714	6050	26741	477781
(3) 其他资金来源	552787	552787		10007	252930
其中：个人按揭贷款	244696	244696		378	126667
本年完成投资	1773420	1773420	6050	54434	809513
按工程用途分					
按工程用途分：商品住宅	1052943	1052943	5850	29198	456807
按工程用途分：办公楼	50502	50502			10688
按工程用途分：商业营业用房	566334	566334	200	22316	294144
按工程用途分：其他	103641	103641		2920	47874
按构成分					
按构成分：建筑工程	1501942	1501942	6000	52434	699216
按构成分：安装工程	196090	196090	50	2000	74107
按构成分：设备工器具购置	17854	17854			9933
按构成分：其他费用	57534	57534			26257
土地购置费	14746	14746			7932
待开发土地面积	384516	384516		18298	94145
本年购置土地面积	143806	143806			41978
房屋施工面积	18874934	18874934	19000	473498	7842471
房屋竣工面积	961158	961158			293042
新开工面积	3435998	3435998		162936	1606583
住宅	2268134	2268134		75162	977384
办公楼	69601	69601			54755
商业营业用房	731185	731185		57087	393416
其他房屋	367078	367078		30687	181028

情况表（2016年）

单位：万元、平方米

			国有控股	集体控股	私人控股	其他
股份有限公司	私营有限责任公司	私营股份有限公司				
7	120	8	9	2	200	8
334	3388	222	167	45	6252	406
62622	899294	37945	93694	4100	1716869	123647
	23055		5158		58183	2000
37431	525016	16695	47791	3950	960570	77403
23100	245982	20768	29820		481514	41453
200	108048	9403	9778		216862	18056
51178	819942	32303	100449	3832	1526711	142428
40118	496694	24276	62107	3832	922110	64894
4580	35234				44287	6215
3750	239257	6667	33619		477480	55235
2730	48757	1360	4723		82834	16084
38819	674521	30952	98399	2779	1273629	127135
5463	113119	1351	2050	1053	190824	2163
1900	6021				17854	
4996	26281				44404	13130
	6814				7986	6760
	272073		18298		329611	36607
	101828				143806	
356667	9341892	841406	793570	378110	16693924	1009330
	668116				913768	47390
82072	1584407		162936		2852541	420521
72973	1142615		75162		1982528	210444
	14846				47701	21900
7579	273103		57087		541051	133047
1520	153843		30687		281261	55130

房地产销售情况

指　标	商品房销售面积	现房销售面积	期房销售面积	住　宅	现房销售面积
总计	366.05	54.12	311.93	308.17	33.25
内资企业	366.05	54.12	311.93	308.17	33.25
国有企业	0.87		0.87	0.87	
国有独资公司	9.89	0.10	9.78	8.95	0.04
其他有限责任公司	152.35	31.09	121.25	128.52	18.09
股份有限公司	14.07	0.37	13.70	10.76	0.37
私营有限责任公司	169.90	20.94	148.96	140.27	13.19
私营股份有限公司	18.98	1.61	17.37	18.80	1.56
国有控股	17.22	0.10	17.12	15.12	0.04
集体控股	0.34	0.34		0.34	0.34
私人控股	317.64	48.10	269.54	266.25	30.87
其他	30.85	5.57	25.28	26.47	1.99

表（2016年）

单位：亿元、万平方米

期房销售面积	商品房销售额	现房销售额	期房销售额	住 宅	现房销售额	期房销售额
274.92	132.44	21.01	111.43	94.35	9.89	84.46
274.92	132.44	21.01	111.43	94.35	9.89	84.46
0.87	0.25		0.25	0.25		0.25
8.91	2.71	0.03	2.68	2.24	0.01	2.23
110.44	53.18	11.69	41.49	37.98	5.24	32.74
10.39	5.26	0.09	5.16	3.88	0.09	3.79
127.08	65.79	8.57	57.21	45.04	4.03	41.01
17.23	5.26	0.63	4.63	4.96	0.52	4.44
15.08	5.01	0.03	4.98	3.79	0.01	3.78
	0.08	0.08		0.08	0.08	
235.37	117.42	19.09	98.34	82.34	9.20	73.13
24.47	9.92	1.80	8.11	8.14	0.60	7.55

社会消费品零售总额

单位：亿元

指　　标	2016年	2015年	增长(%)
社会消费品零售总额	340.15	301.95	12.6
（一）分区域：			
七星关区	103.60	103.67	12.8
大方县	26.25	24.18	12.3
黔西县	32.09	28.49	12.6
金沙县	35.28	31.31	12.7
织金县	32.56	29.04	12.1
纳雍县	26.82	23.82	12.6
威宁县	32.72	28.95	13.0
赫章县	23.89	21.23	12.5
百里杜鹃	6.60	5.09	12.2
金海湖新区	20.32	6.17	12.4
（二）按销售单位所在地分：			
城镇	261.93	231.85	13.0
其中：城区	199.45	171.25	16.5
乡村	78.22	70.10	11.6
（三）按行业分：			
批发业	13.77	10.68	28.9
零售业	270.02	245.05	10.2
住宿业	8.00	6.81	17.5
餐饮业	48.35	39.41	22.7
（四）按消费形态分			
餐费收入	28.60	24.90	14.9
商品零售	311.55	277.05	12.4

限额以上消费品零售额（企业＋大个体）

单位：亿元

县　　区	2016年	增长(%)
毕节市	119.91	16.0
七星关区	76.13	13.0
大方县	3.74	4.3
黔西县	4.57	28.9
金沙县	6.09	41.7
织金县	6.28	−1.0
纳雍县	8.12	18.3
威宁县	3.68	31.4
赫章县	3.50	16.9
百里杜鹃	0.06	48.7
金海湖新区	7.74	41.4

批零销售额、住餐营业额（2016年）

单位：亿元

县区	批发业销售额		零售业销售额		住宿业营业额		餐饮业营业额	
	完成数	增长（%）	完成数	增长（%）	完成数	增长（%）	完成数	增长（%）
毕节市	339.13	15.9	450.99	16.0	8.00	17.5	48.35	22.7
七星关区	181.40	17.0	112.34	16.4	2.48	15.1	9.40	18.2
大方县	21.32	14.1	43.15	15.1	0.69	16.4	4.91	25.9
黔西县	21.51	13.5	44.00	15.2	0.75	17.8	5.20	23.3
金沙县	24.01	15.9	46.75	15.9	0.83	20.5	5.87	28.1
织金县	22.95	14.1	45.47	15.2	0.85	18.2	5.49	20.4
纳雍县	19.53	14.4	41.20	16.0	0.64	21.0	4.69	24.4
威宁县	23.75	15.5	44.54	17.5	0.69	18.5	5.18	25.0
赫章县	18.61	14.7	42.52	15.9	0.63	19.1	4.71	24.5
百里杜鹃	2.35	13.1	9.10	17.1	0.19	20.6	1.36	15.9
金海湖新区	3.71	13.5	21.92	17.0	0.25	15.8	1.56	16.1

批发和零售业商品销售情况（2016年）

单位：亿元

指标	销售额			零售额		
	本年	上年同期	增长（%）	本年	上年同期	增长（%）
总计	790.12	681.39	16.0	311.31	276.84	12.5
一、批发业	339.13	292.70	15.9	13.77	10.68	28.9
1、限额以上	212.09	162.58	30.5	5.07	4.27	18.7
2、限额以下	127.03	130.12	-2.4	8.69	6.40	35.8
二、零售业	450.99	388.68	16.0	297.54	266.16	11.8
1、限额以上	121.36	102.81	18.0	112.00	93.53	19.7
2、限额以下	329.63	285.87	15.3	185.55	172.63	7.5

住宿和餐饮业经营情况（2016年）

单位：亿元

指标	住宿业			餐饮业		
	本年	上年同期	增长（%）	本年	上年同期	增长（%）
营业额总计	8.00	6.81	17.5	48.35	39.41	22.7
（一）限额以上营业额	4.71	4.21	12.0	1.24	0.87	42.7
1. 客房收入	2.89	2.46	17.4	0.09	0.06	43.7
2. 餐费收入	1.47	1.34	9.8	1.07	0.74	43.6
3. 商品销售额	0.12	0.10	16.9	0.05	0.04	26.3
4. 其他收入	0.24	0.31	-23.2	0.03	0.02	42.2
（二）限额以下营业额	3.29	2.60	26.4	47.12	38.54	22.2
其中：餐费收入和商品销售额	2.49	1.82	36.8	23.54	20.98	12.2

限额以上批发和零售业法人企业基本情况（一）（2016年）

指标名称	法人企业数（个）	从业人员期末人数（人）	其中：女性	法人所属产业活动单位(个)	批发和零售业	其他
总计	273	15735	4964	553	295	258
一、批发业	76	9069	1564	97	24	73
农、林、牧产品批发	5	118	36	5		5
饲料批发	1	5	1	1		1
牲畜批发	1	59	16	1		1
其他农牧产品批发	3	54	19	3		3
食品、饮料及烟草制品批发	21	5086	908	32	12	20
米、面制品及食用油批发	2	119	28	2		2
果品、蔬菜批发	7	164	27	7		7
肉、禽、蛋、奶及水产品批发	3	112	33	3		3
盐及调味品批发	1	54	19	1		1
酒、饮料及茶叶批发	4	80	30	4		4
烟草制品批发	1	4341	771	12	12	
其他食品批发	3	216		3		3
纺织、服装及家庭用品批发	1	48	10	1		1
家用电器批发	1	48	10	1		1
文化、体育用品及器材批发	1	185	67	9	9	
图书批发	1	185	67	9	9	
医药及医疗器材批发	8	367	157	10	3	7
西药批发	6	318	146	8	3	5
中药批发	2	49	11	2		2
矿产品、建材及化工产品批发	37	957	264	37		37
煤炭及制品批发	18	541	140	18		18
金属及金属矿批发	2	28	8	2		2
建材批发	8	107	36	8		8
化肥批发	6	128	36	6		6
其他化工产品批发	3	153	44	3		3
机械设备、五金产品及电子产品批发	3	2308	122	3		3
农业机械批发	1	4	1	1		1
汽车批发	1	24	1	1		1
其他机械设备及电子产品批发	1	2280	120	1		1
内资企业	76	9069	1564	97	24	73
国有企业	2	4363	778	13	12	1
集体企业	2	42	15	2		2
有限责任公司	33	3626	534	43	12	31
国有独资公司	4	224	75	4		4

限额以上批发和零售业法人企业基本情况（二）（2016年）

指标名称	法人企业数（个）	从业人员期末人数（人）	其中：女性	法人所属产业活动单位（个）	批发和零售业	其他
其他有限责任公司	29	3402	459	39	12	27
股份有限公司	1	38	10	1		1
私营企业	38	1000	227	38		38
私营有限责任公司	36	884	184	36		36
私营股份有限公司	2	116	43	2		2
国有控股	9	4922	963	28	21	7
集体控股	2	42	15	2		2
私人控股	59	3911	497	59		59
其他	6	194	89	8	3	5
独立门店	43	1381	423	51	9	42
连锁总店	2	46	8	2		2
连锁门店	2	110	61	4	3	1
其他	29	7532	1072	40	12	28
大型	1	4341	771	12	12	
中型	16	3273	415	26	12	14
小型	46	1237	323	46		46
微型	13	218	55	13		13
二、零售业	197	6666	3400	456	271	185
综合零售	22	1788	1419	85	66	19
百货零售	8	437	321	15	9	6
超级市场零售	14	1351	1098	70	57	13
食品、饮料及烟草制品专门零售	20	697	233	31	13	18
粮油零售	6	248	54	17	13	4
果品、蔬菜零售	2	102	46	2		2
肉、禽、蛋、奶及水产品零售	2	119	29	2		2
酒、饮料及茶叶零售	9	202	92	9		9
其他食品零售	1	26	12	1		1
纺织、服装及日用品专门零售	1	10	8	1		1
箱、包零售	1	10	8	1		1
医药及医疗器材专门零售	14	773	449	95	85	10
药品零售	14	773	449	95	85	10
汽车、摩托车、燃料及零配件专门零售	114	2878	1089	218	107	111
汽车零售	75	1583	438	82	8	74
摩托车及零配件零售	5	62	19	5		5
机动车燃料零售	34	1233	632	131	99	32
家用电器及电子产品专门零售	16	293	139	16		16

限额以上批发和零售业法人企业基本情况（三）（2016年）

指标名称	法人企业数（个）	从业人员期末人数（人）	其中：女性	法人所属产业活动单位（个）	批发和零售业	其他
家用视听设备零售	5	131	67	5		5
日用家电设备零售	9	146	66	9		9
计算机、软件及辅助设备零售	1	4		1		1
通信设备零售	1	12	6	1		1
五金、家具及室内装饰材料专门零售	6	60	24	6		6
家具零售	2	25	9	2		2
陶瓷、石材装饰材料零售	1	5	1	1		1
其他室内装饰材料零售	3	30	14	3		3
货摊、无店铺及其他零售业	4	167	39	4		4
互联网零售	1	21	4	1		1
生活用燃料零售	2	103	35	2		2
其他未列明零售业	1	43		1		1
内资企业	197	6666	3400	456	271	185
国有企业	2	54	23	2		2
集体企业	3	20	11	5	3	2
有限责任公司	42	2217	952	190	154	36
国有独资公司	7	546	228	43	39	4
其他有限责任公司	35	1671	724	147	115	32
股份有限公司	1	452	401	1		1
私营企业	144	3843	1956	253	114	139
私营独资企业	36	533	341	36		36
私营合伙企业	1	8		1		1
私营有限责任公司	104	3077	1544	213	114	99
私营股份有限公司	3	225	71	3		3
其他企业	5	80	57	5		5
国有控股	11	1216	540	119	112	7
集体控股	3	20	11	5	3	2
私人控股	180	5258	2786	329	156	173
其他	3	172	63	3		3
独立门店	160	3905	1836	178	21	157
连锁总店	6	388	227	59	55	4
连锁门店	10	1744	1069	185	180	5
其他	21	629	268	34	15	19
大型	2	1049	680	74	73	1
中型	31	3121	1767	201	178	23
小型	96	2005	718	108	15	93

限额以上批发和零售业法人企业基本情况（四）（2016年）

指标名称	法人企业数（个）	从业人员期末人数（人）		法人所属产业活动单位（个）		
			其中：女性		批发和零售业	其他
微型	68	491	235	73	5	68
有店铺零售	192	6401	3282	451	271	180
食杂店	1	57	9	7	7	
便利店	2	597	279	74	73	1
超市	14	771	587	75	63	12
大型超市	9	1066	855	9		9
仓储会员店	1	46	13	1		1
百货店	2	13	7	4	3	1
专业店	55	1605	735	138	87	51
专卖店	102	2178	767	137	38	99
家居建材商店	1	13	4	1		1
购物中心	1	25	13	1		1
厂家直销中心	4	30	13	4		4
无店铺零售	5	265	118	5		5
网上商店	1	21	4	1		1
三、批发业按地区分组	76	9069	1564	97	24	73
毕节市	76	9069	1564	97	24	73
七星关区	22	5135	1031	43	24	19
大方县	4	104	19	4		4
黔西县	2	30	10	2		2
金沙县	6	211	69	6		6
织金县	14	2737	274	14		14
纳雍县	12	231	55	12		12
威宁县	10	312	80	10		10
赫章县	6	309	26	6		6
四、零售业按地区分组	197	6666	3400	456	271	185
毕节市	197	6666	3400	456	271	185
七星关区	41	3129	1725	252	216	36
大方县	31	625	258	48	18	30
黔西县	29	447	195	38	12	26
金沙县	24	574	350	24		24
织金县	24	510	270	29	6	23
纳雍县	21	564	215	21		21
威宁县	17	550	215	28	12	16
赫章县	10	267	172	16	7	9

限额以上批发和零售业法人企业

指标名称	法人企业数（个）	执行《2006年企业会计准则》企业数（个）	一、年初存货	二、期末资产负债		
				流动资产合计	应收帐款	存货
总计	273	119	337102	1833685	303040	337871
一、批发业	76	34	279693	1137113	263190	270810
农、林、牧产品批发	5	2	192	8593	1596	1543
饲料批发	1	1	6.7	5048	1529	173
牲畜批发	1		166	2824		1097
其他农牧产品批发	3	1	20	721	66	273
食品、饮料及烟草制品批发	21	6	262450	354069	32063	250374
米、面制品及食用油批发	2		1107	12109	3504	1454
果品、蔬菜批发	7	3	314	6439	513	684
肉、禽、蛋、奶及水产品批发	3		1625	269	57	202
盐及调味品批发	1	1	601	4615	1.2	591
酒、饮料及茶叶批发	4	1	4669	43721	8515	4748
烟草制品批发	1	1	253953	284453	18770	242211
其他食品批发	3		182	2463	703	485
纺织、服装及家庭用品批发	1		119	4907	275	239
家用电器批发	1		119	4907	275	239
文化、体育用品及器材批发	1	1	712	39001	8440	769
图书批发	1	1	712	39001	8440	769
医药及医疗器材批发	8	5	3369	29727	11425	4464
西药批发	6	4	2874	17432	9880	3595
中药批发	2	1	495	12295	1545	869
矿产品、建材及化工产品批发	37	19	10372	507903	42986	10136
煤炭及制品批发	18	9	5718	106245	27127	5666
金属及金属矿批发	2	2	1285	357491	1042	48
建材批发	8	1	610	18735	8850	1422
化肥批发	6	5	2655	19969	5470	2684
其他化工产品批发	3	2	104	5463	497	315
机械设备、五金产品及电子产品批发	3	1	2479	192912	166406	3287
农业机械批发	1		22	458		
汽车批发	1			12622	10188	
其他机械设备及电子产品批发	1	1	2458	179832	156218	3287
内资企业	76	34	279693	1137113	263190	270810
国有企业	2	1	254207	285821	19781	242563
集体企业	2	2	882	7197	2949	911
有限责任公司	33	15	17343	746999	203680	19675

财务状况（1-1）（2016年）

单位：万元

固定资产合计	固定资产原价	累计折旧		在建工程	资产总计	流动负债合计		非流动负债合计
			本年折旧				应付账款	
222951	325512	103826	6169	67526	2449781	1273646	154936	134580
142303	225828	83540	1532	49280	1481703	788222	102604	107161
2090	2703	613	522	3028	13975	6697	765	1300
	1.1	1.1			5048	5051		
48	428	379	379	3028	5961	1495	723	1200
2041	2274	233	143		2966	152	42	100
122808	201811	79018	373	18588	511174	176270	22466	2121
1470	2327	857	127	2372	17198	12756	771	35
2601	2641	55	35	199	11390	846	508	1570
4674	5128	454	143	44	7714	3400	395	516
968	1832	864	46		5900	3266	503	
58	248	190	22		43779	40140	7334	
110379	186978	76599		15449	419448	115524	12616	
2658	2658			523	5746	338	338	
70	291	221	120	41	5019	2349	167	1900
70	291	221	120	41	5019	2349	167	1900
162	458	296	37		39163	27417	10323	15
162	458	296	37		39163	27417	10323	15
2432	3427	995	241	27624	62565	27908	6485	10788
2270	3147	877	204		20577	15640	5877	776
162	280	118	38	27624	41988	12268	608	10012
8457	10744	2288	212		642290	468112	42503	4641
1364	1919	555	77		120759	90616	26327	2253
221	272	51	26		468026	348057	6593	304
322	355	32	9.2		19557	11657	7227	
5872	6151	279	50		27233	13592	1541	1916
678	2048	1370	50		6716	4191	816	168
6286	6395	109	27		207518	79467	19896	86396
3.8	6.2	2.4	2.4		462			
0.4	3.8	3.4	3.4		12623	12336	12049	
6282	6385	104	21		194433	67131	7847	86396
142303	225828	83540	1532	49280	1481703	788222	102604	107161
110384	186984	76600	0.2	15449	420822	116222	13315	
1748	1762	14	1.5		9534	5621	1363	27
18283	23444	5162	1113	5445	902468	586053	50540	90790

限额以上批发和零售业法人企业

指标名称	法人企业数（个）	执行《2006年企业会计准则》企业数（个）	一、年初存货	二、期末资产负债		
				流动资产合计	应收帐款	存货
国有独资公司	4	3	2739	369226	4067	1525
其他有限责任公司	29	12	14604	377773	199613	18151
股份有限公司	1	1	24	1477	383	55
私营企业	38	15	7239	95619	36397	7606
私营有限责任公司	36	13	6896	89640	34153	7063
私营股份有限公司	2	2	343	5978	2244	543
国有控股	9	6	257761	699512	32784	245171
集体控股	2	2	882	7197	2949	911
私人控股	59	21	15342	371831	214848	19382
其他	6	5	5709	58573	12608	5347
独立门店	43	18	13595	540610	41855	14008
连锁总店	2		254	13991	11198	352
连锁门店	2	2	1546	12042	1792	1206
其他	29	14	264299	570470	208345	255244
大型	1	1	253953	284453	18770	242211
中型	16	11	16896	723946	205696	17220
小型	46	14	7639	108076	35622	9854
微型	13	8	1206	20638	3102	1525
二、零售业	197	85	57409	696572	39851	67061
综合零售	22	7	8421	31229	1143	6365
百货零售	8		1378	3576	106	1720
超级市场零售	14	7	7042	27653	1037	4645
食品、饮料及烟草制品专门零售	20	9	5544	41500	4694	12388
粮油零售	6	1	4576	20779	1516	11504
果品、蔬菜零售	2	1	18	10976	2105	
肉、禽、蛋、奶及水产品零售	2		232	3861	560	258
酒、饮料及茶叶零售	9	6	496	4950	514	541
其他食品零售	1	1	224	934		85
纺织、服装及日用品专门零售	1	1	2.6	16		5.8
箱、包零售	1	1	2.6	16		5.8
医药及医疗器材专门零售	14	7	3231	16273	6054	4140
药品零售	14	7	3231	16273	6054	4140
汽车、摩托车、燃料及零配件专门零售	114	50	36158	585979	22272	38901
汽车零售	75	28	24611	137150	17621	16791
摩托车及零配件零售	5	4	1337	2644	43	1524

财务状况（1-2）（2016 年）

单位：万元

固定资产合计	固定资产原价	累计折旧		在建工程	资产总计	流动负债合计		非流动负债合计
			本年折旧				应付账款	
1250	2558	1307	99		482766	360589	7453	35
17032	20887	3854	1014	5445	419703	225464	43087	90755
340	876	536			1943	1559	399	
11548	12761	1229	418	28387	146937	78767	36987	16344
9123	10192	1069	352	28387	138532	74655	35750	15530
2425	2569	159	67		8404	4112	1237	814
112474	192047	79573	187	15449	949466	508419	31907	218
1748	1762	14	1.5		9534	5621	1363	27
22316	25493	3191	1209	33832	457585	222724	59898	105003
5765	6526	762	135		65119	51459	9437	1913
12734	16905	4186	949	5646	679120	475832	33573	9568
5.4	9.8	4.4	3.6		13996	13035	12747	
5688	6380	692	122		18510	11832	2229	70
123876	202533	78657	458	43634	770076	287523	54055	97523
110379	186978	76599		15449	419448	115524	12616	
11549	14074	2525	487	2372	863738	574401	54653	89499
20156	24312	4171	1005	3830	144872	83031	34073	7630
219	464	245	40	27629	53645	15267	1262	10032
80648	99684	20286	4636	18246	968078	485424	52332	27420
3063	4626	1569	296	701	41517	18459	9061	2085
262	370	108	32		5643	1520	675	
2801	4256	1462	265	701	35873	16939	8386	2085
16066	20177	4111	356	3739	86616	48152	23181	20174
3745	6709	2964	49	244	24833	23993	5398	1973
9504	9783	279	79	2110	46318	16138	16002	16938
596	750	153	100	1382	7124	2939	739	
2046	2611	565	110	3	7154	4683	826	1263
174	324	150	18		1188	399	216	
32	40	7.6	3.8		109	8.2	8.2	
32	40	7.6	3.8		109	8.2	8.2	
3034	3017	483	100	1051	23793	16782	4919	1249
3034	3017	483	100	1051	23793	16782	4919	1249
47792	59008	11809	3233	12195	779133	384321	10502	3631
6191	8858	3236	749	3110	155428	128008	8726	3132
78	270	191	3.1		2838	1832	782	65

限额以上批发和零售业法人企业

指标名称	法人企业数（个）	执行《2006年企业会计准则》企业数（个）	一、年初存货	二、期末资产负债		
				流动资产合计	应收帐款	存货
机动车燃料零售	34	18	10211	446185	4608	20586
家用电器及电子产品专门零售	16	7	2916	11860	1765	3664
家用视听设备零售	5	2	1816	8454	511	2580
日用家电设备零售	9	3	1070	3284	1247	1073
计算机、软件及辅助设备零售	1	1		100		
通信设备零售	1	1	30	22	6.5	11
五金、家具及室内装饰材料专门零售	6	2	46	1047	239	238
家具零售	2	1	28	539	135	214
陶瓷、石材装饰材料零售	1	1	8.1	25		12
其他室内装饰材料零售	3		10	483	104	13
货摊、无店铺及其他零售业	4	2	1090	8669	3684	1361
互联网零售	1			50		
生活用燃料零售	2	1	492	6440	2982	641
其他未列明零售业	1	1	598	2179	702	720
内资企业	197	85	57409	696572	39851	67061
国有企业	2		192	3790	513	3227
集体企业	3	1	30	120	53	20
有限责任公司	42	16	27270	516338	15737	38034
国有独资公司	7	3	5466	40654	5968	17945
其他有限责任公司	35	13	21804	475684	9768	20089
股份有限公司	1	1	1573	13986	832	1573
私营企业	144	67	28243	161637	22711	23861
私营独资企业	36	15	1495	8105	579	1175
私营合伙企业	1	1	15	54	0.2	17
私营有限责任公司	104	51	18592	111727	22062	22444
私营股份有限公司	3		8141	41751	69	225
其他企业	5		102	701	5.6	345
国有控股	11	5	15335	463967	6500	30825
集体控股	3	1	30	120	53	20
私人控股	180	76	41506	223935	30871	33969
其他	3	3	538	8550	2427	2246
独立门店	160	69	38025	200832	25685	33284
连锁总店	6	2	1056	4160	789	1592
连锁门店	10	5	13143	461856	5069	24926
其他	21	9	5185	29724	8308	7259

财务状况（1–3）（2016年）

单位：万元

固定资产合计	固定资产原价	累计折旧		在建工程	资产总计	流动负债合计		非流动负债合计
			本年折旧				应付账款	
41522	49880	8382	2481	9086	620866	254481	994	434
1063	1230	317	65		14745	10265	1275	42
482	780	298	62		9932	7759	725	
523	385	12	1.5		4187	2441	491	22
					100			20
58	65	7.2	1.2		526	65	58	
1327	1552	225	211		2712	597	221	240
1064	1270	206	200		1942	260		40
8.9	13	3.7	3.2		34	1.4		
254	269	16	8		737	336	221	200
8271	10035	1764	371	560	19454	6841	3165	
20	22	2			70	10		
8119	9473	1354	343	560	17059	4292	2012	
132	540	409	28		2325	2539	1153	
80648	99684	20286	4636	18246	968078	485424	52332	27420
299	726	427	12		4153	3676	3626	
44	78	34	3.8		165	22	20	
53825	67268	13981	3086	11853	714320	324249	8984	3332
5008	8432	3424	571	244	158470	19253	3296	1503
48817	58836	10557	2515	11609	555850	304995	5688	1829
1122	1310	188	115	701	18328	10690	6315	
24687	29492	5517	1363	5448	229382	146233	33242	24062
3732	4184	483	146		13076	3656	411	1342
148	155	6.7	1.2		203	1.7		
20381	24634	4933	1216	5448	172200	102738	32780	22692
425	519	94			43903	39837	52	27
670	810	140	57	243	1730	555	145	26
42797	54314	11517	2475	9087	639763	276131	7537	2080
44	78	34	3.8		165	22	20	
29335	35260	7174	1809	8599	308629	201764	43782	24870
8472	10032	1561	349	560	19521	7508	993	470
27056	33934	7628	1593	6387	275345	188317	42829	22715
372	578	206	31		4846	4327	1757	42
40200	48801	9101	2480	8843	636840	263257	3129	2591
13020	16370	3350	533	3016	51047	29523	4616	2072

限额以上批发和零售业法人企业

指标名称	法人企业数（个）	执行《2006年企业会计准则》企业数（个）	一、年初存货	二、期末资产负债		
				流动资产合计	应收帐款	存货
大型	2	2	11042	432470	832	11042
中型	31	14	21703	158940	22084	32032
小型	96	41	22182	92597	15406	21624
微型	68	28	2482	12565	1529	2363
有店铺零售	192	82	56722	688797	37256	65935
食杂店	1		191	6804	621	3373
便利店	2	2	9470	418484		9470
超市	14	5	3442	10618	130	3392
大型超市	9	4	5176	21419	1128	3704
仓储会员店	1	1		4184		1559
百货店	2		20	70	13	10
专业店	55	27	8202	66887	10337	21154
专卖店	102	39	29881	158998	24270	23100
家居建材商店	1			675	523	15
购物中心	1	1	0.9	141	6.0	1.2
厂家直销中心	4	3	339	517	228	160
无店铺零售	5	3	687	7775	2594	1126
网上商店	1			50		
三、批发业按地区分组	76	34	279693	1137113	263190	270810
七星关区	22	12	260546	739926	52575	248918
大方县	4	2	1140	12673	4729	2216
黔西县	2		389	1563	1046	512
金沙县	6	5	5479	64284	12979	5842
织金县	14	8	9510	249984	166040	8414
纳雍县	12	6	408	42489	18389	428
威宁县	10	1	1585	15791	5710	3520
赫章县	6		636	10403	1722	961
四、零售业按地区分组	197	85	57409	696572	39851	67061
七星关区	41	20	32472	557507	13430	36316
大方县	31	17	5504	58014	10484	11714
黔西县	29	9	5155	10950	850	4202
金沙县	24	8	927	11526	1220	1236
织金县	24	13	1858	4952	654	1745
纳雍县	21	14	1894	24728	4713	3467
威宁县	17	3	8336	18033	7482	3490
赫章县	10	1	1263	10862	1019	4892

财务状况（1–4）（2016 年）

单位：万元

固定资产合计	固定资产原价	累计折旧		在建工程	资产总计	流动负债合计		非流动负债合计
			本年折旧				应付账款	
38540	46124	7584	1993	9544	494356	262631	6739	434
27945	32160	4745	1272	6692	340787	133903	26502	21241
11215	16313	5788	869	2004	115641	82027	17179	5341
2948	5087	2168	503	5.5	17295	6864	1913	403
72209	89809	18849	4266	16637	946959	478506	50897	27420
862	1094	232			7666	6870	555	
37417	44814	7397	1878	8843	476028	251941	424	434
1716	2912	1202	125		13794	5382	2320	783
1401	1770	369	170	701	28972	13533	7107	1364
299	465	166			4483	4563	358	470
11	15	4	0.8		82	2	2	
15584	18040	3010	855	2185	224036	46660	23135	17520
14593	20255	6346	1226	4909	189936	148927	17181	6756
	4.3	4.3			675	575		
4.5	15	10			397	−197	−198	
321	425	109	11		890	250	14	92
8439	9875	1436	370	1608	21119	6919	1435	
20	22	2.0			70	10		
142303	225828	83540	1532	49280	1481703	788222	102604	107161
118136	198008	79871	741	43152	1025938	548363	48213	13184
268	464	196	41	199	15789	9413	2737	2793
5	6	1	0.2		1568	824	824	
5196	6275	1078	108		71693	57660	8626	477
12676	13918	1241	186	2372	281317	124813	12539	88728
2569	2585	31	15		51877	32184	25750	642
688	1542	854	423	3033	19658	13115	3358	1281
2764	3031	267	20	523	13863	1849	557	56
80648	99684	20286	4636	18246	968078	485424	52332	27420
53207	65522	12748	3096	10362	757691	358314	14844	1696
4544	7833	3289	743	2152	65996	53418	5838	258
1607	2260	653	70	104	13512	6806	1421	1772
1241	1639	405	117	1103	15178	6558	1811	2112
3506	4571	1065	109	3	10597	6754	745	1289
11495	12124	1154	149	2115	62317	27926	20894	17708
3765	4326	691	335	2407	28932	18024	5709	2459
1283	1409	280	17		13856	7626	1072	127

限额以上批发和零售业法人企业

指标名称	负债合计	所有者权益合计					
			实收资本				
				国家资本	集体资本	法人资本	个人资本
总计	1411531	1038250	238449	25395	6297	140030	66728
一、批发业	895974	585729	161581	21999	5772	84650	49160
农、林、牧产品批发	7997	5977	5162			1719	3444
饲料批发	5051	-3.5	600			600	
牲畜批发	2695	3267	3000				3000
其他农牧产品批发	252	2714	1562			1119	444
食品、饮料及烟草制品批发	178391	332783	33460	15255		5400	12805
米、面制品及食用油批发	12791	4407	1860	792			1068
果品、蔬菜批发	2416	8974	7973			2100	5873
肉、禽、蛋、奶及水产品批发	3916	3798	4613			3200	1413
盐及调味品批发	3266	2634	458	458			
酒、饮料及茶叶批发	40140	3639	134			100	34
烟草制品批发	115524	303924	14006	14006			
其他食品批发	338	5407	4417				4417
纺织、服装及家庭用品批发	4249	770	1001				1001
家用电器批发	4249	770	1001				1001
文化、体育用品及器材批发	27432	11731	600	600			
图书批发	27432	11731	600	600			
医药及医疗器材批发	38696	23869	25391		469	19715	5207
西药批发	16416	4160	3731		469	2055	1207
中药批发	22280	19708	21660			17660	4000
矿产品、建材及化工产品批发	472952	169339	45727	6143	5303	14296	19984
煤炭及制品批发	93068	27692	22747	1000		7717	14030
金属及金属矿批发	348361	119665	5219	5000		219	
建材批发	11657	7900	7810			6360	1450
化肥批发	15507	11725	9646		5303	0.4	4342
其他化工产品批发	4359	2357	305	143			162
机械设备、五金产品及电子产品批发	166256	41261	50240			43521	6720
农业机械批发	393	68	40				40
汽车批发	12336	286	200			200	
其他机械设备及电子产品批发	153527	40907	50000			43321	6680
内资企业	895974	585729	161581	21999	5772	84650	49160
国有企业	116222	304599	14681	14006		675	
集体企业	5647	3886	3476		644		2832
有限责任公司	676843	225626	93679	7942	4659	54165	26913

财务状况（2–1）（2016 年）

单位：万元

三、损益及分配								
营业收入	主营业务收入	营业成本	主营业务成本	营业税金及附加	主营业务税金及附加	其他业务利润	销售费用	管理费用
2313536	2273678	1835100	1801559	84389	84362	5241	144654	84338
1417861	1390488	1030395	1030292	81288	81286	2716	103913	67439
12229	12227	10489	10489	73	73		155	483
2034	2034	2011	2011	0.3	0.3			3.8
2497	2495	2171	2171				1.4	66
7698	7698	6306	6306	73	73		154	413
1058447	1032001	721613	721610	78919	78919	1679	82974	55618
13179	13179	11556	11556	11	11	126	651	478
10923	10923	9169	9166	10	10		357	477
5192	5192	4815	4815				80	256
3978	3834	2497	2497	48	48	144	861	409
34475	34475	26225	26225	116	116		8092	625
981984	955682	660526	660526	78700	78700	1409	72806	53349
8716	8716	6826	6826	35	35		127	25
2512	2512	673	673	12	12		1663	61
2512	2512	673	673	12	12		1663	61
31591	31591	25616	25616	0.1	0.1		2270	1157
31591	31591	25616	25616	0.1	0.1		2270	1157
32377	32367	27905	27905	99	99		2073	1696
30764	30754	26593	26593	78	78		1998	1456
1613	1613	1312	1312	21	21		75	240
257630	256716	224523	224423	2185	2183	1037	14297	6904
184838	183925	158352	158352	1946	1944	914	13294	3611
8942	8942	7883	7883	153	153			924
29802	29802	29240	29240	11	11		107	349
26600	26600	24152	24052	40	40	123	530	674
7449	7449	4897	4897	35	35		366	1346
23074	23074	19577	19577				480	1520
599	599	583	583				1.4	15
11025	11025	9794	9794				479	26
11450	11450	9200	9200					1480
1417861	1390488	1030395	1030292	81288	81286	2716	103913	67439
985772	959469	664226	664226	78701	78701	1409	72814	53355
3976	3976	3199	3199	36	36		132	298
309461	308401	263768	263668	1261	1261	1307	25139	9169

限额以上批发和零售业法人企业

指标名称	负债合计	所有者权益合计	实收资本				
				国家资本	集体资本	法人资本	个人资本
国有独资公司	360624	122142	7250	7250			
其他有限责任公司	316219	103484	86430	692	4659	54165	26913
股份有限公司	1559	384	100	51			49
私营企业	95703	51234	49645		469	29810	19366
私营有限责任公司	90777	47756	46329			29810	16519
私营股份有限公司	4926	3478	3316		469		2847
国有控股	508637	440829	22836	21999		675	162
集体控股	5647	3886	3476		644		2832
私人控股	328318	129267	127548		538	82875	44135
其他	53372	11747	7721		4590	1100	2031
独立门店	485793	193327	54854	6942	1182	18310	28420
连锁总店	13035	961	875			875	
连锁门店	11902	6609	5590		4590	1000	
其他	385244	384832	100263	15057		64465	20741
大型	115524	303924	14006	14006			
中型	663900	199839	71280	6392	469	49193	15227
小型	90859	54013	46114	1601	5303	15417	23793
微型	25692	27953	30181			20040	10141
二、零售业	515557	452521	76869	3396	524	55380	17568
综合零售	22544	18973	10697		55	10330	312
百货零售	3520	2123	1870		55	1585	230
超级市场零售	19024	16850	8827			8745	82
食品、饮料及烟草制品专门零售	68325	18291	15564	3244	359	10959	1001
粮油零售	25965	-1132	3124	3124			
果品、蔬菜零售	33076	13242	10200			10200	
肉、禽、蛋、奶及水产品零售	2939	4185	741				741
酒、饮料及茶叶零售	5946	1208	1378		359	759	260
其他食品零售	399	789	120	120			
纺织、服装及日用品专门零售	8.2	100	50			50	
箱、包零售	8.2	100	50			50	
医药及医疗器材专门零售	17731	6062	4396	50		4274	72
药品零售	17731	6062	4396	50		4274	72
汽车、摩托车、燃料及零配件专门零售	388666	390467	30814	49	107	17995	12663
汽车零售	131853	23575	26677	0.1		15068	11608
摩托车及零配件零售	1897	941	615			400	215

财务状况（2-2）（2016 年）

单位：万元

三、损益及分配								
营业收入		营业成本		营业税金及附加		其他业务利润	销售费用	管理费用
	主营业务收入		主营业务成本		主营业务税金及附加			
21905	21761	19659	19659	64	64	144	1327	879
287556	286640	244110	244010	1197	1197	1163	23812	8290
2682	2682	1820	1820	6.5	6.5		6.1	529
115969	115959	97382	97379	1283	1281		5822	4087
105371	105361	88019	88016	1268	1266		5505	3390
10599	10599	9363	9363	15	15		316	697
1046717	1020270	714398	714398	78800	78800	1553	76777	56738
3976	3976	3199	3199	36	36		132	298
316553	315627	272107	272104	2291	2289	1040	17993	9556
50615	50615	40692	40592	161	161	123	9011	847
261859	260798	221769	221666	1699	1699	1184	17552	7656
14813	14813	13494	13494	0.6	0.6		487	32
14732	14732	12601	12601	39	39	123	1300	424
1126458	1100145	782531	782531	79549	79547	1409	84574	59327
981984	955682	660526	660526	78700	78700	1409	72806	53349
295008	294093	249176	249176	1181	1181	1040	24461	8222
137166	137020	117755	117655	1383	1381	267	6285	5432
3703	3693	2938	2936	24	24		361	436
895675	883189	804705	771267	3102	3076	2525	40741	16899
102767	101603	84205	83857	1106	1104	1786	9257	2511
18342	17969	15188	14848	93	93	75	1483	251
84426	83634	69017	69009	1013	1011	1712	7775	2260
33243	33172	29096	29096	140	140	128	1727	2671
16082	16082	15699	15699	8.3	8.3	56	734	1367
2176	2176	1960	1960				48	106
4530	4530	3971	3971	24	24		199	275
9288	9288	6802	6802	91	91		544	712
1168	1096	665	665	17	17	72	203	210
475	475	380	380	1.4	1.4		2.4	38
475	475	380	380	1.4	1.4		2.4	38
31151	31147	24830	24830	633	633	105	2625	1726
31151	31147	24830	24830	633	633	105	2625	1726
686922	675746	632313	599293	1008	992	505	25230	8167
254281	251060	238395	236004	474	462	199	6592	4574
5751	5751	5233	5233	16	16		60	239

限额以上批发和零售业法人企业

指标名称	负债合计	所有者权益合计	实收资本				
				国家资本	集体资本	法人资本	个人资本
机动车燃料零售	254915	365951	3523	49	107	2527	839
家用电器及电子产品专门零售	10607	4139	3125		3.0	732	2390
家用视听设备零售	7759	2173	2352			20	2332
日用家电设备零售	2762	1425	673		3.0	612	58
计算机、软件及辅助设备零售	20	80					
通信设备零售	65	461	100			100	
五金、家具及室内装饰材料专门零售	837	1875	1730			680	1050
家具零售	300	1642	1500			500	1000
陶瓷、石材装饰材料零售	1.4	32	50				50
其他室内装饰材料零售	536	201	180			180	
货摊、无店铺及其他零售业	6841	12614	10493	53		10360	81
互联网零售	10	60	60			60	
生活用燃料零售	4292	12767	10330			10300	30
其他未列明零售业	2539	-214	103	53			51
内资企业	515557	452521	76869	3396	524	55380	17568
国有企业	3676	478	266	266			
集体企业	22	143	100		55	45	
有限责任公司	330505	383816	27751	3081	269	19327	5074
国有独资公司	20756	137714	2347	2276		20	51
其他有限责任公司	309748	246102	25405	805	269	19307	5023
股份有限公司	10690	7638	3700			3700	
私营企业	170084	59297	44642	49	200	32018	12374
私营独资企业	4998	8078	5357	49	93	4355	860
私营合伙企业	1.7	201	238			238	
私营有限责任公司	125220	46980	35015	0.1	107	26426	8482
私营股份有限公司	39865	4038	4032			1000	3032
其他企业	581	1149	410			290	120
国有控股	278211	361552	2881	2542	269	20	51
集体控股	22	143	100		55	45	
私人控股	229347	79282	63082	49	200	45315	17517
其他	7978	11544	10805	805		10000	
独立门店	212045	63300	55458	2089	434	36944	15990
连锁总店	4368	478	759			717	42
连锁门店	267549	369292	4856	0.1		4816	40
其他	31595	19452	15796	1307	90	12903	1496

财务状况（2–3）（2016 年）

单位：万元

三、损益及分配								
营业收入	主营业务收入	营业成本	主营业务成本	营业税金及附加	主营业务税金及附加	其他业务利润	销售费用	管理费用
426890	418934	388684	358056	518	514	306	18578	3354
24069	23999	20564	20504	145	138		1339	817
11433	11433	10207	10207	18	18		904	392
11087	11037	9088	9028	112	104		422	371
400	380	350	350	12	12		1.0	1
1149	1149	919	919	3.4	3.4		12	54
5857	5857	5030	5020	24	24	0.8	139	398
1406	1406	1197	1187	21	21		31	93
714	714	701	701	0.1	0.1		2.0	14
3737	3737	3132	3132	3.0	3.0	0.8	106	292
11191	11191	8287	8287	44	44		420	570
600	600	500	500	0.5	0.5		5.0	10
9827	9827	7276	7276	37	37		254	273
765	765	512	512	6.4	6.4		161	287
895675	883189	804705	771267	3102	3076	2525	40741	16899
3736	3736	3541	3541	2.4	2.4	102	93	199
1967	1967	1743	1713	1.7	1.7		30	41
508937	500537	463992	433379	680	675	443	21407	7007
124977	122653	117312	115536	135	133	128	5956	1557
383959	377883	346680	317843	545	542	315	15452	5450
23208	22493	18352	18352	36	36	715	3465	680
353170	349800	313378	310584	2369	2351	1253	15334	8564
45611	45611	37012	36865	890	889	5.3	1980	1846
178	178	138	138	0.7	0.7			33
266960	263590	239505	237119	1442	1425	1242	11420	6145
40421	40421	36723	36462	36	36	5.3	1934	539
4657	4657	3699	3699	13	11	12	413	408
418459	410432	383848	353367	447	445	530	18133	3965
1967	1967	1743	1713	1.7	1.7		30	41
455344	450885	402348	399421	2631	2607	1995	21626	12386
19905	19905	16766	16766	23	23		953	507
380050	375671	342083	339330	1779	1757	1765	14909	9874
10858	10782	8034	8026	52	51	23	1776	1045
448978	441023	405478	374997	1102	1099	662	22270	3838
55789	55714	49110	48914	169	169	75	1787	2142

限额以上批发和零售业法人企业

指标名称	负债合计	所有者权益合计	实收资本	国家资本	集体资本	法人资本	个人资本
大型	263065	231291	3700	0.1		3700	
中型	154844	185943	40382	160		34119	6103
小型	90668	24972	22887	3187	272	11191	8238
微型	6980	10315	9900	49	252	6371	3227
有店铺零售	508639	438320	64857	3396	524	44260	16677
食杂店	6870	796	160	160			
便利店	252375	223653	0.1	0.1			
超市	6164	7630	3334			2469	865
大型超市	16896	12076	7846		3	7838	5
仓储会员店	5033	-550	805	805			
百货店	2	80	80		55	25	
专业店	63880	160156	21272	1191	107	17071	2903
专卖店	156773	33163	29971	1240	269	16232	12231
家居建材商店	575	100	100			100	
购物中心	-197	594	590				590
厂家直销中心	267	623	698		90	525	83
无店铺零售	6919	14201	12011			11120	891
网上商店	10	60	60			60	
三、批发业按地区分组	895974	585729	161581	21999	5772	84650	49160
七星关区	561547	464391	48079	20064	469	20659	6887
大方县	12206	3583	3018				3018
黔西县	824	744	744		69	675	
金沙县	58137	13556	8144	92	4689	319	3045
织金县	213541	67776	67651	1051	545	53638	12417
纳雍县	33024	18853	18210			9260	8950
威宁县	14789	4868	5295	792		100	4403
赫章县	1904	11959	10440				10440
四、零售业按地区分组	515557	452521	76869	3396	524	55380	17568
七星关区	359918	397772	31908	0.1	359	24740	6809
大方县	53675	12321	10878	598		5148	5132
黔西县	8578	4934	4585	589	55	2751	1190
金沙县	8670	6509	4078			3289	789
织金县	8042	2554	4730	1021	3	2543	1163
纳雍县	45334	16984	13731	1028	107	11727	870
威宁县	21379	7553	4924			3760	1163
赫章县	9962	3895	2036	160		1422	453

财务状况（2–4）（2016 年）

单位：万元

三、损益及分配								
营业收入		营业成本		营业税金及附加		其他业务利润	销售费用	管理费用
	主营业务收入		主营业务成本		主营业务税金及附加			
311173	304755	279665	250960	341	341	1016	15517	2719
356859	353291	323879	321416	1815	1813	1205	17662	4924
174572	172093	153590	151528	751	729	297	6657	7574
53071	53051	47571	47363	194	194	6.1	906	1682
882286	869801	794281	760843	3086	3061	2525	40279	16501
2184	2184	2070	2070			56	150	121
287965	282262	261313	232608	306	306	301	12052	2038
35040	34964	27028	27010	620	612	397	3778	992
70978	69890	59325	59015	501	499	1389	5670	1657
4508	4508	4262	4262				218	284
1010	1010	930	900	0.7	0.7		7.5	18
210550	207192	191669	189418	843	840	197	10515	3424
261278	259018	239676	237553	783	771	185	7420	7680
1083	1083	956	956	1.9	1.9			106
3227	3227	2887	2887	6.5	6.5		392	18
4461	4461	4165	4165	24	24		77	164
13389	13389	10424	10424	16	16		462	398
600	600	500	500	0.5	0.5		5	10
1417861	1390488	1030395	1030292	81288	81286	2716	103913	67439
1083063	1056606	744804	744804	78871	78871	1553	80692	57627
37951	37951	35170	35070	20	20		1223	1308
5924	5924	5699	5699	1.0	1.0		64	6.1
47891	47891	36999	36999	325	325	123	8036	2268
160051	159137	133464	133464	1471	1471	1040	11351	4202
19955	19955	18381	18378	53	51		766	417
37260	37258	34607	34607	19	19		662	772
25767	25767	21272	21272	528	528		1118	840
895675	883189	804705	771267	3102	3076	2525	40741	16899
622067	611114	562526	530008	956	954	2108	31947	7310
85100	83869	81230	80754	136	136	102	1592	2303
35910	35834	32482	32198	129	129	70	857	1219
30269	30269	23729	23729	107	104	12	1716	1858
40729	40729	33718	33678	895	888	22	1173	1211
23546	23474	19385	19384	664	664	91	1654	1673
35056	34973	31660	31592	119	108	64	1459	857
22998	22928	19975	19925	94	94	56	343	469

限额以上批发和零售业法人企业

指标名称		财务费用			资产减值损失	公允价值变动收益
	税金		利息收入	利息支出		
总计	822	11007	1897	6193	−609	0.5
一、批发业	548	6959	1598	4194	−637	
农、林、牧产品批发	68	438		29		
饲料批发		223				
牲畜批发		15		15		
其他农牧产品批发	68	200		14		
食品、饮料及烟草制品批发	31	486	1061	517	−0.9	
米、面制品及食用油批发		379	2.3	115		
果品、蔬菜批发		43	1	44		
肉、禽、蛋、奶及水产品批发		435		35		
盐及调味品批发	31	0.2			−2.1	
酒、饮料及茶叶批发	0.5	170	0.1	9.1		
烟草制品批发		−543	1058	313	1.2	
其他食品批发		2.5				
纺织、服装及家庭用品批发	152	186	0.2	186		
家用电器批发	152	186	0.2	186		
文化、体育用品及器材批发		−66	−67	−133	−21	
图书批发		−66	−67	−133	−21	
医药及医疗器材批发		1336	13	1129		
西药批发		152	1.2			
中药批发		1184	12	1129		
矿产品、建材及化工产品批发	294	3637	591	2468	−615	
煤炭及制品批发	288	2021	0.3	256	−743	
金属及金属矿批发		1052	596	1648		
建材批发	3.7	−6.9		−7		
化肥批发	1.4	576	0.6	571		
其他化工产品批发	0.6	−5	−6.3		128	
机械设备、五金产品及电子产品批发	3.3	943	−0.1			
农业机械批发						
汽车批发	3.3	−2.7	−0.1			
其他机械设备及电子产品批发		946				
内资企业	548	6959	1598	4194	−637	
国有企业		−543	1058	313	1.2	
集体企业		368		368		
有限责任公司	291	5014	526	1944	−638	

财务状况（3-1）（2016 年）

单位：万元

							四、人工成本及增值税		五、从事批发和零售业活动的从业人员平均人数（人）
投资收益	营业利润	营业外收入	政府补助	营业外支出	利润总额	应交所得税	应付职工薪酬（本年贷方累计发生额）	应交增值税	
286	157078	17061	1910	5216	152252	38377	90579	128504	15732
189	128880	14234	267	4474	130776	37442	66524	56412	8701
	591	104		0.3	266		200		118
	-205				-205		9		5
	244			0.1	244		19		59
	552	104		0.2	227		172		54
97	119061	12704	218	3765	123122	36070	51318	49045	4934
97	328	199	194	7.3	520	130	369	107	104
	867			290	616		909	0.1	163
	-394	232		262	-637		317		62
	166	39	0.6	2.8	201	64	807	238	54
	-751	66		208	-1723	8.9	477	55	74
	117144	8899	23	2995	122448	35713	48005	48449	4341
	1701	3269			1698	154	433	196	136
	-83			4.6	-87		129	112	26
	-83			4.6	-87		129	112	26
	2636	37		19	2655		171	-2.8	185
	2636	37		19	2655		171	-2.8	185
	-731	588	3	34	-768	106	1360	1557	354
	488	588	3	32	453	106	1179	1543	313
	-1219	0.2		1.8	-1221		181	14	41
92	6852	796	41	652	4853	1224	4104	5700	876
4.5	6299	60		322	4027	1067	1848	5232	478
	-1070				-1180		198	4.8	28
	103				100	16	296	21	98
15	766	606	41	328	1028	3.6	492	94	121
73	754	130		1.3	877	137	1271	349	151
	554	5.4	5.4		735	42	9243		2208
	0.3				0.3		29		4
	730	5.4	5.4		735	42	155		24
	-176						9059		2180
189	128880	14234	267	4474	130776	37442	66524	56412	8701
	117217	8899	23	2995	122521	35713	48130	48461	4363
15	-42	51		12	-119	3.5	205	35	37
170	6167	1318	238	1116	5683	1363	14728	7200	3385

限额以上批发和零售业法人企业

指标名称	税金	财务费用	利息收入	利息支出	资产减值损失	公允价值变动收益
国有独资公司	31	1167	598	1763	-2.1	
其他有限责任公司	260	3847	-73	181	-636	
股份有限公司						
私营企业	257	2120	15	1569		
私营有限责任公司	257	2121	14	1569		
私营股份有限公司		-1	1.2			
国有控股	31	553	1583	1943	106	
集体控股		368		368		
私人控股	515	5640	15	1788	-743	
其他	1.4	398	0.6	95		
独立门店	219	4306	528	2353	-638	
连锁总店	3.3	-2.3	-0.1			
连锁门店		236	0.6	93		
其他	326	2419	1070	1747	1.2	
大型		-543	1058	313	1.2	
中型	217	4638	533	1906	-764	
小型	331	1670	-4.1	846	126	
微型		1194	12	1129		
二、零售业	274	4049	299	1999	28	0.5
综合零售	16	1646	1.2	1002	2.3	0.4
百货零售	7	1006		1001		
超级市场零售	8.6	641	1.2	0.8	2.3	0.4
食品、饮料及烟草制品专门零售	14	436	2.7	340		
粮油零售	1	356	2.7	255		
果品、蔬菜零售		0.1				
肉、禽、蛋、奶及水产品零售		56		56		
酒、饮料及茶叶零售	7.8	25		30		
其他食品零售	4.8					
纺织、服装及日用品专门零售	1.4	3.6			3.8	
箱、包零售	1.4	3.6			3.8	
医药及医疗器材专门零售	29	320	263	30	10	
药品零售	29	320	263	30	10	
汽车、摩托车、燃料及零配件专门零售	147	1477	1.2	494	9	0.1
汽车零售	138	1344	-0.3	494	9	0.1
摩托车及零配件零售	0.8	5.6				

财务状况（3-2）（2016年）

单位：万元

投资收益	营业利润	营业外收入	政府补助	营业外支出	利润总额	应交所得税	四、人工成本及增值税 应付职工薪酬（本年贷方累计发生额）	应交增值税	五、从事批发和零售业活动的从业人员平均人数（人）
	-1189	236	195	9.6	-920	79	1278	350	224
170	7356	1082	44	1106	6603	1285	13450	6850	3161
	322				316	82	182		38
4.5	5217	3966	5.4	351	2375	280	3280	716	878
4.5	5008	3966	5.4	335	2181	238	2523	596	762
	209	0.3		16	193	42	757	121	116
73	119417	9303	218	3025	125132	35929	50850	49158	4923
15	-42	51		12	-119	3.5	205	35	37
102	9875	4260	5.4	631	7043	1472	14332	5817	3582
	-370	621	44	807	-1281	37	1137	1402	159
189	9829	623	195	76	8215	1390	5932	5639	1325
	802	5.4	5.4		808	42	279	12	46
	255	558	44	317	496	37	461	1369	105
	117993	13048	23	4081	121258	35973	59852	49391	7225
	117144	8899	23	2995	122448	35713	48005	48449	4341
97	8318	368	202	258	6230	1323	12443	6641	3115
92	4667	4383	41	1214	3327	392	5579	1141	1060
	-1250	585		7.3	-1229	14	496	181	185
97	28198	2827	1644	742	21477	936	24055	72092	7031
0.7	4208	82	6.4	31	2094	147	4743	737	2439
	321	55	6.4	0.5	-350	8.7	912	300	1162
0.7	3887	27		31	2444	138	3831	437	1277
	-669	2114	1638	21	532	55	2101	106	653
	-2026	2082	1634	15	44	9.1	801	4.7	242
	62			2.2	2.2		18		102
	4.8	30	3.9	2	33		278	18	105
	1216	0.8		1.2	379	19	839	38	178
	74	1.5		0.4	75	27	166	45	26
	46				46	11	30	14	10
	46				46	11	30	14	10
0.5	2073	121		413	867	156	2191	581	772
0.5	2073	121		413	867	156	2191	581	772
16	19294	501		266	15636	136	13135	69759	2633
16	3152	276		62	647	90	5855	1007	1356
	197				32	1.9	192	20	57

限额以上批发和零售业法人企业

指标名称	税金	财务费用	利息收入	利息支出	资产减值损失	公允价值变动收益
机动车燃料零售	7.7	128	1.5			
家用电器及电子产品专门零售	17	102	26	91	1.3	
家用视听设备零售	8.1	59	26	67		
日用家电设备零售	5.2	35	0.3	24		
计算机、软件及辅助设备零售		0.2			0.1	
通信设备零售	3.4	8.6			1.2	
五金、家具及室内装饰材料专门零售	3.7	40	0.1	20		
家具零售		20				
陶瓷、石材装饰材料零售						
其他室内装饰材料零售	3.7	20	0.1	20		
货摊、无店铺及其他零售业	47	23	4.9	22	1.9	
互联网零售		0.6				
生活用燃料零售	37	25	2.3	22	1.9	
其他未列明零售业	10	−2.6	2.6			
内资企业	274	4049	299	1999	28	0.5
国有企业	17	6.1	0.1	6.1		
集体企业		2.9				
有限责任公司	64	2133	50	1586	11	
国有独资公司	15	304	5.4	249		
其他有限责任公司	49	1829	44	1337	11	
股份有限公司		346				
私营企业	182	1535	249	407	7.8	0.5
私营独资企业	14	60	0.3	16	1.2	
私营合伙企业						
私营有限责任公司	168	1462	249	391	6.6	0.5
私营股份有限公司		13				
其他企业	11	26			10	
国有控股	32	340	6.8	255		
集体控股		2.9				
私人控股	205	3576	290	1722	18	0.5
其他	37	129	2.3	22	11	
独立门店	224	2056	20	830	24	0.1
连锁总店	6.6	15	2	0.9	0.3	0.4
连锁门店	0.2	1438	1.5	1000	2	
其他	43	540	276	169	1.9	

财务状况（3–3）（2016 年）

单位：万元

							四、人工成本及增值税		五、从事批发和零售业活动的从业人员平均人数（人）
投资收益	营业利润	营业外收入	政府补助	营业外支出	利润总额	应交所得税	应付职工薪酬（本年贷方累计发生额）	应交增值税	
	15945	225		204	14958	44	7087	68733	1220
76	1171	0.2		3.2	268	78	790	201	302
76	–71	0.2		1.6	–200		417	112	141
	1072				318	41	331	55	145
	20						10		4
	151			1.6	149	37	32	35	12
	226				182	48	185	17	55
	44						84		25
	–2.1				–2.1		1.3		2
	184				184	48	100	17	28
3.8	1849	10		7.5	1851	304	881	677	167
	84				84		144	10	21
3.8	1965	10		1	1973	304	577	644	103
	–199			6.5	–206		160	24	43
97	28198	2827	1644	742	21477	936	24055	72092	7031
	–105	160	90	1	57	7.2	183	11	48
	148	0.1		0.1	148	1.5	55	44	20
3.3	13923	2407	1548	257	15040	392	10321	69611	2171
	–230	1763	1162	19	1204	31	3080	19679	547
3.3	14153	644	386	238	13836	361	7241	49931	1624
	330	13		14	329	83	1254	318	450
93	13485	248	6.4	470	5484	349	11953	2005	4263
	3659	0.4		2.8	2341	104	1760	211	531
	5.9				5.9		23	6.6	2
83	8635	234	6.4	463	3492	245	9577	1787	3636
11	1186	14		4.6	–356		592		94
	417				418	103	290	104	79
	11884	1926	1252	222	13180	38	7273	68627	1211
	148	0.1		0.1	148	1.5	55	44	20
93	14645	510	10	507	6249	595	15881	2733	5628
3.8	1521	392	382	12	1900	301	847	689	172
87	10199	1385	744	103	3530	443	12259	2307	4368
1.2	–63	85		3.6	–49	49	1331	116	399
	16012	333		621	14955	34	8316	68574	1653
8.8	2049	1026	900	14	3041	410	2150	1095	611

限额以上批发和零售业法人企业

指标名称	税金	财务费用	利息收入	利息支出	资产减值损失	公允价值变动收益
大型		383	1.3			
中型	103	1442	264	453	1.9	
小型	117	2094	33	1512	19	0.5
微型	54	130	0.8	34	7.1	
有店铺零售	237	3938	296	1901	26	0.5
食杂店		70	2.4	73		
便利店		37	1.3			
超市	11	290	1.2	2	2.3	0.4
大型超市	6.5	1355		1000		
仓储会员店		104				
百货店		1.7				
专业店	60	732	27	265	12	0.1
专卖店	131	1334	265	560	13	
家居建材商店		0.4				
购物中心	8.1	9.9	0.3	1.2		
厂家直销中心	20	2.2				
无店铺零售	37	111	2.5	98	1.9	
网上商店		0.6				
三、批发业按地区分组	548	6959	1598	4194	-637	
七星关区	187	2858	1600	3289	-22	
大方县	85	213	1	214		
黔西县		4.9				
金沙县	0.6	518	-5.7	362	128	
织金县	109	3068		92	-743	
纳雍县	33		0.3			
威宁县	3.2	235	2.3	237		
赫章县	130	61				
四、零售业按地区分组	274	4049	299	1999	28	0.5
七星关区	65	1695	18	307	11	
大方县	85	248	9.4	177		
黔西县	3	268	1.2	171	0.3	0.4
金沙县	30	118	1.3	56	17	
织金县	45	65	1.3	0.5	0.4	0.1
纳雍县	30	122	3.8	21		
威宁县	8.7	451	261	187		
赫章县	8.6	1082	3.1	1080	0.1	

财务状况（3-4）（2016年）

单位：万元

							四、人工成本及增值税		五、从事批发和零售业活动的从业人员平均人数（人）
投资收益	营业利润	营业外收入	政府补助	营业外支出	利润总额	应交所得税	应付职工薪酬（本年贷方累计发生额）	应交增值税	
	12549	17		216	12350	83	5168	49255	1047
9.3	8688	781	166	451	4704	443	10932	21120	3524
87	4694	2028	1478	57	2606	356	6265	1039	1914
	2267	0.8		18	1817	54	1691	679	546
93	26216	2763	1640	737	19436	639	23180	71459	6788
	-171	173	155	0.7	0.5		139		57
	12219	3.4		202	12021		3914	48937	597
0.7	2171	62		17	1901	64	2164	377	689
	2799	20	6.4	14	226	83	2625	351	1801
	-360	382	382	2.2	20	4.7	142		46
	52				52		36	14	13
5.4	4563	464	23	433	2498	161	6521	20440	1559
87	4981	1660	1073	67	2834	324	7412	1280	1955
	19				19	1.8	34	19	13
	-86	0.2		1.1	-87		80	41	25
	29				-48	1	113	2.3	33
3.8	1981	64	3.9	4.5	2040	296	876	633	243
	84				84		144	10	21
189	128880	14234	267	4474	130776	37442	66524	56412	8701
	118233	9907	32	3325	123629	35928	51003	50388	5045
	18				118		198	137	116
	149				149		153	35	30
73	-188	799	41	518	-963	69	1674	386	207
112	7476	62		17	5040	1263	10895	4362	2610
4.5	279			315	-3.5	5.9	711	218	201
	964	198	194	6.9	1143	21	805	116	313
	1949	3269		291	1662	154	1085	770	179
97	28198	2827	1644	742	21477	936	24055	72092	7031
20	18247	586		268	15911	431	13938	69828	2812
	-71	764	604	9.1	558	77	1837	591	603
77	1091	733	469	14	1574	27	1425	277	461
	2869	19		14	2394	207	1701	386	581
-0.1	3563	73	23	1.1	169	5	1710	67	507
	928	432	382	412	24	104	1387	450	526
	523	48	10	7.8	501	79	1506	429	500
	1047	173	155	17	346	5.4	551	64	1041

限额以上批发零售法人企业商品购

指标名称	法人企业数（个）	从业人员期末人数（人）	商品购进额	进口
总计	273	15735	2079299	2572
一、批发业	76	9069	1153189	1414
农、林、牧产品批发	5	118	13643	
饲料批发	1	5	2067	
牲畜批发	1	59	3600	
其他农牧产品批发	3	54	7976	
食品、饮料及烟草制品批发	21	5086	700449	
米、面制品及食用油批发	2	119	10358	
果品、蔬菜批发	7	164	16288	
肉、禽、蛋、奶及水产品批发	3	112	7091	
盐及调味品批发	1	54	2190	
酒、饮料及茶叶批发	4	80	15825	
烟草制品批发	1	4341	640385	
其他食品批发	3	216	8312	
纺织、服装及家庭用品批发	1	48	912	
家用电器批发	1	48	912	
文化、体育用品及器材批发	1	185	33211	
图书批发	1	185	33211	
医药及医疗器材批发	8	367	24792	1414
西药批发	6	318	22964	1414
中药批发	2	49	1828	
矿产品、建材及化工产品批发	37	957	358448	
煤炭及制品批发	18	541	295479	
金属及金属矿批发	2	28	7954	
建材批发	8	107	31216	
化肥批发	6	128	21673	
其他化工产品批发	3	153	2126	
机械设备、五金产品及电子产品批发	3	2308	21735	
农业机械批发	1	4	449	
汽车批发	1	24	9794	
其他机械设备及电子产品批发	1	2280	11492	
内资企业	76	9069	1153189	1414
国有企业	2	4363	643224	
集体企业	2	42	2778	
有限责任公司	33	3626	387505	1414

进、销售和库存（一）（2016年）

单位：万元

商品销售额	其中：通过公共网络实现的销售额	其中：通过非自营平台实现的商品销售额	其中：使用银行卡支付的商品销售额	批发额	出口	零售额	其中：通过公共网络实现的零售额	其中：通过非自营平台实现的零售额	期末商品库存额	年末零售营业面积（平方米）
2433794	586617	11086	64595	1615907	11022	817887	17401	9383	367174	552537
1518021	568337	8918	24636	1482798	11022	35224	8231	7444	271681	185609
12440	760		1580	11005		1435	760		1859	16126
1901				1901					178	160
2340	760		1580	1580		760	760		1310	15385
8199				7524		675			371	581
1061592	566992	8918		1047044		14548	7471	7444	252367	53691
13181				10680		2501			1071	1000
13275	2011	4.3		12182		1093	30	3	1786	5236
5362				5362					1948	33040
4398				4398					125	180
60751	8914	8914		52593		8158	7441	7441	8200	10135
955682	556067			955682					237958	
8943				6147		2796			1279	4100
2512				2512					239	300
2512				2512					239	300
33314				28686		4629			1169	180
33314				28686		4629			1169	180
33588	584			30694		2894			4838	30638
32134	584			29240		2894			3969	4597
1454				1454					869	26041
351504			23056	344469		7035			10951	82174
280430			23056	273505		6925			6950	69073
8577				8577					102	2800
30614				30614					1430	4091
23247				23137		110			2155	4910
8635				8635					314	1300
23071				18388	11022	4683			259	2500
599				351		248			216	
11022				11022	11022					1000
11450				7015		4435			43	1500
1518021	568337	8918	24636	1482798	11022	35224	8231	7444	271681	185609
959469	556067			959469					238310	1200
2733				2623		110			631	1900
434327	9674	8914	24636	406196		28131	8201	7441	21330	72111

限额以上批发零售法人企业商品购

指标名称	法人企业数（个）	从业人员期末人数（人）	商品购进额	进口
国有独资公司	4	224	20276	
其他有限责任公司	29	3402	367229	1414
股份有限公司	1	38	1743	
私营企业	38	1000	117939	
私营有限责任公司	36	884	107282	
私营股份有限公司	2	116	10657	
国有控股	9	4922	698837	
集体控股	2	42	2778	
私人控股	59	3911	326324	1414
其他	6	194	125251	
独立门店	43	1381	261366	
连锁总店	2	46	12633	
连锁门店	2	110	10494	
其他	29	7532	868696	1414
大型	1	4341	640385	
中型	16	3273	281026	1414
小型	46	1237	127960	
微型	13	218	103818	
二、零售业	197	6666	926110	1158
综合零售	22	1788	89718	1158
百货零售	8	437	20500	1000
超级市场零售	14	1351	69218	158
食品、饮料及烟草制品专门零售	20	697	31466	
粮油零售	6	248	17035	
果品、蔬菜零售	2	102	661	
肉、禽、蛋、奶及水产品零售	2	119	4446	
酒、饮料及茶叶零售	9	202	8145	
其他食品零售	1	26	1179	
纺织、服装及日用品专门零售	1	10	380	
箱、包零售	1	10	380	
医药及医疗器材专门零售	14	773	28687	
药品零售	14	773	28687	
汽车、摩托车、燃料及零配件专门零售	114	2878	738272	
汽车零售	75	1583	254549	
摩托车及零配件零售	5	62	5916	

进、销售和库存（二）（2016年）

单位：万元

商品销售额	其中：通过公共网络实现的销售额	其中：通过非自营平台实现的商品销售额	其中：使用银行卡支付的商品销售额	批发额	出口	零售额	其中：通过公共网络实现的零售额	其中：通过非自营平台实现的零售额	期末商品库存额	年末零售营业面积（平方米）
22325				21942		384			1079	1780
412002	9674	8914	24636	384255		27747	8201	7441	20251	70331
3072				3072					24	500
118421	2596	4.3		111438	11022	6983	30	3	11387	109898
107717	584			100767	11022	6950			10835	108958
10703	2011	4.3		10670		33	30	3	552	940
1023744	556067			1018732		5012			240872	3860
2733				2623		110			631	1900
319130	3356	4.3	24636	302847	11022	16283	790	3	20241	162002
172415	8914	8914		158597		13819	7441	7441	9937	17847
265812	2771	4.3	1580	254522		11290	790	3	17056	114560
14809				14809	11022				352	2200
13889				10994		2894			1286	3337
1223512	565565	8914	23056	1202472		21040	7441	7441	252987	65512
955682	556067			955682					237958	
324528	8914	8914	23056	302048	11022	22480	7441	7441	18459	61227
135918	2771	4.3	1580	126845		9073	790	3	13023	85245
101894	584			98223		3671			2241	39137
915773	18280	2167	39959	133109		782664	9170	1939	95493	366928
97590	6620		3985	1100		96490	1200		13522	98801
18707	4600		759	1100		17607			4266	38720
78883	2020		3226			78883	1200		9257	60081
30401	2294	1		9323		21078	313		19343	78978
14400				1112		13288			17464	52771
964						964			106	950
4530	683			4219		312	312		842	2092
9412	1611	1		2898		6514	1		848	3165
1096				1096					83	20000
475			312			475			5.8	200
475			312			475			5.8	200
31150	2899	762	2486	13659		17491	2199	762	6848	16739
31150	2899	762	2486	13659		17491	2199	762	6848	16739
717566	2857	15	32161	103585		613981	2012	15	49272	135034
236052	2857	15	20868	13295		222757	2012	15	40963	96897
5657						5657			1536	1880

限额以上批发零售法人企业商品购

指标名称	法人企业数（个）	从业人员期末人数（人）	商品购进额	进口
机动车燃料零售	34	1233	477807	
家用电器及电子产品专门零售	16	293	24378	
家用视听设备零售	5	131	10883	
日用家电设备零售	9	146	11963	
计算机、软件及辅助设备零售	1	4	600	
通信设备零售	1	12	932	
五金、家具及室内装饰材料专门零售	6	60	6133	
家具零售	2	25	1405	
陶瓷、石材装饰材料零售	1	5	724	
其他室内装饰材料零售	3	30	4004	
货摊、无店铺及其他零售业	4	167	7077	
互联网零售	1	21	500	
生活用燃料零售	2	103	5662	
其他未列明零售业	1	43	915	
内资企业	197	6666	926110	1158
国有企业	2	54	3908	
集体企业	3	20	1683	
有限责任公司	42	2217	562364	
国有独资公司	7	546	126405	
其他有限责任公司	35	1671	435959	
股份有限公司	1	452	22512	
私营企业	144	3843	332183	1158
私营独资企业	36	533	44086	43
私营合伙企业	1	8	140	
私营有限责任公司	104	3077	248931	1115
私营股份有限公司	3	225	39027	
其他企业	5	80	3460	
国有控股	11	1216	474625	
集体控股	3	20	1683	
私人控股	180	5258	436315	1158
其他	3	172	13486	
独立门店	160	3905	369719	1115
连锁总店	6	388	10018	
连锁门店	10	1744	499426	43
其他	21	629	46947	

进、销售和库存（三）（2016 年）

单位：万元

商品销售额	其中：通过公共网络实现的销售额	其中：通过非自营平台实现的商品销售额	其中：使用银行卡支付的商品销售额	批发额	出口	零售额	其中：通过公共网络实现的零售额	其中：通过非自营平台实现的零售额	期末商品库存额	年末零售营业面积（平方米）
475857			11294	90290		385567			6773	36257
24163	3010	1389	998	2849		21313	2846	1162	5331	19388
11561	2000	1360		2045		9516	1846	1133	2676	8810
11053	1010	29	998			11053	1000	29	2319	10270
400						400			240	200
1149				804		345			96	108
5942			15	1828		4114			375	14330
1256						1256			300	3500
714			15	714					10	115
3971				1113		2858			64	10715
8487	600			765		7722	600		796	3458
600	600					600	600		50	180
7122						7122			26	3118
765				765					720	160
915773	18280	2167	39959	133109		782664	9170	1939	95493	366928
3736						3736			906	5300
1967						1967			60	10310
554131	925	128	16665	108007		446124	925	128	35370	103642
122170				37283		84887			16827	53730
431961	925	128	16665	70724		361237	925	128	18543	49912
22493			2270			22493			1592	15000
329072	16163	2039	20517	25103		303969	7052	1811	57301	231109
45834	1828	29	1056	804		45030	1007	29	4952	44069
138						138			17	1500
259315	14335	2010	19461	16831		242484	6045	1782	29613	178485
23785				7467		16318			22720	7055
4375	1193		507			4375	1193		264	1567
467529			11294	93262		374267			21744	59230
1967						1967			60	10310
430824	18280	2167	28665	39847		390977	9170	1939	71634	277929
15453						15453			2055	19459
353432	12482	1405	26289	27926		325506	4981	1177	64966	283070
11006	2912	722	864			11006	2912	722	2345	6599
499969	287	40	11801	90290		409679	287	40	12376	25198
51366	2600		1005	14894		36472	990		15805	52061

限额以上批发零售法人企业商品购

指标名称	法人企业数（个）	从业人员期末人数（人）	商品购进额	进口
大型	2	1049	364950	
中型	31	3121	339661	1158
小型	96	2005	169900	
微型	68	491	51599	
有店铺零售	192	6401	916381	1158
食杂店	1	57	5324	
便利店	2	597	342438	
超市	14	771	30479	
大型超市	9	1066	63411	1158
仓储会员店	1	46	2593	
百货店	2	13	870	
专业店	55	1605	207215	
专卖店	102	2178	255206	
家居建材商店	1	13	971	
购物中心	1	25	3021	
厂家直销中心	4	30	4852	
无店铺零售	5	265	9729	
网上商店	1	21	500	
三、批发业按地区分组	76	9069	1153189	1414
七星关区	22	5135	731596	1414
大方县	4	104	49429	
黔西县	2	30	4838	
金沙县	6	211	21793	
织金县	14	2737	163359	
纳雍县	12	231	118702	
威宁县	10	312	36915	
赫章县	6	309	26557	
四、零售业按地区分组	197	6666	926110	1158
七星关区	41	3129	654408	115
大方县	31	625	88422	
黔西县	29	447	31713	
金沙县	24	574	26168	43
织金县	24	510	43570	
纳雍县	21	564	19669	
威宁县	17	550	32917	
赫章县	10	267	29243	1000

进、销售和库存（四）（2016 年）

单位：万元

商品销售额	其中：通过公共网络实现的销售额	其中：通过非自营平台实现的商品销售额	其中：使用银行卡支付的商品销售额	批发额	出口	零售额	其中：通过公共网络实现的零售额	其中：通过非自营平台实现的零售额	期末商品库存额	年末零售营业面积（平方米）
362191			13563	55979		306211			5332	15120
327540	6648	762	14429	52914		274626	2006	762	50458	89231
172261	8016	1376	11196	18662		153599	5156	1148	35875	210500
53782	3617	29	771	5555		48227	2007	29	3827	52077
905155	17680	2167	39412	128443		776712	8570	1939	94425	365780
2184						2184			3369	150
339698			11294	55979		283719			3740	265
34643	2013		864			34643	1193		5463	31830
66348	4607		3122	1100		65248	7		8723	66811
2826						2826			1984	19021
1010						1010			30	8510
209171	4896	762	16703	42724		166447	4196	762	14215	97732
240426	2554	45	7221	26001		214425	1328	44	56461	136381
956						956			85	300
3227	2000	1360		1029		2198	1846	1133	0.7	3200
4666	1610		210	1610		3056			356	1580
10618	600		546	4666		5952	600		1068	1148
600	600					600	600		50	180
1518021	568337	8918	24636	1482798	11022	35224	8231	7444	271681	185609
1060595	556651			1052342	11022	8253			244832	38118
37951			23056	37951					2216	3760
5924				5924					512	3050
72102	8914	8914		64551		7551	7441	7441	8850	13350
160442				149496		10946			7996	85676
117799	2011	4.3		113688		4111	30	3	517	18209
36985	760		1580	35978		1008	760		3947	15705
26223				22867		3356			2811	7741
915773	18280	2167	39959	133109		782664	9170	1939	95493	366928
646109	5525	1488	33839	104831		541278	3761	1261	47854	71386
84653	42		561	2647		82007			17283	38260
35996	600		356	1016		34980	600		5798	66405
30033	4730	638	1876	2582		27451	3209	638	4611	18328
40322				4358		35964			3958	63278
21714	1287	40	2486	3947		17767	1287	40	4455	67001
33765	1488	1	190	12629		21136	313		3469	25250
23180	4610		650	1100		22080			8064	17020

限额以上批发和零售业法人企业信息化和电子商务应用情况(一)(2016年)

指标名称	法人企业数（个）	截止年底企业使用的计算机数（台）	截止年底拥有的网站数（个）	全年电子商务采购金额（千元）	全年电子商务销售金额（千元）
总计	273	5468	125	5015270	6737240
一、批发业	76	3132	33	4668250	6555910
农、林、牧产品批发	5	20			
饲料批发	1	3			
牲畜批发	1	3			
其他农牧产品批发	3	14			
食品、饮料及烟草制品批发	21	2365	7	4666250	6553110
米、面制品及食用油批发	2	29	1		500
果品、蔬菜批发	7	27			
肉、禽、蛋、奶及水产品批发	3	11			
盐及调味品批发	1	16			
酒、饮料及茶叶批发	4	310	3		89140
烟草制品批发	1	1956	1	4665750	6463470
其他食品批发	3	16	2	500	
纺织、服装及家庭用品批发	1	16	1	1000	800
家用电器批发	1	16	1	1000	800
文化、体育用品及器材批发	1	27	1		
图书批发	1	27	1		
医药及医疗器材批发	8	213	2		
西药批发	6	150	2		
中药批发	2	63			
矿产品、建材及化工产品批发	37	335	17		
煤炭及制品批发	18	227	6		
金属及金属矿批发	2	13			
建材批发	8	23	4		
化肥批发	6	39	5		
其他化工产品批发	3	33	2		
机械设备、五金产品及电子产品批发	3	156	5	1000	2000
农业机械批发	1	3			
汽车批发	1	3			
其他机械设备及电子产品批发	1	150	5	1000	2000
内资企业	76	3132	33	4668250	6555910
国有企业	2	1965	2	4665750	6463470
集体企业	2	23	2		
有限责任公司	33	849	19	1000	91640
国有独资公司	4	33	1		
其他有限责任公司	29	816	18	1000	91640
股份有限公司	1	17			
私营企业	38	278	10	1500	800
私营有限责任公司	36	257	10	1500	800
私营股份有限公司	2	21			
国有控股	9	2055	4	4665750	6463470

限额以上批发和零售业法人企业信息化和电子商务应用情况（二）（2016年）

指标名称	法人企业数（个）	截止年底企业使用的计算机数（台）	截止年底拥有的网站数（个）	全年电子商务采购金额（千元）	全年电子商务销售金额（千元）
集体控股	2	23	2		
私人控股	59	674	22	2500	3300
其他	6	380	5		89140
独立门店	43	370	16	1000	1300
连锁总店（总部）	2	12	1		
连锁门店	2	66	1		
其他	29	2684	15	4667250	6554610
二、零售业	197	2336	92	347020	181330
综合零售	22	336	9		6070
百货零售	8	75	2		6000
超级市场零售	14	261	7		70
食品、饮料及烟草制品专门零售	20	126	8	200	68300
粮油零售	6	46	1		
果品、蔬菜零售	2	13			
肉、禽、蛋、奶及水产品零售	2	10	1		68290
酒、饮料及茶叶零售	9	48	5	200	10
其他食品零售	1	9	1		
纺织、服装及日用品专门零售	1	2			
箱、包零售	1	2			
医药及医疗器材专门零售	14	425	9		8000
药品零售	14	425	9		8000
汽车、摩托车、燃料及零配件专门零售	114	1281	50	260320	8340
汽车零售	75	684	36	260310	8340
摩托车及零配件零售	5	17	2		
机动车燃料零售	34	580	12	10	
家用电器及电子产品专门零售	16	108	10	36500	30620
家用视听设备零售	5	60	2	30000	30000
日用家电设备零售	9	43	6	6500	620
计算机、软件及辅助设备零售	1	3	1		
通信设备零售	1	2	1		
五金、家具及室内装饰材料专门零售	6	12	1		
家具零售	2	6	1		
陶瓷、石材装饰材料零售	1	2			
其他室内装饰材料零售	3	4			
货摊、无店铺及其他零售业	4	46	5	50000	60000
互联网零售	1	8	3	50000	60000
生活用燃料零售	2	29	1		
其他未列明零售业	1	9	1		
内资企业	197	2336	92	347020	181330
国有企业	2	23	1		
集体企业	3	4			
有限责任公司	42	1038	31	210	9500

限额以上批发和零售业法人企业信息化和电子商务应用情况(三)(2016年)

指标名称	法人企业数(个)	截止年底企业使用的计算机数(台)	截止年底拥有的网站数(个)	全年电子商务采购金额(千元)	全年电子商务销售金额(千元)
国有独资公司	7	107	5	10	
其他有限责任公司	35	931	26	200	9500
股份有限公司	1	48			
私营企业	144	1205	60	346810	171830
私营独资企业	36	121	6		70
私营合伙企业	1	1	2		
私营有限责任公司	104	1000	50	346720	169760
私营股份有限公司	3	83	2	90	2000
其他企业	5	18			
有店铺零售	192	2278	84	297020	113330
食杂店	1	7			
便利店	2	452	5		
超市	14	202	5	6500	520
大型超市	9	149	8		6070
仓储会员店	1	6	1		
百货店	2	2			
专业店	55	648	19	260010	
专卖店	102	759	44	510	76740
家居建材商店	1	3			
购物中心	1	35	1	30000	30000
厂家直销中心	4	15	1		

限额以上批发和零售业法人企业信息化和电子商务应用情况(四)(2016年)

指标名称	法人企业数(个)	截止年底企业使用的计算机数(台)	截止年底拥有的网站数(个)	全年电子商务采购金额(千元)	全年电子商务销售金额(千元)
无店铺零售	5	58	8	50000	68000
网上商店	1	8	3	50000	60000
其他	4	50	5		8000
三、批发业按地区分组	76	3132	33	4668250	6555910
七星关区	22	2250	4	4666750	6464270
大方县	4	44	3		
黔西县	2	11	1		
金沙县	6	345	8		89140
织金县	14	331	8	1000	2500
纳雍县	12	32	5		
威宁县	10	37	2		
赫章县	6	82	2	500	
四、零售业按地区分组	197	2336	92	347020	181330
七星关区	41	1339	32	290300	37340
大方县	31	187	13		8000
黔西县	29	145	5	50020	61000
金沙县	24	156	11	200	70
织金县	24	132	9	6500	520
纳雍县	21	180	8		
威宁县	17	148	13		68300
赫章县	10	49	1		6100

限额以上住宿和餐饮业法人企业基本情况（一）（2016年）

指标名称	法人企业数（个）	从业人员期末人数（人）		法人所属产业活动单位数(个）	
			其中：女性		其 他
总计	60	3432	2055	60	60
一、住宿业	41	3091	1840	41	41
旅游饭店	27	2615	1543	27	27
一般旅馆	10	334	216	10	10
其他住宿业	4	142	81	4	4
内资企业	41	3091	1840	41	41
有限责任公司	13	1482	864	13	13
其他有限责任公司	13	1482	864	13	13
股份有限公司	1	138	80	1	1
私营企业	25	1396	846	25	25
私营独资企业	9	266	155	9	9
私营合伙企业	3	110	68	3	3
私营有限责任公司	12	970	593	12	12
私营股份有限公司	1	50	30	1	1
其他企业	2	75	50	2	2
私人控股	37	2374	1376	37	37
其他	4	717	464	4	4
独立门店	36	2603	1540	36	36
其他	5	488	300	5	5
中型	3	963	624	3	3
小型	36	2113	1205	36	36
微型	2	15	11	2	2
四星	12	1774	1072	12	12
三星	9	402	229	9	9
二星	1	40	28	1	1
其他	19	875	511	19	19
二、餐饮业	19	341	215	19	19
正餐服务	17	321	199	17	17
快餐服务	1	10	6	1	1
其他餐饮业	1	10	10	1	1
小吃服务	1	10	10	1	1

限额以上住宿和餐饮业法人企业基本情况（二）（2016 年）

指标名称	法人企业数（个）	从业人员期末人数（人）		法人所属产业活动单位数(个)	
			其中：女性		其　他
内资企业	19	341	215	19	19
有限责任公司	2	46	26	2	2
其他有限责任公司	2	46	26	2	2
股份有限公司	1	10	6	1	1
私营企业	14	261	169	14	14
私营独资企业	12	165	114	12	12
私营有限责任公司	2	96	55	2	2
其他企业	2	24	14	2	2
私人控股	19	341	215	19	19
独立门店	17	321	197	17	17
连锁总店	1	10	10	1	1
其他	1	10	8	1	1
小型	17	323	201	17	17
微型	2	18	14	2	2
三、住宿业按地区分组	41	3091	1840	41	41
七星关区	11	1337	837	11	11
大方县	6	279	169	6	6
黔西县	5	300	191	5	5
金沙县	3	239	167	3	3
织金县	7	436	204	7	7
纳雍县	2	143	101	2	2
威宁县	6	261	123	6	6
赫章县	1	96	48	1	1
四、餐饮业按地区分组	19	341	215	19	19
大方县	2	50	25	2	2
黔西县	1	86	50	1	1
金沙县	8	95	62	8	8
织金县	1	10	5	1	1
纳雍县	2	30	21	2	2
威宁县	5	70	52	5	5

限额以上住宿和餐饮业法人企

指标名称	法人企业数（个）	执行《2006年企业会计准则》企业数（个）	一、年初存货	二、期末资产负债		
				流动资产合计	应收账款	存货
总计	60	28	3234	39129	7841	2598
一、住宿业	41	20	3180	37873	7658	2463
旅游饭店	27	14	3001	32736	7324	2336
一般旅馆	10	5	141	4414	225	112
其他住宿业	4	1	39	723	109	15
内资企业	41	20	3180	37873	7658	2463
有限责任公司	13	4	2429	21023	1516	1774
其他有限责任公司	13	4	2429	21023	1516	1774
股份有限公司	1	1		207	99	
私营企业	25	13	739	16567	6024	684
私营独资企业	9	5	194	3215	313	197
私营合伙企业	3	2	82	435	287	
私营有限责任公司	12	5	250	12640	5424	273
私营股份有限公司	1	1	213	276	0.6	213
其他企业	2	2	12	76	18	5.5
私人控股	37	18	1588	32470	7098	1400
其他	4	2	1592	5404	560	1063
独立门店	36	17	2968	35589	7564	2312
其他	5	3	213	2284	94	151
中型	3	3	2103	6150	997	1578
小型	36	16	1077	30866	6661	831
微型	2	1		857		54
四星	12	6	2596	12297	1566	1978
三星	9	6	118	4316	520	181
二星	1		69	356	19	1.2
其他	19	8	397	20905	5553	303
二、餐饮业	19	8	54	1255	183	135
正餐服务	17	8	54	1172	183	132
快餐服务	1			50		
其他餐饮业	1			34	0.5	3.0
小吃服务	1			34	0.5	3.0

业财务状况（1-1）（2016 年）

单位：万元

固定资产合计	固定资产原价	累计折旧		在建工程	资产总计	流动负债合计		非流动负债合计	负债合计
			本年折旧				应付账款		
43357	57198	14274	2590	10933	107715	33983	4483	40679	74133
39645	53064	13702	2493	8985	98928	31276	3950	40471	71218
36199	49416	13217	2382	8976	88393	27027	3211	38827	65325
3084	3565	484	111	9	8323	4121	726	1644	5765
362	83	0.7			2212	129	13		129
39645	53064	13702	2493	8985	98928	31276	3950	40471	71218
27861	37015	9153	1904	6677	63377	22107	1261	35225	57333
27861	37015	9153	1904	6677	63377	22107	1261	35225	57333
2.2	2.8	0.6			210	773	32		773
10961	15077	4399	577	2308	33896	8295	2627	5150	12915
2833	3243	413	87		6259	2676	399	1668	4344
1485	1585	380	133	434	2244	111		482	593
4093	7379	3286	225	1874	22089	4770	1492	3000	7770
2549	2870	321	133		3303	737	736		208
821	970	149	12		1446	102	30	96	198
15247	22033	7070	1285	3168	59284	26357	3642	7640	33468
24399	31031	6632	1208	5817	39645	4919	308	32831	37751
38407	50756	12632	1979	7105	92600	28131	3432	40471	68073
1238	2308	1070	514	1880	6328	3146	518		3146
25232	30084	4852	1222	5802	41874	6054	431	32761	38816
14321	22887	8847	1268	3183	56104	25087	3384	7710	32267
93	93	3	3		950	135	135		135
28875	37822	8947	1540	7721	56967	12824	2346	35943	48238
5377	7646	2272	329	620	11157	3737	249	2150	5887
35	52	18	12	15	412	60			60
5358	7543	2465	612	629	30392	14655	1355	2378	17033
3712	4134	572	97	1948	8787	2707	533	208	2914
3208	3603	546	87	1948	8196	2683	509	170	2852
500	526	26	10		550	24	24	38	62
4.4	4.8	0.4	0.4		41	0.2	0.2		0.2
4.4	4.8	0.4	0.4		41	0.2	0.2		0.2

限额以上住宿和餐饮业法人企

指标名称	法人企业数（个）	执行《2006年企业会计准则》企业数（个）	一、年初存货	二、期末资产负债		
				流动资产合计	应收账款	存货
内资企业	19	8	54	1255	183	135
有限责任公司	2	1	23	339	18	26
其他有限责任公司	2	1	23	339	18	26
股份有限公司	1			12	12	
私营企业	14	6	28	848	154	105
私营独资企业	12	5	28	439	77	25
私营有限责任公司	2	1		410	77	80
其他企业	2	1	3.2	56		3.6
私人控股	19	8	54	1255	183	135
独立门店	17	8	54	1222	183	132
连锁总店（总部）	1			34	0.5	3
其他	1					
小型	17	8	54	999	178	135
微型	2		0.2	256	5.6	0.2
三、住宿业按地区分组	41	20	3180	37873	7658	2463
七星关区	11	6	1634	8644	876	1182
大方县	6	3	100	2308	338	53
黔西县	5	3	360	12940	226	378
金沙县	3	3	584	1901	532	560
织金县	7	2	175	2903	185	128
纳雍县	2	1	50	5499	4856	50
威宁县	6	2	187	2352	463	25
赫章县	1		90	1326	181	87
四、餐饮业按地区分组	19	8	54	1255	183	135
大方县	2	2	23	336	17	23
黔西县	1			312	77	80
金沙县	8	5	18	116	12	4.3
织金县	1	1		98		
纳雍县	2			41	41	
威宁县	5		13	354	37	28

业财务状况（1−2）（2016 年）

单位：万元

固定资产合计	固定资产原价	累计折旧		在建工程	资产总计	流动负债合计		非流动负债合计	负债合计
			本年折旧				应付账款		
3712	4134	572	97	1948	8787	2707	533	208	1090
188	577	389	28		1485	1090	10		1090
188	577	389	28		1485	1090	10		12
10	10				22	12			1738
2724	2701	127	53	1948	6434	1568	487	170	405
852	778	76	38		1915	395	374	10	1333
1872	1923	51	14	1948	4519	1174	112	160	74
790	846	56	16		846	36	36	38	2914
3712	4134	572	97	1948	8787	2707	533	208	2914
3708	4129	572	97	1948	8746	2707	533	208	0.2
4.4	4.8	0.4	0.4		41	0.2	0.2		
									2913
3560	4131	571	97	1948	8335	2706	532	208	1
152	3	1	0.5		452	0.8	0.8	0.2	71218
39645	53064	13702	2493	8985	98928	31276	3950	40471	43451
25179	32964	7785	1771	5865	44787	10526	1072	32925	2985
2984	3295	311	50	15	6459	1265	218	1720	14119
2891	3818	927	134	2485	19886	12648	1395	2000	1216
1682	1740	61	25		4101	1190	220	26	3969
908	1556	928	120		5307	669	128	3300	400
3048	4779	1731	81		9024	400	191		4065
1540	2051	511	169	434	5910	3565	726	500	1014
1414	2863	1449	143	186	3455	1014			2914
3712	4134	572	97	1948	8787	2707	533	208	1390
483	872	389	28		2074	1390	310		1322
1872	1923	51	14	1948	4422	1163	112	160	115
951	1044	93	24		1332	67	56	48	11
					98	11			66
136	160	25	25		176	66	54		10
270	135	15	6.4		685	10	0.4		

限额以上住宿和餐饮业法人企业

指标名称	所有者权益	实收资本				
			国家资本	集体资本	法人资本	个人资本
总计	33582	37423	150	50	16361	20863
一、住宿业	27710	34503	150	50	14311	19992
旅游饭店	23068	29783	150	50	11595	17988
一般旅馆	2559	3143			1532	1611
其他住宿业	2084	1577			1185	393
内资企业	27710	34503	150	50	14311	19992
有限责任公司	6044	11662			6578	5084
其他有限责任公司	6044	11662			6578	5084
股份有限公司	-563	50				50
私营企业	20980	21912	150	50	7133	14578
私营独资企业	1916	1780	150	50	1082	498
私营合伙企业	1651	1146			314	832
私营有限责任公司	14319	15891			2643	13249
私营股份有限公司	3095	3095			3095	
其他企业	1248	880			600	280
私人控股	25816	27745	150	50	8233	19312
其他	1894	6758			6078	680
独立门店	24527	29986	150	50	13933	15852
其他	3183	4518			378	4140
中型	3059	8287			5700	2587
小型	23837	26136	150	50	8531	17405
微型	815	80			80	
四星	8729	15996			9327	6669
三星	5270	2825			890	1935
二星	352	378			378	
其他	13359	15304	150	50	3717	11388
二、餐饮业	5872	2920			2049	871
正餐服务	5344	2800			1949	851
快餐服务	488	100			100	
其他餐饮业	40	20				20
小吃服务	40	20				20

财务状况（2-1）（2016 年）

单位：万元

三、损益及分配								
营业收入		营业成本		营业税金及附加		其他业务利润	销售费用	管理费用
	主营业务收入		主营业务成本		主营业务税金及附加			
46213	45203	23593	22923	1339	1215	460	8928	9692
37892	37724	17892	17811	1251	1138	299	8726	9073
31080	30912	13484	13403	999	998	267	7878	7852
5498	5498	3355	3355	112	112	32	839	931
1314	1314	1053	1053	140	29		8.6	291
37892	37724	17892	17811	1251	1138	299	8726	9073
18838	18838	8607	8607	669	669	69	4861	4765
18838	18838	8607	8607	669	669	69	4861	4765
805	805	128	128	16	16		155	505
16331	16163	7870	7789	539	426	231	3581	3680
4356	4356	2594	2513	98	96	32	190	760
1046	1046	697	697	141	30	31	23	175
10778	10609	4410	4410	296	296	168	3369	2730
152	152	169	169	3.6	3.6			15
1918	1918	1286	1286	28	28		129	124
27636	27468	13196	13115	988	876	231	6201	5875
10256	10256	4696	4696	263	263	69	2524	3198
32951	32783	16270	16189	1148	1035	299	6275	8155
4941	4941	1621	1621	103	103		2450	918
13296	13296	5902	5902	347	347	69	4195	3347
22922	22754	10931	10850	894	782	231	4508	5684
1674	1674	1058	1058	9.2	9.2		23	43
20237	20207	8526	8526	521	521	131	6310	5742
6569	6569	3895	3844	186	184		716	877
529	529	236	236	5.3	5.3			280
10557	10419	5234	5204	538	427	168	1700	2174
8322	7479	5702	5113	89	76	160	202	619
7605	6763	5324	4735	81	69	160	194	546
516	516	258	258	1.5	1.5		8.2	53
200	200	120	120	6.1	6.1			20
200	200	120	120	6.1	6.1			20

限额以上住宿和餐饮业法人企业

指标名称	所有者权益	实收资本				
			国家资本	集体资本	法人资本	个人资本
内资企业	5872	2920			2049	871
有限责任公司	394	1220			1200	20
其他有限责任公司	394	1220			1200	20
股份有限公司	10	10				10
私营企业	4696	1510			669	841
私营独资企业	1510	972			219	753
私营有限责任公司	3186	538			450	88
其他企业	772	180			180	
私人控股	5872	2920			2049	871
独立门店	5832	2900			2049	851
连锁总店（总部）	40	20				20
其他						
小型	5421	2719			2048	671
微型	451	201			1.2	200
三、住宿业按地区分组	27710	34503	150	50	14311	19992
七星关区	1336	9578			5800	3778
大方县	3474	3003	150	50	2051	753
黔西县	5768	7437			4115	3322
金沙县	2885	1600			600	1000
织金县	1338	1791			1682	109
纳雍县	8624	8500				8500
威宁县	1845	2426			64	2362
赫章县	2441	168				168
四、餐饮业按地区分组	5872	2920			2049	871
大方县	684	1500			1200	300
黔西县	3100	500			450	50
金沙县	1217	387			387	
织金县	86	38				38
纳雍县	110	110				110
威宁县	676	385			12	373

财务状况（2-2）（2016 年）

单位：万元

三、损益及分配								
营业收入	主营业务收入	营业成本	主营业务成本	营业税金及附加	主营业务税金及附加	其他业务利润	销售费用	管理费用
8322	7479	5702	5113	89	76	160	202	619
432	432	183	183	20	20		100	100
432	432	183	183	20	20		100	100
360	360	300	300	0.5	0.5			5
6606	5764	4697	4108	66	53	156	91	411
3504	3504	2557	2557	45	32	6	80	327
3101	2259	2140	1551	21	21	150	11	84
923	923	522	522	2.7	2.7	4.2	11	103
8322	7479	5702	5113	89	76	160	202	619
7701	6859	5254	4665	83	70	160	168	565
200	200	120	120	6.1	6.1			20
420	420	328	328				35	34
7983	7140	5469	4880	85	72	160	201	606
339	339	233	233	4	4	0.5	1	14
37892	37724	17892	17811	1251	1138	299	8726	9073
14744	14744	5682	5682	381	381	69	5265	4330
3440	3440	2006	1976	86	86		285	704
3586	3529	1618	1567	69	68	58	696	1244
5640	5640	3201	3201	88	88		490	899
4581	4551	1723	1723	350	239	30	891	805
1874	1794	429	429	79	79	80	577	188
2577	2577	2172	2172	118	118	63	522	701
1450	1450	1061	1061	80	80			203
8322	7479	5702	5113	89	76	160	202	619
482	482	213	213	24	24		100	98
2818	1976	1972	1383	17	17	150		80
3024	3024	2102	2102	19	8.1	10	82	303
284	284	169	169	4.1	4.1		11	4.8
613	613	490	490	2.2	0.8		5	45
1101	1101	757	757	23	23		5	89

限额以上住宿和餐饮业法人企

指标名称							
	税金	财务费用	利息收入	利息支出	资产减值损失	投资收益	营业利润
总计	376	3164	-31	2388	27	65	79
一、住宿业	326	3075	-32	2337	10	65	-1415
旅游饭店	323	2858	-32	2145		65	-1542
一般旅馆	2.9	216	0.3	192	10		126
其他住宿业		0.4		0.3			1.4
内资企业	326	3075	-32	2337	10	65	-1415
有限责任公司	278	2723	59	1971			-2024
其他有限责任公司	278	2723	59	1971			-2024
股份有限公司		5.4					-3.8
私营企业	46	300	-91	366		65	318
私营独资企业	45	131		130			530
私营合伙企业							121
私营有限责任公司	0.5	169	-91	236		65	-157
私营股份有限公司							-177
其他企业	2.6	46			10		295
私人控股	77	1086	-88	459	10	65	930
其他	250	1989	56	1879			-2345
独立门店	326	3051	-32	2334	10	65	-1264
其他	0.1	24		2.7			-151
中型	245	2117	56	1878			-2544
小型	81	958	-87	459	10	65	523
微型		0.1					606
四星	250	2341	56	2079		65	-3259
三星	58	247	3	196			738
二星		0.4		0.4			7.5
其他	18	487	-91	62	10		1100
二、餐饮业	50	89	0.9	51	18		1493
正餐服务	48	77	0.9	51	17		1256
快餐服务	1.5	12					183
其他餐饮业					0.4		54
小吃服务					0.4		54

业财务状况（3-1）（2016年）

单位：万元

营业外收入		营业外支出	利润总额	应交所得税	四、人工成本及增值税		五、从事住宿和餐饮业活动的从业人员平均人数（人）
	政府补助				应付职工薪酬（本年贷方累计发生额）	应交增值税	
1296	599	6551	-273	161	9803	451	3385
1264	599	6551	-1742	41	8770	344	3037
1261	599	6545	-1186	17	7381	244	2575
3.4		6.1	-375	24	1058	100	345
			-182	0.2	331		117
1264	599	6551	-1742	41	8770	344	3037
1180	599	22	-1359	17	4317	140	1489
1180	599	22	-1359	17	4317	140	1489
			-3.8		221		150
84		6529	-674	0.2	4041	177	1314
2		0.1	-16		728	88	263
0.4		11	-34		235		90
81		6518	-448	0.2	2918	89	911
			-177		160		50
			295	24	191	27	84
411		6531	-230	41	6692	326	2298
853	599	20	-1512		2078	18	739
1264	599	6547	-1487	41	7428	327	2521
		3.4	-255	0.6	1342	16	516
817	599	19	-1746		2981	20	940
447		6532	3.2	41	5720	276	2082
					69	47	15
1179	599	19	-2104	2.9	4805	118	1789
2.4		12	147	13	1248	125	391
		2.3	5.1		146	13	64
82		6518	209	25	2572	88	793
32		0.2	1469	120	1033	108	348
32		0.2	1232	61	971	92	328
			183	46	38	16	10
			54	13	24		10
			54	13	24		10

限额以上住宿和餐饮业法人企

指标名称	税金	财务费用	利息收入	利息支出	资产减值损失	投资收益	营业利润
内资企业	50	89	0.9	51	18		1493
有限责任公司		0.1			0.4		30
其他有限责任公司		0.1			0.4		30
股份有限公司							
私营企业	47	75	0.9	51	11		1200
私营独资企业	5	32	0.9	13	11		398
私营有限责任公司	42	43		38			802
其他企业	2.7	15			6		264
私人控股	50	89	0.9	51	18		1493
独立门店	50	84	0.9	45	17		1440
连锁总店（总部）					0.4		54
其他		5.6		5.6			
小型	49	89	0.3	50	17		1406
微型	0.5	0.5	0.6	0.1	0.5		87
三、住宿业按地区分组	326	3075	-32	2337	10	65	-1415
七星关区	250	2021	56	1916			-2843
大方县	15	170		130			70
黔西县	30	390	-91	2.4			83
金沙县	2.6	174			10		844
织金县		196		172		65	727
纳雍县		1	0.2				640
威宁县		70	0.2	62			-990
赫章县	28	52	3	55			54
四、餐饮业按地区分组	50	89	0.9	51	18		1493
大方县		12					36
黔西县	38	43		38			707
金沙县	5.7	34	0.9	11	17		449
织金县	4.1						96
纳雍县							15
威宁县	2	1.1		1.1	0.4		191

业财务状况（3–2）（2016 年）

单位：万元

					四、人工成本及增值税		五、从事住宿和餐饮业活动的从业人员平均人数（人）
营业外收入	政府补助	营业外支出	利润总额	应交所得税	应付职工薪酬（本年贷方累计发生额）	应交增值税	
32		0.2	1469	120	1033	108	348
			54	13	37		38
			54	13	37		38
					5		10
32		0.2	1148	40	915	80	276
32		0.2	345	40	451	59	173
			802		464	20	103
			268	67	76	28	24
32		0.2	1469	120	1033	108	348
32		0.2	1391	107	1009	108	328
			54	13	24		10
			24				10
32			1383	118	989	99	332
		0.2	87	2	44	8.7	16
1264	599	6551	–1742	41	8770	344	3037
855	599	19	–1943	3.8	3803	44	1331
		2.3	27	0.2	767	43	290
0.9		2.2	58		792	49	316
1.3		0.1	260	24	716	94	234
		0.7	41		1112	46	417
80		6509	456		407	9.1	69
327		17	–695		717	30	284
			54	13	456	29	96
32		0.2	1469	120	1033	108	348
			30		48		53
			707		428	17	93
32		0.2	451	107	282	66	95
			96		36	3.2	10
			15		50	1.8	30
			171	13	188	20	67

限额以上住宿和餐饮业法人信息化和电子商务应用情况（一）（2016年）

指标名称	法人企业数（个）	截止年底企业使用的计算机数（台）	截止年底拥有的网站数（个）	全年电子商务采购金额（千元）	全年电子商务销售金额（千元）
总计	60	2157	30	301810	129800
一、住宿业	41	2112	22	301810	120570
旅游饭店	27	1522	15	301480	119060
一般旅馆	10	426	6	310	1390
其他住宿业	4	164	1	20	120
内资企业	41	2112	22	301810	120570
有限责任公司	13	1060	7	301150	103160
其他有限责任公司	13	1060	7	301150	103160
股份有限公司	1	10			200
私营企业	25	981	14	660	17210
私营独资企业	9	249	4	30	280
私营合伙企业	3	90	2	20	30
私营有限责任公司	12	632	7	610	16900
私营股份有限公司	1	10	1		
其他企业	2	61	1		
私人控股	37	1845	19	300790	118700
其他	4	267	3	1020	1870
独立门店	36	1682	18	301590	119490
其他	5	430	4	220	1080
中型	3	384	2	301200	101660
小型	36	1694	19	610	18910
微型	2	34	1		
四星	12	809	10	301430	115820
三星	9	532	6	30	1240
二星	1	12	1	20	30
其他	19	759	5	330	3480
二、餐饮业	19	45	8		9230
正餐服务	17	41	6		8030
快餐服务	1	3	1		1200

限额以上住宿和餐饮业法人信息化和电子商务应用情况(二)(2016年)

指标名称	法人企业数(个)	截止年底企业使用的计算机数(台)	截止年底拥有的网站数(个)	全年电子商务采购金额(千元)	全年电子商务销售金额(千元)
其他餐饮业	1	1	1		
小吃服务	1	1	1		
内资企业	19	45	8		9230
有限责任公司	2	4	2		
其他有限责任公司	2	4	2		
股份有限公司	1	1			
私营企业	14	33	5		8030
私营独资企业	12	21	5		20
私营有限责任公司	2	12			8010
其他企业	2	7	1		1200
小型	17	42	8		9230
微型	2	3			
三、住宿业按地区分组	41	2112	22	301810	120570
七星关区	11	852	4	1300	3350
大方县	6	291	2	50	170
黔西县	5	157	3		3100
金沙县	3	60	2	300000	100000
织金县	7	427	5	120	13600
纳雍县	2	20	1	30	50
威宁县	6	145	5	310	270
赫章县	1	160			30
四、餐饮业按地区分组	19	45	8		9230
大方县	2	6	3		20
黔西县	1	10			8010
金沙县	8	20	2		1200
织金县	1	2			
纳雍县	2	2			
威宁县	5	5	3		

分县（区）财政收支情况

单位：万元

县　　区	2016 年	2015 年	增长 (%)
一般公共财政预算收入	1126347	1076265	4.7
市本级	225658	217814	3.6
七星关区	242262	225853	7.3
大方县	68005	59078	15.1
黔西县	81528	85308	-4.4
金沙县	166783	152993	9.0
织金县	75568	97799	-22.7
纳雍县	76918	66396	15.8
威宁县	100088	88114	13.6
赫章县	40284	29043	38.7
百里杜鹃管理区	22821	24867	-8.2
金海湖新区	26432	29000	-8.9
一般公共财政预算支出	4511769	4101593	10.0
市本级	441420	406891	8.5
七星关区	635239	583112	8.9
大方县	456998	383014	19.3
黔西县	374019	328684	13.8
金沙县	465474	377445	23.3
织金县	497391	479117	3.8
纳雍县	426715	390274	9.3
威宁县	675288	623791	8.3
赫章县	358380	372246	-3.7
百里杜鹃管理区	76605	72564	5.6
金海湖新区	104240	84455	23.4

注：财政数据由市财政局提供。

财政收入基本情况

单位：万元

指　　标	2016年	2015年	增长(%)
一、公共财政预算收入合计	1126347	1076265	4.7
1. 税收收入小计	839083	782472	7.2
增值税	163042	179892	–9.4
营业税	104975	70174	49.6
企业所得税	39292	43223	–9.1
个人所得税	23408	24597	–4.8
资源税	34033	35789	–4.9
城镇土地使用税	36915	18618	98.3
城市维护建设税	53004	53118	–0.2
耕地占用税	140380	119009	18.0
契税	149166	119866	24.4
房产税	12192	12747	–4.4
印花税	10200	8703	17.2
土地增值税	25648	48913	–47.6
车船税	8591	7875	9.1
烟叶税	38237	39948	–4.3
2. 非税收入小计	287264	293793	–2.2
专项收入	68662	75389	–8.9
行政事业性收费收入	43849	57337	–23.5
罚没收入	39459	26805	47.2
国有资本经营收入	647		
国有资源（资产）有偿使用收入	51927	71066	–26.9
捐赠收入	251	22	
政府住房基金收入	23092	8554	
其他收入	59377	54620	8.7

财政支出基本情况

单位：万元

指　　标	2016年	2015年	增长(%)
公共财政预算支出合计	4511769	4101593	10.0
一、一般公共服务	447135	363437	23.0
二、国防	1605	1439	11.5
三、公共安全	225401	194926	15.6
四、教育	1224705	1108533	10.5
五、科学技术	31597	27672	14.2
六、文化体育与传媒	45560	42371	7.5
七、社会保障和就业	443825	387045	14.7
八、医疗卫生与计划生育	610056	590291	3.3
九、节能环保	148812	117499	26.6
十、城乡社区	104602	103306	1.3
十一、农林水	517109	550100	-6.0
十二、交通运输	47182	71377	-33.9
十三、资源勘探信息等	112130	84158	33.2
十四、商业服务业等	14886	14198	4.8
十五、金融支出	115	686	-83.2
十六、国土海洋气象等	29998	40435	-25.8
十七、住房保障支出	366543	334451	9.6
十八、粮油物资储备	4686	5952	-21.3
十九、其他支出	49226	28336	73.7
二十、债务付息支出	82275	33385	146.4
二十一、债务发行费用支出	4321	1996	116.5

全部金融机构人民币信贷收支情况（2016年）

单位：万元

指标	毕节市	七星关区	大方县	黔西县	金沙县	织金县	纳雍县	威宁县	赫章县
一、各项存款	16673066	6120665	1742637	1720227	1336263	1994976	1203312	1498065	1056921
（一）境内存款	16664958	6119007	1741453	1719771	1335327	1994820	1203303	1494363	1056914
1. 住户存款	8048033	2249570	1016690	893334	805031	949732	665535	818547	649593
（1）活期存款	4641814	1235952	544321	515483	449728	549134	418183	560753	368261
（2）定期及其他存款	3406218	1013618	472370	377851	355303	400599	247352	257794	281332
2. 非金融企业存款	4605749	2233289	399387	469485	265481	625163	216209	310246	86489
（1）活期存款	3983341	1824607	383623	352639	236006	597291	209647	296852	82675
（2）定期及其他存款	622408	408681	15764	116846	29475	27872	6562	13394	3814
3. 广义政府存款	4010864	1635863	325375	356939	264807	419925	321558	365565	320832
（1）财政性存款	494311	114026	55275	44224	15418	45572	71001	83928	64868
（2）机关团体存款	3516553	1521837	270100	312715	249389	374353	250557	281637	255965
4. 非银行业金融机构存款	311.9	286.0		13.2	7.2	0.1	0.4	4.8	0.3
（二）境外存款	8108.6	1657.4	1183.9	456.1	936.6	155.9	9.2	3702.4	7.0
二、各项贷款	11483072	3861251	913069	1342931	1230494	1571586	944476	963768	655497
（一）境内贷款	11482888	3861133	913069	1342911	1230494	1571586	944476	963722	655497
1. 住户贷款	4781000	1416947	519342	495404	430617	559424	400261	557038	401966
（1）短期贷款	1829279	336665	353009	197203	128265	162112	159580	393949	98496
消费贷款	284086	86840	61948	5264	39208	36055	24281	5058	25432
经营贷款	1545193	249825	291061	191939	89057	126057	135299	388891	73064
（2）中长期贷款	2951721	1080282	166333	298201	302352	397312	240681	163090	303470
消费贷款	1770439	763880	81498	180275	150771	228477	143713	109220	112604
经营贷款	1181282	316402	84835	117926	151581	168835	96967	53870	190866
2. 非金融企业及机关团体贷款	6701888	2444185	393727	847507	799877	1012162	544216	406684	253530
（1）短期贷款	588607	242984	24589	25544	62844	66716	111279	19546	35105
（2）中长期贷款	6082722	2178912	366857	815974	737033	945446	432937	387138	218426
（3）票据融资	30558	22290	2281	5988					
（二）境外贷款	184.9	118.7		20.9				45.3	

注：本表由人民银行毕节市中心支行提供。

国税税收收入分县区情况

单位：万元

县　　区	2016年	2015年	增长（%）
毕节市	927792	851724	8.9
七星关区	473152	464071	2.0
大方县	49747	49379	0.7
黔西县	82241	62366	31.9
金沙县	113995	105210	8.3
织金县	65999	58301	13.2
纳雍县	42867	43209	–0.8
威宁县	62223	39089	59.2
赫章县	26771	21649	23.7
百里杜鹃管理区	10797	8450	27.8

注：国税数据由市国税局提供。

国税税收收入分企业类型情况（2016年）

单位：万元

指　　标	税收收入合计	国内增值税		国内消费税	企业所得税	个人所得税	车辆购置税
			一般纳税人				
合计	927792	473684	385764	288848	114401	1	50858
一、内资企业	846892	448723	379268	288763	106647		2759
（一）国有企业	182944	80060	72596	66859	35784		241
（二）集体企业	6695	2336	1484		4344		15
（三）股份合作企业	12548	2279	2192		10254		15
（四）联营企业	27	18	8				9
其中：国有控股	14	14	8				
1. 国有联营企业	15	15	8				
2. 集体联营企业	3	3					
3. 其他联营企业	9						9
（五）有限责任公司	539764	270810	215475	221724	45506		1724
其中：国有控股	365271	114032	109711	219282	31855		102
1. 国有独资企业	293020	67679	56043	219282	6016		43
2. 其他有限责任公司	246744	203131	159432	2442	39490		1681
（六）股份有限公司	53994	44639	43866	4	9259		92
其中：国有控股	37922	31912	31896	1	5977		32
（七）私营企业	48194	46414	42338	176	1380		224
1. 私营独资企业	17984	17925	17380	3	7		49
2. 私营合伙企业	12187	12162	12009	8			17
3. 私营有限责任公司	16552	15591	12493	165	640		156
4. 私营股份有限公司	1471	736	456		733		2
（八）其它企业	2726	2167	1309		120		439
二、港、澳、台商投资企业	5220	3334	3326		1886		
1. 合资经营企业（港或澳、台资）	249	172	172		77		
2. 合作经营企业（港或澳、台资）	1	1					
3. 港、澳、台商独资经营企业	4172	2406	2400		1766		
4. 港、澳、台商投资股份有限公司	797	754	754		43		
5. 其他港、澳、台商投资企业	1	1					
三、外商投资企业	8012	2143	2128		5868		1
其中：国有控股	64	64	64				
1. 中外合资经营企业	53	53	47				
2. 中外合作经营企业	52	51	51		1		
3. 外资企业	6716	1033	1025		5682		1
4. 外商投资股份有限公司	1190	1005	1005		185		
5. 其他外商投资企业	1	1					
四、个体经营	67668	19484	1042	85		1	48098
1. 个体户	67615	19431	1007	85		1	48098
2. 个人合伙	53	53	35				

国税税收收入分行业分税种情况（一）（2016年）

单位：万元

指　　标	税收收入合计	国内增值税		国内消费税	企业所得税		个人所得税	车辆购置税
			一般纳税人增值税		内资企业	外资企业		
合计	927792	473684	385759	288848	106647	7754	1	50858
一、第一产业	351	195	113		63			93
二、第二产业	601050	331843	260361	221901	44955	1996		355
（一）采矿业	98571	98193	97474		291	46		41
1. 煤炭开采和洗选业	95059	94724	94149		266	46		23
2. 黑色金属矿采选业	1214	1212	1213					2
3. 有色金属矿采选业	53	42	42					11
4. 非金属矿采选业	1293	1270	1144		22			1
5. 其他采矿业	952	945	926		3			4
（二）制造业	317516	81763	80980	221901	11973	1765		114
1. 农副食品加工业	388	378	366		–2			12
2. 食品制造业	129	124	111		1			4
3. 酒、饮料和精制茶制造业	3338	735	733	2603				
4. 烟草制品业	282831	56302	56302	219282	7247			
5. 纺织业	9	8	7					1
6. 纺织服装、服饰业	526	513	506		3			10
7. 皮革、毛皮、羽毛及其制品和制鞋业	100	100	97					
8. 木材加工和木竹藤棕草制品业	36	36	18					
9. 家具制造业	16	13	1					3
10. 造纸和纸制品业	62	57	55		1			4
11. 印刷和记录媒介复制业	124	123	115		1			
12. 文教、工美、体育和娱乐用品制造业	14	14	2					
13. 石油加工、炼焦和核燃料加工业	–86				–86			
14. 化学原料和化学制品制造业	2112	2095	2088	16	1			
15. 医药制造业	673	673	673					
16. 橡胶和塑料制品业	147	144	138		3			
17. 非金属矿物制品业	22016	15835	15460		4349	1774		58
18. 黑色金属冶炼和压延加工业	270	279	278			–9		
19. 有色金属冶炼和压延加工业	21	19	19		2			
20. 金属制品业	216	207	138		2			7
21. 通用设备制造业	95	95	87					
22. 专用设备制造业	67	67	38					
23. 汽车制造业	1426	1421	1421		2			3
24. 铁路、船舶、航空航天和其他运输设备制造业	2	2						
25. 电气机械和器材制造业	284	279	262		5			

国税税收收入分行业分税种情况（二）（2016年）

单位：万元

指标	税收收入合计	国内增值税		国内消费税	企业所得税		个人所得税	车辆购置税
			一般纳税人增值税		内资企业	外资企业		
26. 计算机、通信和其他电子设备制造业	413	357	350		56			
27. 仪表仪器制造业	3	3	2					
28. 其他制造业	2147	1750	1585		388			9
29. 废弃资源综合利用业	137	134	128					3
（三）电力、热力、燃气及水的生产和供应业	109953	89363	75759		20347	185		58
1. 电力、热力生产和供应业	108482	88625	75034		19807			50
2. 燃气生产和供应业	63	50	49		13			
3. 水的生产和供应业	1408	688	676		527	185		8
（四）建筑业	75010	62524	6148		12344			142
1. 房屋建筑业	7757	7690	2440		33			34
2. 土木工程建筑业	36105	24229	1895		11833			43
3. 建筑安装业	21656	21191	1157		446			19
4. 建筑装饰和其他建筑业	9492	9414	656		32			46
三、第三产业	326391	141646	125285	66947	61629	5758	1	50410
（一）批发和零售业	187558	82195	76156	66940	37673	52		698
1. 批发业	164175	60759	60155	66856	36461	5		94
2. 零售业	23383	21436	16001	84	1212	47		604
（二）交通运输、仓储和邮政业	9331	8197	3692		257			877
1. 道路运输业	8385	7375	3220		240			770
2. 航空运输业	65	65	65					
3. 装卸搬运和运输代理业	426	413	143		12			1
4. 仓储业	162	157	149		4			1
5. 邮政业	293	187	115		1			105
（三）住宿和餐饮业	1081	1051	440		5			25
1. 住宿业	617	600	292		5			12
2. 餐饮业	464	451	148					13
（四）信息传输、软件和信息技术服务业	8166	2418	7493		9	5704		35
1. 电信、广播电视和卫星传输服务	7724	2080	7340		1	5627		16
2. 互联网和相关服务	15	7						8
3. 软件和信息技术服务业	427	331	153		8	77		11
（五）金融业	38477	16486	16246	7	21918			66
1. 货币金融服务	33382	11882	11856	7	21458			35
2. 资本市场服务	136	62	34		69			5
3. 保险业	4416	4391	4335					25
4. 其他金融业	543	151	21		391			1

国税税收收入分行业分税种情况（三）（2016年）

单位：万元

指标	税收收入合计	国内增值税		国内消费税	企业所得税		个人所得税	车辆购置税
			一般纳税人增值税		内资企业	外资企业		
(六)房地产业	17804	16666	15926		1008			130
1.房地产开发经营	17149	16034	15581		996			119
2.物业管理	274	271	98		3			
3.房地产中介服务	31	22			9			
4.自有房地产经营活动	71	71	29					
5.其他房地产业	279	268	218					11
(七)租赁和商务服务业	6180	5768	1680		234	2		176
1.租赁业	2193	2080	115		14	2		97
2.商务服务业	3987	3688	1565		220			79
(八)科学研究和技术服务业	1795	1643	592		122			30
1.研究和试验发展	3	2						1
2.专业技术服务业	1782	1633	592		122			27
3.科技推广和应用服务业	10	8						2
(九)水利、环境和公共设施管理业	394	351	134					43
1.水利管理业	76	60						16
2.生态保护和环境治理业	106	92	85					14
3.公共设施管理业	212	199	49					13
(十)居民服务、修理和其他服务业	6508	6183	2484		181			144
1.居民服务业	1078	1031	158		27			20
2.机动车、电子产品和日用产品修理业	799	728	342		6			65
3.其他服务业	4631	4424	1984		148			59
(十一)教育	682	379	264		122			181
其中：高等教育	8	7						1
技能培训、教育辅助及其他教育	657	369	264		122			166
(十二)卫生和社会工作	88	16	5					72
1.卫生	87	16	5					71
2.社会工作	1							1
(十三)文化、体育和娱乐业	270	263	173		1			6
1.新闻和出版业	82	80	79					2
2.广播、电视、电影和影视录音制作业	39	37	26					2
3.文化艺术业	16	16	4					
4.体育	28	28	27					
5.娱乐业	105	102	37		1			2
(十四)公共管理、社会保障和社会组织	33799	29			99			33671
(十五)其他行业	14258	1					1	14256

地税税收收入分县区情况

单位：万元

县　　区	2016年	2015年	增长（%）
各项收入总计	856210	929692	-7.9
一、税收收入	831386	898028	-7.4
七星关区	228081	241112	-5.4
大方县	64068	70530	-9.2
黔西县	61454	72782	-15.6
金沙县	160362	153438	4.5
织金县	72301	107697	-32.9
纳雍县	69871	68519	2.0
威宁县	88419	94062	-6.0
赫章县	40199	30617	31.3
百里杜鹃管理区	13552	17427	-22.2
金海湖新区	33079	41844	-21.0
二、非税收入	24824	31664	-21.6
七星关区	7775	8914	-12.8
大方县	1703	3383	-49.7
黔西县	2339	2900	-19.3
金沙县	4018	4200	-4.3
织金县	2447	3965	-38.3
纳雍县	1289	1998	-35.5
威宁县	2723	3253	-16.3
赫章县	1162	1546	-24.8
百里杜鹃管理区	435	535	-18.7
金海湖新区	933	970	-3.8

注：地税数据由市地方税务局提供。

地税税收收入分税种情况

单位：万元

指　　标	2016 年	2015 年	增长（%）
各项收入总计	856210	929692	-7.9
一、税收收入	831386	898028	-7.4
1. 改征增值税	710		
2. 营业税	159952	254897	-37.3
3. 企业所得税	61454	77180	-20.4
4. 个人所得税	73149	76874	-4.9
5. 资源税	52596	55628	-5.5
6. 土地使用税	46135	23274	98.2
7. 城市维护建设税	53005	53115	-0.2
8. 印花税	10203	8703	17.2
9. 土地增值税	25648	48912	-47.6
10. 房产税	12194	12747	-4.3
11. 车船税	8590	7875	9.1
12. 烟叶税	38237	39948	-4.3
13. 契税	149168	119868	24.4
14. 耕地占用税	140345	119007	17.9
二、非税收入	24824	31664	-21.6
1、教育费附加	7629	7994	-4.6
2、文化事业建设费收入	34	57	-40.4
3、地方教育费附加	5080	5455	-6.9
4、煤炭价格调节基金	0	589	-100.0
5、残疾人就业保障金	4689	3020	55.3
6、工会经费	6131	6764	-9.4
7、价格调节基金	1004	7225	-86.1
8、其他	257	560	-54.1

地税税收收入分行业完成情况表

单位：万元

指　　标	2016 年	2015 年	增长（%）
合计	831386	898028	-7.4
一、第一产业	2159	8917	-75.8
二、第二产业	449536	460953	-2.5
（一）采矿业	88375	112910	-21.7
其中：煤炭开采及洗选业	82825	109133	-24.1
（二）制造业	36433	42895	-15.1
其中：卷烟制造	22142	24413	-9.3
（三）电力、热力、燃气及水的生产和供应业	19296	21379	-9.7
（四）建筑业	305432	283769	7.6
三、第三产业	379691	428158	-11.3
（一）批发和零售业	63791	60325	5.8
（二）交通运输、仓储及邮政业	5899	8487	-30.5
（三）住宿和餐饮业	3167	4457	-28.9
（四）信息传输、软件和信息技术服务业	1976	1960	0.8
（五）金融业	47683	65575	-27.3
（六）房地产业	93038	142105	-34.5
（七）租赁和商务服务业	42979	37878	13.5
（八）科学研究和技术服务业	1968	6093	-67.7
（九）居民服务、修理和其他服务业	23591	11085	112.8
（十）教育	2933	1192	146.1
（十一）卫生和社会工作	5452	3565	52.9
（十二）文化、体育和娱乐业	1156	1682	-31.3
（十三）公共管理、社会保障和社会组织	81418	77609	4.9
（十四）其他行业	4640	6145	-24.5

地税税收收入分企业类型完成情况表

单位：万元

指　　标	2016 年	2015 年	增长（%）
合计	831386	898028	-7.42
一、国有企业	127788	142645	-10.42
二、集体企业	4940	6117	-19.24
三、股份合作企业	6519	9738	-33.06
四、股份公司	509353	513467	-0.80
五、私营企业	55304	71190	-22.31
六、涉外企业	2768	3076	-10.01
七、其它	124714	151795	-17.84

保险业（财产保险）情况（2016年）

单位：万元、件

指标	数值	指标	数值
保费收入	131412.3	赔款支出	70485.4
同比增长（%）	22.6	机动车辆保险	59535.2
机动车辆保险金额	107839.0	企业财产保险	396.5
企业财产保险金额	472.2	货物运输保险	4.3
货物运输保险	33.8	家财险	733.8
家财险	1299.9	工程险	119.1
工程险	413.4	责任险	4300.2
责任险	7143.3	信用保险	0.7
信用保险	18.1	保证保险	194.9
保证保险	1635.1	其它财产保险	0.7
其它财产保险		意外险	1397.7
意外险	3358.3	健康险	154.7
健康险	579.6	农业险	3647.6
农业险	7462.8	赔案件数	111966
机动车辆保险件数	800569	机动车辆保险	106541
企业财产保险件数	150	企业财产保险	29

注：保险数据由市保险行业协会提供。

保险业（人寿保险）情况（2016年）

单位：万元

指标	数值	指标	数值
总保费收入	90213.9	年金给付	3476.1
新单保费	58560.7	满期给付	14060.0
续期保费	31653.2	死亡医疗给付	2422.5
赔款支出	17691.0	退保金额	14417.2

市政公用设施水平（2016年）

指　　标	毕节市	七星关区	大方县	黔西县	金沙县	织金县	纳雍县	威宁县	赫章县
人均日生活用水量（升）	106.7	140.7	71.5	107.9	93.1	118.3	89.0	71.3	119.4
用水普及率（%）	90.2	97.7	89.4	99.7	79.8	97.3	84.2	77.5	95.5
燃气普及率（%）	55.9	82.1	27.4	69.8	40.2	21.2	54.7	44.1	84.0
人均城市道路面积（平方米）	13.3	16.6	7.5	19.6	10.9	8.7	10.8	14.2	10.2
建成区供水管道密度（公里/平方公里）	8.2	15.3	3.0	11.2	4.8	7.8	3.3	3.2	5.6
建成区排水管道密度（公里/平方公里）	5.6	4.7	4.1	6.0	10.2	5.5	8.9	2.4	6.1
建成区绿化覆盖率（%）	20.2	32.1	5.7	36.9	4.4	9.9	13.3	14.2	23.6
建成区绿地率（%）	17.6	30.8	5.4	33.3	1.9	9.7	9.6	8.3	21.0
人均公园绿地面积（平方米）	10.9	21.9	14.5	21.6	1.9	0.9	9.0	4.7	1.1
污水处理总量（万立方米）	8138.5	3389.3	471.4	467.1	959.2	955.3	341.0	1172.6	382.6
污水排放总量（万立方米）	8941.6	3564.0	551.5	578.7	1007.5	1030.5	385.9	1245.5	448.0
城镇污水处理率（%）	91.0	95.5	85.5	80.7	95.2	92.7	88.4	94.1	85.4
生活垃圾处理率（%）	82.1	94.9	79.9	90.7	80.0	80.0	81.0	80.0	25.2
生活垃圾无害化处理率（%）	80.5	94.9	79.9	90.7	80.0	80.0	81.0	80.0	

城市（县城）市政公用设施建设固定资产投资（2016年）

单位：亿元

指　　标	毕节市	七星关区	大方县	黔西县	金沙县	织金县	纳雍县	威宁县	赫章县
本年完成投资合计	153.64	56.05	20.13	26.72	10.44	7.94	15.28	0.99	16.08
供水	3.67		0.39		3.08		0.20		
燃气	0.20						0.20		
道路桥梁	12.12	45.96	15.10	25.65	6.70	1.92	9.62	0.56	15.70
排水	2.80	0.39	2.38				0.02		0.01
污水处理	0.03						0.02		0.01
园林绿化	10.51	8.49	0.95	0.17		0.02	0.40	0.09	0.38
市容环境卫生	5.43	1.19	1.27	0.90	0.20	0.01	1.53	0.33	
垃圾处理	3.41	0.97	0.91	0.86	0.20		0.47		
本年新增固定资产	142.11	64.05	18.98	26.75	0.00	0.03	15.26	0.99	16.05

注：城市（县城）建设数据由市住建局、市水务局提供。

城市（县城）道路和桥梁情况（2016 年）

指 标	毕节市	七星关区	大方县	黔西县	金沙县	织金县	纳雍县	威宁县	赫章县
道路长度（公里）	838.0	217.0	63.8	151.9	80.4	82.5	66.0	108.9	67.5
道路面积（万平方米）	1541.9	442.0	72.3	292.5	178.0	98.8	103.0	264.8	90.5
人行道	389.8	130.0	17.1	45.0	38.0	14.3	27.0	92.8	25.6
桥梁数（座）	93	39	5	2	23	12	4		8
大桥及特大桥	7	2					2		3
立交桥	5	2							3
道路照明灯盏数（盏）	57589	5340	1900	16800	7695	22509	1000	1040	1305
安装路灯的道路长度（公里）	384.1	135.5	35.0	46.0	80.0	47.2	17.0	10.4	13.0
城市照明总用电量（万千瓦时）	1726	140	48	780	180	500	20	21	37
城市照明装灯总功率（千瓦）	4247	353	162	2410	350	750	50	62	10

城市（县城）维护建设资金（财政性资金）收支情况（2016 年）

单位：亿元

指 标	毕节市	七星关区	大方县	黔西县	金沙县	织金县	纳雍县	威宁县	赫章县
城市（县城）市政公用设施建设维护管理财政性资金收入	60.70	18.48	8.17	3.71	0.23	2.93	25.74	0.94	0.51
中央预算资金	5.42	4.82		0.60					
省级预算资金	0.53	0.30		0.15			0.05	0.04	
市（县）级预算资金	54.63	13.31	8.17	2.96	0.17	2.93	25.69	0.90	0.51
城市维护建设税	6.04	2.77	0.12	0.32	0.02	1.65	0.84	0.12	0.19
城市公用事业附加	0.69	0.07		0.04	0.01	0.39	0.13	0.06	
城市基础设施配套费	2.49	1.52		0.08	0.01	0.36	0.07	0.44	0.01
国有土地使用权出让收入	18.91	4.97	4.36	2.41			7.00	0.17	0.001
市政公用设施有偿使用费	2.91	1.93	0.05	0.12	0.14	0.08	0.44	0.12	0.03
污水处理费	0.39	0.11	0.02	0.06	0.08	0.02	0.05	0.03	0.02
垃圾处理费	0.37	0.08	0.01	0.07	0.06	0.06	0.01	0.09	0.002
其他资金	0.11	0.06			0.06				
城市（县城）市政公用设施建设维护管理财政性资金支出	65.87	3.72	5.48	37.69	0.21	1.81	15.88	0.77	0.32
城乡社区规划与管理	2.51	1.29	0.33	0.14		0.36	0.09	0.14	0.17
市政公用行业市场监管	3.56	0.05	3.41			0.03	0.07		
市政公用设施建设维护与管理	56.53	1.44	0.47	37.48	0.09	1.38	15.01	0.52	0.15
风景名胜区规划与保护	1.36		0.52			0.01	0.72	0.11	
其他	1.90	0.94	0.75	0.06	0.12	0.03			

建设用地情况（2016年）

单位：平方公里

指标	毕节市	七星关区	大方县	黔西县	金沙县	织金县	纳雍县	威宁县	赫章县
城区（县城）面积	649.84	166.09	22.60	19.00	23.88	33.21	104.80	168.00	112.26
建成区面积	151.9	43.0	15.4	18.6	18.1	9.0	14.0	24.7	9.1
城市规划建设用地面积	221.5	55.0	17.3	22.5	20.2	14.0	14.0	50.0	28.5
城市现状建设用地面积	132.2	40.4	8.4	15.8	12.9	8.0	13.1	24.7	8.9
居住用地	52.0	12.0	3.7	6.5	1.9	4.3	7.5	11.4	4.7
公共管理与公共服务用地	11.5	4.0	1.3	1.5	1.3	0.5	0.7	1.8	0.4
商业服务业设施用地	11.6	4.2	0.6	1.5	0.8	0.3	0.6	2.8	0.9
工业用地	15.3	8.3	0.1	1.0	2.0	0.0	0.7	2.4	0.8
物流仓储用地	7.2	3.0	0.5	0.5	1.5	0.1	0.2	1.4	0.1
道路与交通设施用地	11.7	1.9	0.9	1.5	2.2	1.1	1.5	1.8	0.9
公用设施用地	6.6	2.0	0.2	1.2	1.3	0.2	0.5	1.0	0.2
绿地与广场用地	16.3	5.0	1.1	2.1	2.0	1.6	1.3	2.3	0.9
本年征用土地面积	6.3	2.3			1.8	0.4			1.8
#耕地	2.9	1.0							1.8

公路里程基本情况（2016年）

单位：公里

指　　标	合计	交通局	公路局	营运管理中心（高速路）
公路里程	31688	29440	1576	672
其中：高级	672			672
一级	101	21	80	
二级	912	135	777	
三级	1281	585	696	
四级	18969	18946	23	
等外级	9753	9753		
其中：国高	372			372
省高	301			301
国道	1118	130	988	
省道	2394	1934	460	
县道	5419	5291	128	
乡道	7807	7807		
村道	14277	14277		
其中：七星关区	4170	3810	204	156
大方县	3951	3540	315	95
黔西县	3183	2874	195	114
金沙县	3402	3273	65	64
织金县	3015	2767	183	65
纳雍县	4254	3990	164	100
威宁县	5902	5599	279	24
赫章县	3813	3588	171	54

注：交通运输数据由市交通运输局提供。

城市公共交通情况（2016 年）

单位：辆

县　　区	公交车		公交线路	出租汽车	
		新能源车			清洁能源车
毕节市	605	246	67	2659	470
七星关区	246	236	16	837	470
大方县	27	4	7	292	
黔西县	67	6	11	295	
金沙县	77		9	280	
织金县	56		7	230	
纳雍县	40		7	100	
赫章县	30		4	251	
威宁县	62		6	349	

公路里程基本情况（2016 年）

单位：公里

路线名称	境内里程（公里）	涉及县（区）里程
国家高速公路		
杭瑞高速公路遵义至毕节段（毕节境）	113.5	七星关区 7.8 公里、大方县 62.8 公里、金沙县 34 公里、百里杜鹃 8.9 公里
杭瑞高速毕节至都格段（毕节境）	76.8	七星关区 20.8 公里、纳雍县 56 公里
厦蓉高速清镇至织金段（毕节境）	35.8	织金县 35.8 公里
厦蓉高速织金至纳雍段	71.2	织金县 32.3 公里、纳雍县 38.9 公里
厦蓉高速毕节至生机段	75	七星关区 75 公里
省规高速公路		
黔西至织金高速公路	36.9	黔西县 26.4 公里、织金县 10.5 公里
毕节至威宁高速公路	125.9	七星关区 49.4 公里、赫章县 57.2 公里、威宁县 19.3 公里
黔西至大方高速公路石板至东关段	51.8	大方县 32.3 公里、黔西县 19.5 公里
贵阳至黔西高速公路（毕节境）	24.3	黔西县 24.3 公里
白腊坎至黔西高速公路（毕节境）	53.3	黔西县 53.3 公里
息烽至黔西高速公路（毕节境）	49.3	黔西县 49.3 公里
市规高速公路		
飞雄机场高速公路	6.9	七星关区 2.6 公里、大方县 4.3 公里

邮政业务发展情况

指　　标	2016年	指标	2016年
邮政业业务收入（亿元）	3.5	国内异地业务量	502.8
邮政业务收入	2.3	港澳台及国际业务量	0.3
快递业务收入	1.2	快递业务收入（亿元）	1.2
邮政业业务总量（亿元）	3.3	国内同城业务收入	0.2
邮政业务总量（万件）	2694.7	国内异地业务收入	0.7
快递业务量（万件）	643.6	港澳台及国际业务收入	
国内同城业务量	140.5	其他	0.4

注：本表数据由市邮管局提供。

电信业务情况（2016年）

单位：亿元、万户

县　　区	业务收入	移动电话			互联网		固定电话
			4G用户	3G用户		无线上网卡	
毕节市	31.67	432.49	241.17	80.06	331.87	4.78	21.83
七星关区	7.48	100.55	55.93	23.60	162.61	4.01	6.77
大方县	3.50	49.65	27.45	8.77	94.79	0.11	2.14
黔西县	3.59	47.47	27.10	8.10	12.95	0.15	3.01
金沙县	3.03	38.42	21.96	6.86	10.61	0.08	2.66
织金县	3.50	48.15	27.70	7.30	12.64	0.13	2.27
纳雍县	2.87	39.81	21.20	7.53	10.94	0.07	1.51
威宁县	4.87	69.44	38.24	11.59	17.79	0.13	2.01
赫章县	2.83	39.00	21.61	6.31	9.53	0.10	1.44

注：本表数据由通信传输部门提供。

水资源总量情况表（2016 年）

单位：亿吨 / 年

指 标	毕节市	七星关区	大方县	黔西县	金沙县	织金县	纳雍县	威宁县	赫章县	百里杜鹃
总供水量	11.25	1.93	1.55	1.20	1.76	1.25	1.52	1.26	0.63	0.15
总用水量	11.25	1.93	1.55	1.20	1.76	1.25	1.52	1.26	0.63	0.15
总耗水量	5.77	0.85	0.83	0.62	0.85	0.68	0.80	0.72	0.36	0.06
水资源总量	134.87	16.86	16.90	12.82	13.91	20.79	14.49	20.34	17.09	1.67
地下水资源量	43.45	5.90	6.10	2.62	2.23	6.32	5.40	8.10	6.49	0.28
地表水资源量	134.87	16.86	16.90	12.82	13.91	20.79	14.49	20.34	17.09	1.67

注：本表数据由市水务局提供。

森林资源情况（2016 年）

县 区	森林面积（万亩）	国土面积（万亩）	森林覆盖率（%）
毕节市	2025.44	4027.95	50.28
七星关区	255.51	473.63	53.95
大方县	200.15	428.19	46.74
黔西县	161.56	356.87	45.27
金沙县	217.90	379.20	57.46
织金县	229.67	430.05	53.41
纳雍县	199.18	367.23	54.24
威宁县	406.56	944.45	43.05
赫章县	277.80	486.77	57.07
百里杜鹃管理区	45.82	72.90	62.85
金海湖新区	31.29	88.67	35.29

注：林业数据由市林业局提供。

湿地公园名录（2016年）

名　　称	类型	总面积（公顷）	所在行政区域	主要保护对象
纳雍大坪箐国家湿地公园	湿地	1074.0	张家湾镇、王家寨镇、水东乡三乡（镇）交界处	以灌丛沼泽、森林沼泽、草本沼泽以及藓类沼泽型湿地为主，兼有人工库塘型湿地
威宁县锁黄仓国家湿地公园	湿地	244.7	威宁县草海镇	高原湿地
黔西水西柯海国家湿地公园	湿地	490.6	黔西县金碧镇、绿化乡	湖泊湿地
毕节七星关干堰塘市级湿地公园	湿地	378.8	长春堡镇干堰村和犀牛村	库塘湿地
毕节金沙西洛河市级湿地公园	湿地	170.0	金沙县平坝镇	库塘湿地
毕节织金绮陌河市级湿地公园	湿地	7147.0	织金县桂果镇	河流湿地
毕节纳雍白水河市级湿地公园	湿地	50.2	纳雍县居仁街道办事处	草本沼泽
毕节威宁海舍市级湿地公园	湿地	113.1	威宁路炉山镇	湖泊湿地

林业系统自然保护区名录（2016年）

名　　称	类型	总面积（公顷）	所在行政区域	主要保护对象
贵州草海国家级自然保护区	湿地	9600.0	威宁县草海镇	黑颈鹤等珍稀鸟类及高原湿地生态系统
贵州百里杜鹃省级自然保护区	森林生态	9669.1	百里杜鹃管理区	杜鹃及其森林生态系统
纳雍珙桐省级自然保护区	野生生物类	11398.2	纳雍县纳雍林场	光叶珙桐、云贵水韭、十齿花等国家一级保护珍稀植物及其生境
威宁县黄杉县级自然保护区	野生植物	937.0	威宁县黑石、哲觉、么站、草海镇，麻乍、金斗乡	国家二级保护植物黄杉及其森林生态系统
金沙县冷水河县级自然保护区	森林生态	30041.0	金沙县平坝、大田、太平、石场、桂花、箐门乡	森林生态系统
金沙县福建柏自然保护区（县级）	野生植物	100.0	金沙县箐门乡	国家二级保护植物福建柏及其森林生态系统
威宁县妥打白冠长尾雉自然保护区（县级）	野生动物	9393.0	威宁县雪山、观风海镇	国家二级保护动物白冠长尾雉及其生存环境
毕节市罩子山县级自然保护区	森林生态	2513.4	七星关区燕子口、林口、生机、团结、亮岩等五个乡镇	森林生态系统
毕节市乌箐县级自然保护区	森林生态	1296.2	七星关区岔河镇	森林生态系统
大方县福建柏自然保护区（县级）	野生植物	56.0	大方县雨冲乡	国家二级保护植物福建柏和整个森林生态系统

森林公园名录（2016 年）

名　　称	面积（公顷）	所在行政区域
毕节国家森林公园	4133	七星关区
百里杜鹃国家森林公园	12580	黔西县、大方县
赫章夜郎国家森林公园	4733	赫章县
贵州油杉河大峡谷国家森林公园	5177.9	大方县
金沙三丈水省级森林公园	4650	金沙县
金沙冷水河省级森林公园	27351	金沙县
大方县大海坝省级森林公园	677.6	大方县
织金县桂花省级森林公园	739.4	织金县
七星关马家坪市级森林公园	896	七星关区
金沙偏岩河市级森林公园	2285	金沙县
纳雍莲花山市级森林公园	491	纳雍县
纳雍县小湖坝县级森林公园	1066.7	纳雍县
黔西县水西县级森林公园	4297.7	黔西县

国有林场基本情况（2016 年）

林场名称	面积（亩）
七星关区白马山林场	68735
七星关区拱拢坪国有林场	50520
大方县大海坝国有林场	20040
黔西县国营林场（国有林场）	21060
金沙县国有石仓林场	19200
织金县国营桂花林场	41600
纳雍县国有纳雍林场	233600
纳雍县国有化作林场	107600
威宁县国有新华林场	9500
威宁县国有黑石林场	11900
威宁县木材公司	49900
赫章县水塘林场	35610
赫章县国营平山林场	30570
百里杜鹃九龙山国有林场	17203

绿色毕节行动营造

县区	总面积	其中：经果林建设	按工程			
			2015年新一轮退耕还林	2015年巩固退耕还林成果	2015年新增巩退	2015年省级财政县乡村造林绿化
毕节市	179.7	64.7	40.5	29.0	5.2	19.5
七星关区	30.5	12.3	8.3	4.0	0.6	5.0
大方县	24.9	4.8	0.7	5.2	0.6	7.0
黔西县	11.3	8.6	0.9	2.6	0.6	
金沙县	18.9	4.1	2.9	4.9		1.0
织金县	20.5	5.6	4.2	3.7	0.6	3.0
纳雍县	14.8	8.0	2.6	2.3	0.6	2.5
威宁县	31.3	8.2	8.2	2.1	0.6	1.0
赫章县	22.6	10.9	10.9	2.9	0.6	
百里杜鹃管理区	1.6	0.8	0.5	0.5		
金海湖新区	3.2	1.5	1.3	0.9	1.0	

森林病虫鼠害发生

县区	发生情况			
	总计	病害	虫害	鼠害
毕节市	108.89	4.06	102.85	2.00
七星关区	12.36	1.66	10.70	
大方县	3.64		2.85	0.80
黔西县	2.25		2.25	
金沙县	4.10	0.06	4.05	
织金县	10.40		10.40	
纳雍县	5.43	1.34	2.89	1.20
威宁县	54.74	1.00	53.74	
赫章县	15.97		15.97	

林情况（2016 年）

单位：万亩

类别分						按营造林方式分	
2015 年植被恢复费项目	2015 年石漠化综合治理工程	2015 年农发项目	2014 年天保结余资金	2015 年木材战略储备基地林	市、县级财政出资县乡村造林	人工造林	封山育林
13.3	18.2	0.3	0.3	0.1	53.4	89.5	90.2
4.0	3.0				5.7	14.2	16.3
2.2	2.5		0.3		6.4	8.6	16.3
0.7	2.4	0.3			3.8	6.6	4.7
0.2	1.2				8.7	8.4	10.4
4.5	3.0				1.5	9.3	11.2
0.4	1.0			0.1	5.3	8.5	6.3
0.7	3.6				15.2	14.2	17.1
0.5	0.9				6.8	15.2	7.5
	0.6					1.3	0.3
						3.2	

防治情况（2016 年）

单位：万亩、%、‰

防治情况			成灾情况		测报准确率（≧ 85%）	种苗产地检疫率（=100%）
防治面积	无公害防治面积	无公害防治率（≧ 85%）	成灾面积	成灾率（≦ 3‰）		
70.49	69.82	99.1	0.21	0.11	95.6	100
7.44	7.44	100.0			95.0	100
2.52	1.84				98.5	100
2.25	2.25	100.0			89.5	100
4.10	4.10	100.0	0.06	0.30	91.1	100
7.80	7.80	100.0	0.10	0.50	95.0	100
5.09	5.09	100.0			96.0	100
25.95	25.95		0.05	0.13	97.0	100
15.35	15.35				95.0	100

森林火灾情况

县　　区	森林火灾次数（次）			火场总面积（公顷）
		一般火灾	较大火灾	
毕节市	1		1	5.25
威宁县	1		1	5.25

注：火灾受害率等于受害森林面积除以2005年各县“二调”森林面积。

环境保护情况

指　　标	毕节市	七星关区	大方县	黔西县
废水排放总量（万吨）	11913.0	2610.2	1734.4	927.1
COD排放总量（吨）	40603.1	8191.7	4340.0	4703.8
氨氮排放总量（吨）	4769.2	1028.8	526.6	543.6
SO2排放总量（吨）	125134.9	18174.6	11351.5	23357.3
氮氧化物排放总量（吨）	68380.6	6026.2	3957.1	15245.2
烟粉尘排放总量（吨）	32567.0	5014.3	4559.8	3853.0
工业固废产生量（万吨）	1220.8	59.9	157.8	214.9
固废综合利用量（万吨）	756.9	55.6	117.2	202.6
优良天数（天）		357	350	312
优良率（%）		97.5	97.2	90.2

注：本表数据由市环保局提供。

（2016 年）

受灾森林面积（公顷）	天然林（公顷）	人工林（公顷）	火灾受害率（‰）
5.25		5.25	
5.25		5.25	0.0043

（2016 年）

金沙县	织金县	纳雍县	威宁县	赫章县	百里杜鹃	金海湖
1195.8	1250.2	1134.3	1001.1	867.9	972.5	219.4
3878.5	5012.8	4089.4	5714.9	2570.1	1469.2	632.6
489.3	551.9	427.4	706.3	311.6	104.9	78.6
28893.0	11576.9	23175.1	4182.9	3003.8	734.8	685.0
18294.4	3019.1	17802.6	1799.4	630.1	78.1	1528.5
6676.2	3415.5	3945.0	2683.2	1175.4	311.3	933.4
203.2	206.5	341.7	2.7	4.0	25.9	4.2
141.4	101.0	128.1	2.7	4.0		4.2
337	311	328	327	338		
96.8	96.3	96.8	99.7	96.3		

各类伤亡事故情况（按行业）（2016年）

名称	总计		一般事故		较大事故	
	事故起数	死亡人数	事故起数	死亡人数	事故起数	死亡人数
合计	269	130	265	115	4	15
工矿商贸合计	9	14	8	9	1	5
# 金属非金属矿山	1	1	1	1		
建筑施工	7	12	6	7	1	5
工商贸其他	1	1	1	1		
道路运输	256	114	253	104	3	10
铁路交通	3	1	3	1		
其他	1	1	1	1		

各类伤亡事故情况（按事故地区）（2016年）

名称	总计		一般事故		较大事故	
	事故起数	死亡人数	事故起数	死亡人数	事故起数	死亡人数
合计	269	130	265	115	4	15
七星关区	27	22	27	22		
大方县	26	17	26	17		
黔西县	35	16	35	16		
金沙县	27	7	27	7		
织金县	74	11	74	11		
纳雍县	29	22	28	18	1	4
赫章县	23	25	20	14	3	11
百里杜鹃	6	6	6	6		
金海湖新区	22	4	22	4		

注：本页数据由市安监局提供。因安全生产统计制度改革，事故数据统计口径有所调整，与2015年数据不可比。

居民消费价格指数

单位：上年同期 =100

指　标	2016年
居民消费价格总指数	102.0
非食品烟酒价格指数	101.1
食品（原口径）指数	104.4
非食品（原口径）指数	101.0
服务价格指数	102.7
工业品价格指数	99.4
鲜活食品价格指数	108.4
消费品价格指数	101.5
能源价格指数	97.6
非食品价格指数	101.0
扣除食品和能源价格指数	101.3
扣除鲜菜鲜果价格指数	101.7
扣除自有住房价格指数	101.6
居住（扣自有住房）价格指数	98.6
一、食品烟酒	103.9
1. 食品	105.8
（1）粮食	103.8
（2）薯类	98.6
（3）豆类	104.6
（4）食用油	107.4
（5）菜	111.3
（6）畜肉类	115.1
（7）禽肉类	94.3
（8）水产品	99.8
（9）蛋类	94.5
（10）奶类	96.8
（11）干鲜瓜果类	100.2
（12）糖果糕点类	102.1
（13）调味品	99.7
（14）其他食品类	96.9
2. 茶及饮料	97.3
3. 烟酒	98.7

居民消费价格指数（续）

单位：上年同期 =100

指　　标	2016 年
4. 在外餐饮	101.3
二、衣着	99.5
1. 服装	99.7
2. 服装材料	100.0
3. 其他衣着及配件	99.8
4. 衣着加工服务费	107.4
5. 鞋类	98.5
三、居住	102.0
1. 租赁房房租	91.8
2. 住房保养维修及管理	100.1
3. 水电燃料	99.4
4. 自有住房	104.8
四、生活用品及服务	98.9
1. 家具及室内装饰品	99.0
2. 家用器具	99.2
3. 家用纺织品	98.0
4. 家庭日用杂品	97.9
5. 个人护理用品	100.7
6. 家庭服务	100.0
五、交通和通信	99.2
1. 交通	98.9
2. 通信	99.7
六、教育文化和娱乐	103.0
1. 教育	101.7
2. 文化娱乐	104.3
七、医疗保健	102.0
1. 药品及医疗器具	104.5
2. 医疗服务	100.0
八、其他用品和服务	102.8
1. 其他用品类	102.9
2. 其他服务类	102.7

商品零售价格指数

单位：上年同期 =100

指　　标	2015 年	2016 年
商品零售价格总指数	100.1	100.5
一、食品	101.0	105.4
二、饮料、烟酒	105.0	98.4
三、服装、鞋帽	99.7	99.4
四、纺织品	98.0	97.7
五、家用电器及音像器材	99.0	98.8
六、文化办公用品	100.0	100.5
七、日用品	102.3	98.3
八、体育娱乐用品	102.3	99.4
九、交通、通信用品	98.3	98.0
十、家具	99.2	98.7
十一、化妆品	103.9	100.6
十二、金银珠宝	89.7	107.2
十三、中西药品及医疗保健用品	103.2	104.6
十四、书报杂志及电子出版物	100.1	99.8
十五、燃料	95.2	95.3
十六、建筑材料及五金电料	99.7	100.3

中心城区居民消费价格各月环比指数（上月为100）

项　　目	1月	2月	3月	4月	5月	6月	7月	8月	9月	10月	11月	12月
居民消费价格总指数	100.8	101.3	99.9	99.9	99.2	100.2	100.1	100.3	100.3	99.7	100.0	100.2
非食品烟酒价格指数	100.1	99.6	100.7	100.5	99.6	100.4	100.8	100.1	100.1	99.6	99.9	100.3
食品（原口径）指数	102.7	105.7	97.9	98.6	98.0	99.3	98.2	100.8	100.9	100.1	100.4	100.1
非食品（原口径）指数	100.0	99.5	100.8	100.4	99.6	100.5	100.8	100.1	100.1	99.6	99.9	100.3
服务价格指数	100.5	99.3	101.3	101.0	99.3	100.9	101.5	100.2	99.5	99.4	99.6	100.4
工业品价格指数	99.7	99.9	100.1	100.0	100.0	99.9	100.0	99.9	100.8	99.8	100.2	100.2
鲜活食品价格指数	106.2	113.4	95.5	96.7	95.3	98.3	96.3	101.8	102.0	99.9	100.6	100.2
消费品价格指数	100.9	102.4	99.1	99.3	99.1	99.8	99.3	100.3	100.8	99.9	100.3	100.1
能源价格指数	98.8	99.5	100.0	100.0	101.5	101.6	99.8	99.0	102.6	99.0	100.5	101.3
非食品价格指数	100.0	99.6	100.7	100.4	99.7	100.5	100.7	100.1	100.1	99.7	99.9	100.3
扣除食品和能源价格指数	100.1	99.6	100.7	100.4	99.5	100.4	100.8	100.1	99.9	99.7	99.9	100.2
扣除鲜菜鲜果价格指数	100.4	100.3	100.2	100.3	99.6	100.4	100.4	100.1	100.1	99.7	99.9	100.3
扣除自有住房价格指数	101.3	101.5	99.1	99.5	99.4	100.0	99.8	100.3	100.4	99.7	100.0	100.3
居住(扣自有住房)价格指数	98.6	99.7	100.1	100.0	100.0	100.0	100.0	100.0	100.0	99.8	100.3	100.2
一、食品烟酒	102.2	105.1	98.2	98.6	98.1	99.6	98.4	100.7	100.8	100.1	100.3	100.0
1. 食品	103.7	108.0	97.2	98.2	97.3	98.9	97.6	101.1	101.2	100.0	100.4	100.1
（1）粮食	103.5	100.0	100.0	99.7	100.3	100.0	100.0	100.0	100.0	100.2	101.2	100.1
（2）薯类	100.0	100.0	103.6	105.5	104.8	99.3	97.5	95.8	94.1	100.0	100.0	100.0
（3）豆类	101.2	101.0	100.0	101.1	102.2	100.0	100.0	99.0	99.9	100.4	100.0	100.0
（4）食用油	97.3	102.8	99.5	100.2	100.0	98.8	99.2	100.5	100.5	100.4	99.7	99.8
（5）菜	110.5	126.6	94.6	93.6	87.0	91.1	94.5	106.2	107.7	101.5	103.5	98.2
（6）畜肉类	104.5	108.0	97.3	99.8	99.0	100.0	98.7	100.2	98.8	99.5	99.2	100.7
（7）禽肉类	102.0	106.2	95.2	97.0	97.4	99.6	98.7	100.2	102.4	99.9	99.8	99.0
（8）水产品	100.5	110.0	94.7	99.5	99.5	102.2	100.7	97.6	97.0	101.6	101.1	99.9
（9）蛋类	100.3	100.0	91.2	94.1	99.7	103.9	101.0	102.2	100.7	98.6	100.5	101.3
（10）奶类	100.0	100.1	99.4	98.3	99.0	97.5	99.6	99.7	102.3	100.8	100.0	98.4
（11）干鲜瓜果类	105.0	104.0	97.3	97.8	101.4	104.8	92.3	101.5	100.0	97.4	98.9	103.0
（12）糖果糕点类	101.4	98.0	103.9	100.5	100.1	99.6	95.6	101.3	102.1	100.2	100.5	100.0
（13）调味品	100.0	100.0	98.4	101.8	99.8	100.0	99.5	100.5	100.0	100.0	99.4	99.9
（14）其他食品类	98.1	100.3	96.7	101.9	100.4	100.4	98.2	98.7	101.6	101.2	100.3	100.4
2. 茶及饮料	99.8	100.1	98.9	98.2	98.4	101.3	99.3	99.8	100.9	100.1	100.1	100.0
3. 烟酒	97.7	98.3	101.5	98.1	99.6	103.1	100.2	100.2	99.8	100.1	100.1	100.0

中心城区居民消费价格各月环比指数（上月为100）（续）

项 目	1月	2月	3月	4月	5月	6月	7月	8月	9月	10月	11月	12月
4. 在外餐饮	100.0	100.0	100.0	100.0	100.0	100.0	100.0	100.0	100.0	100.2	100.2	100.0
二、衣着	100.0	99.8	99.5	100.0	100.0	100.0	100.0	100.0	100.0	100.0	100.0	100.0
1. 服装	100.0	99.7	99.9	100.0	100.0	100.0	100.0	100.0	100.0	100.0	100.0	100.0
2. 服装材料	100.0	100.0	100.0	100.0	100.0	100.0	100.0	100.0	100.0	100.0	100.0	100.0
3. 其他衣着及配件	100.0	100.0	100.0	100.0	100.0	100.0	100.0	100.0	100.0	100.0	100.2	100.0
4. 衣着加工服务费	100.0	100.0	100.0	100.0	100.0	100.0	100.0	100.0	100.0	100.0	100.0	100.0
5. 鞋类	100.0	100.0	98.2	100.0	100.0	100.0	100.0	100.0	100.0	100.0	100.0	100.0
三、居住	97.4	99.9	103.8	101.8	98.6	100.9	101.2	100.0	100.0	99.9	100.1	100.1
1. 租赁房房租	92.3	100.0	101.0	100.0	100.0	98.6	100.0	100.0	100.0	97.8	100.0	100.0
2. 住房保养维修及管理	100.0	100.0	100.0	99.9	100.0	100.0	100.0	100.0	100.0	99.9	100.1	100.1
3. 水电燃料	99.4	99.4	100.0	100.0	100.1	100.3	100.0	100.0	100.0	100.4	100.5	100.4
4. 自有住房	96.4	100.0	106.9	103.2	97.6	101.6	102.2	100.0	100.0	100.0	100.0	100.0
四、生活用品及服务	99.7	100.1	99.4	100.1	99.4	99.6	100.1	99.9	99.9	99.5	100.4	99.6
1. 家具及室内装饰品	100.0	100.0	100.0	100.0	100.0	100.0	100.0	100.0	100.0	100.0	100.0	100.0
2. 家用器具	100.0	100.0	100.0	99.0	100.3	100.0	100.0	100.0	100.0	99.3	100.7	100.0
3. 家用纺织品	100.0	100.0	97.7	100.0	100.0	100.0	100.0	100.0	100.0	100.0	99.7	99.7
4. 家庭日用杂品	99.2	100.3	99.1	100.9	98.1	98.3	100.6	99.7	100.0	99.0	100.8	98.8
5. 个人护理用品	100.0	100.2	99.5	100.4	99.8	101.1	99.2	100.4	99.4	100.1	100.0	100.0
6. 家庭服务	100.0	100.0	100.0	100.0	100.0	100.0	100.0	100.0	100.0	100.0	100.0	100.0
五、交通和通信	100.5	100.3	99.6	100.1	100.7	100.4	100.3	99.4	101.1	98.9	99.8	100.3
1. 交通	100.9	100.5	99.3	100.3	101.3	100.7	100.6	99.0	101.9	98.2	99.6	100.5
2. 通信	100.0	100.0	100.0	99.8	100.0	99.9	99.9	100.0	100.0	100.0	100.0	100.0
六、教育文化和娱乐	104.3	97.7	98.3	99.9	99.8	100.9	101.9	100.5	98.9	98.9	99.0	101.5
1. 教育	100.0	100.0	100.0	100.0	100.0	100.0	100.0	100.0	100.0	100.0	100.0	100.0
2. 文化娱乐	108.7	95.7	96.8	99.9	99.7	101.7	103.8	101.0	97.8	97.8	98.0	103.0
七、医疗保健	100.0	100.0	101.1	100.1	100.0	100.0	100.0	100.6	101.4	100.3	100.3	100.5
1. 药品及医疗器具	100.0	100.0	102.6	100.3	100.0	100.0	100.0	101.4	103.2	100.7	100.6	101.0
2. 医疗服务	100.0	100.0	100.0	100.0	100.0	100.0	100.0	100.0	100.0	100.0	100.0	100.1
八、其他用品和服务	101.5	100.6	100.9	100.0	100.0	100.4	101.0	99.9	100.2	100.0	99.9	98.9
1. 其他用品类	99.4	101.3	102.1	100.0	100.1	101.2	102.3	99.8	100.6	100.0	99.7	97.6
2. 其他服务类	103.2	100.0	100.0	100.0	100.0	99.8	100.0	100.0	99.9	99.9	100.0	100.0

中心城区居民消费价格各月同比指数（上年同月为100）

项　　目	1月	2月	3月	4月	5月	6月	7月	8月	9月	10月	11月	12月
居民消费价格总指数	101.1	101.6	102.8	102.8	102.0	102.4	102.5	101.5	101.4	101.8	101.6	101.9
非食品烟酒价格指数	99.8	98.8	100.7	101.2	100.9	101.3	102.0	101.6	101.7	102.1	101.4	101.8
食品（原口径）指数	104.6	108.8	108.4	107.2	105.6	105.6	104.3	101.5	100.9	101.3	102.6	102.4
非食品（原口径）指数	99.8	98.8	100.7	101.1	100.7	101.2	101.8	101.4	101.5	102.0	101.3	101.7
服务价格指数	100.9	98.9	102.1	103.2	102.8	103.8	104.8	103.7	103.0	104.2	102.5	103.0
工业品价格指数	98.7	98.7	99.1	99.2	98.8	98.8	99.0	99.3	100.2	100.0	100.2	100.6
鲜活食品价格指数	107.6	116.9	116.7	113.5	109.5	110.2	108.4	103.0	101.8	102.4	105.7	105.1
消费品价格指数	101.3	103.1	103.2	102.6	101.6	101.6	101.2	100.2	100.5	100.5	101.2	101.3
能源价格指数	93.7	93.3	95.1	95.4	94.9	96.4	97.2	98.4	101.8	100.4	101.4	103.7
非食品价格指数	100.1	99.1	100.8	101.2	100.8	101.2	101.8	101.3	101.4	101.8	101.2	101.6
扣除食品和能源价格指数	100.6	99.6	101.3	101.7	101.3	101.6	102.1	101.5	101.3	101.9	101.2	101.4
扣除鲜菜鲜果价格指数	101.0	100.7	101.9	102.3	102.1	102.4	102.6	101.3	101.1	101.6	101.2	101.6
扣除自有住房价格指数	101.7	102.2	102.8	102.4	101.8	102.0	101.9	100.7	100.6	101.1	100.9	101.2
居住（扣自有住房）价格指数	98.9	98.6	98.7	98.7	98.7	98.5	98.5	98.5	98.4	98.3	98.5	98.8
一、食品烟酒	104.2	107.9	107.7	106.4	104.7	104.9	103.8	101.2	100.7	101.0	102.2	102.0
1. 食品	105.6	111.3	110.9	109.3	107.1	107.4	105.7	102.2	101.4	101.8	103.5	103.2
（1）粮食	103.4	103.6	103.6	103.2	103.6	103.9	103.8	103.3	103.3	103.7	104.9	105.0
（2）薯类	92.7	92.2	95.2	101.0	105.3	106.9	102.5	98.7	93.8	94.9	100.0	100.0
（3）豆类	102.8	103.5	102.7	103.8	106.1	106.1	106.1	105.0	104.8	104.8	104.8	104.8
（4）食用油	107.4	110.4	111.8	112.6	113.1	111.5	109.8	106.8	104.7	104.6	99.2	98.7
（5）菜	107.0	128.4	129.7	115.6	105.3	102.0	100.4	103.4	107.0	108.5	115.1	109.4
（6）畜肉类	117.4	126.0	126.0	126.1	125.9	124.9	120.3	106.2	102.2	104.3	105.2	105.6
（7）禽肉类	93.1	92.6	90.5	92.6	97.9	96.1	98.5	92.8	92.1	93.9	96.4	96.9
（8）水产品	100.7	105.8	98.2	99.4	99.0	101.2	102.4	97.3	94.2	96.7	100.3	103.5
（9）蛋类	99.7	99.4	93.0	91.1	96.0	99.4	99.5	94.4	90.5	88.1	90.7	92.9
（10）奶类	100.0	100.1	99.5	97.8	96.8	94.4	94.1	93.8	95.9	96.7	96.7	95.2
（11）干鲜瓜果类	99.4	97.6	98.7	101.7	93.2	103.2	100.5	105.5	104.1	97.4	99.3	102.7
（12）糖果糕点类	101.4	99.4	103.3	103.7	103.9	103.5	98.9	100.2	102.3	102.5	102.9	102.9
（13）调味品	100.0	100.0	98.4	100.2	100.0	100.0	99.5	100.0	100.0	100.0	99.4	99.3
（14）其他食品类	98.4	98.8	94.9	96.0	96.4	97.5	95.9	94.8	96.3	97.5	97.7	98.1
2. 茶及饮料	99.8	99.9	98.8	97.1	95.6	96.8	96.1	95.9	96.8	96.8	96.9	96.9
3. 烟酒	99.9	98.8	100.9	99.0	96.9	98.2	98.3	98.6	98.4	98.5	98.6	98.6

中心城区居民消费价格各月同比指数（上年同月为100）（续）

单位：上年同月 =100

项　目	1月	2月	3月	4月	5月	6月	7月	8月	9月	10月	11月	12月
4. 在外餐饮	102.3	102.3	102.3	102.3	102.3	101.5	101.5	100.0	100.0	100.2	100.4	100.4
二、衣着	100.1	99.9	99.4	99.4	99.4	99.4	99.4	99.4	99.4	99.4	99.4	99.3
1. 服装	100.0	99.8	99.7	99.7	99.7	99.7	99.7	99.7	99.7	99.7	99.7	99.7
2. 服装材料	100.0	100.0	100.0	100.0	100.0	100.0	100.0	100.0	100.0	100.0	100.0	100.0
3. 其他衣着及配件	97.9	100.0	100.0	100.0	100.0	100.0	100.0	100.0	100.0	100.0	100.2	100.2
4. 衣着加工服务费	112.3	107.7	107.7	107.7	107.7	107.7	107.7	107.7	107.7	107.7	107.7	100.0
5. 鞋类	100.0	100.0	98.2	98.2	98.2	98.2	98.2	98.2	98.2	98.2	98.2	98.2
三、居住	97.5	97.4	101.1	102.9	101.5	102.3	103.5	103.5	103.5	103.4	103.5	103.6
1. 租赁房房租	92.3	92.3	93.2	93.2	93.2	91.9	91.9	91.9	91.9	89.9	89.9	89.9
2. 住房保养维修及管理	100.5	100.5	100.5	100.4	100.4	99.9	99.9	99.9	99.9	99.8	99.9	99.9
3. 水电燃料	99.6	99.0	99.0	99.0	99.1	99.4	99.4	99.4	99.2	99.6	100.0	100.4
4. 自有住房	96.4	96.4	103.0	106.3	103.7	105.4	107.7	107.7	107.7	107.7	107.7	107.7
四、生活用品及服务	100.0	100.1	99.5	99.7	99.1	98.7	98.8	98.4	98.4	97.9	98.3	97.9
1. 家具及室内装饰品	98.4	98.4	98.4	98.4	98.4	98.4	98.4	99.2	100.0	100.0	100.0	100.0
2. 家用器具	99.7	99.7	99.7	98.7	99.1	99.3	99.3	99.3	99.3	98.6	99.3	99.3
3. 家用纺织品	100.0	100.0	97.7	97.7	97.7	97.7	97.7	97.7	97.7	97.7	97.4	97.1
4. 家庭日用杂品	100.6	101.0	100.1	101.0	99.1	97.4	97.9	96.2	96.2	95.3	96.0	94.9
5. 个人护理用品	100.8	100.9	100.5	100.8	100.7	101.8	100.9	101.4	100.7	100.0	100.0	100.1
6. 家庭服务	100.0	100.0	100.0	100.0	100.0	100.0	100.0	100.0	100.0	100.0	100.0	100.0
五、交通和通信	97.8	97.5	98.2	98.7	98.2	98.7	98.7	99.4	101.6	100.2	100.4	101.5
1. 交通	96.4	95.8	97.0	98.0	97.2	98.1	98.2	99.3	103.0	100.6	100.9	102.8
2. 通信	100.0	100.0	100.0	99.8	99.8	99.7	99.6	99.6	99.6	99.6	99.6	99.6
六、教育文化和娱乐	104.9	99.7	103.4	102.9	104.0	104.9	106.3	103.0	100.8	104.9	100.1	101.6
1. 教育	103.1	103.1	103.1	102.4	102.4	102.4	102.4	102.4	100.0	100.0	100.0	100.0
2. 文化娱乐	106.7	96.6	103.6	103.5	105.7	107.5	110.2	103.6	101.6	110.2	100.1	103.1
七、医疗保健	100.0	100.0	101.1	101.3	101.3	101.3	101.3	101.9	103.3	103.7	103.9	104.5
1. 药品及医疗器具	99.9	100.0	102.6	102.9	102.9	102.9	103.0	104.4	107.8	108.5	109.2	110.2
2. 医疗服务	100.0	100.0	100.0	100.0	100.0	100.0	100.0	100.0	100.0	100.0	100.0	100.1
八、其他用品和服务	100.2	100.5	101.9	101.9	102.1	102.7	103.8	104.1	104.4	104.3	104.4	103.4
1. 其他用品类	97.1	97.5	100.7	100.7	101.2	102.7	105.7	105.9	106.6	106.6	106.3	104.1
2. 其他服务类	102.6	102.9	102.9	102.9	102.9	102.7	102.3	102.7	102.7	102.6	102.8	102.8

中心城区居民消费价格各月累比指数(上年同期(1–X月)为100)

项　　目	1月	2月	3月	4月	5月	6月	7月	8月	9月	10月	11月	12月
居民消费价格总指数	101.1	101.4	101.8	102.1	102.1	102.1	102.2	102.1	102.0	102.0	102.0	102.0
非食品烟酒价格指数	99.8	99.3	99.8	100.1	100.3	100.4	100.7	100.8	100.9	101.0	101.0	101.1
食品(原口径)指数	104.6	106.7	107.2	107.2	106.9	106.7	106.4	105.7	105.2	104.8	104.6	104.4
非食品(原口径)指数	99.8	99.3	99.8	100.1	100.2	100.4	100.6	100.7	100.8	100.9	100.9	101.0
服务价格指数	100.9	99.9	100.6	101.3	101.6	101.9	102.4	102.5	102.6	102.7	102.7	102.7
工业品价格指数	98.7	98.7	98.9	98.9	98.9	98.9	98.9	99.0	99.1	99.2	99.3	99.4
鲜活食品价格指数	107.6	112.4	113.8	113.7	112.9	112.5	111.9	110.8	109.7	109.0	108.7	108.4
消费品价格指数	101.3	102.2	102.5	102.5	102.4	102.2	102.1	101.9	101.7	101.6	101.5	101.5
能源价格指数	93.7	93.5	94.1	94.4	94.5	94.8	95.1	95.5	96.2	96.6	97.1	97.6
非食品价格指数	100.1	99.6	100.0	100.3	100.4	100.5	100.7	100.8	100.8	100.9	101.0	101.0
扣除食品和能源价格指数	100.6	100.1	100.5	100.8	100.9	101.0	101.2	101.2	101.2	101.3	101.3	101.3
扣除鲜菜鲜果价格指数	101.0	100.8	101.2	101.5	101.6	101.7	101.9	101.8	101.7	101.7	101.7	101.7
扣除自有住房价格指数	101.7	102.0	102.2	102.3	102.2	102.2	102.1	101.9	101.8	101.7	101.6	101.6
居住(扣自有住房)价格指数	98.9	98.7	98.7	98.7	98.7	98.7	98.7	98.7	98.6	98.6	98.6	98.6
一、食品烟酒	104.2	106.0	106.6	106.5	106.2	106.0	105.7	105.1	104.6	104.2	104.0	103.9
1. 食品	105.6	108.5	109.3	109.3	108.9	108.6	108.2	107.5	106.8	106.3	106.0	105.8
(1)粮食	103.4	103.5	103.5	103.4	103.5	103.5	103.6	103.6	103.5	103.5	103.7	103.8
(2)薯类	92.7	92.5	93.4	95.3	97.3	98.9	99.4	99.3	98.7	98.3	98.5	98.6
(3)豆类	102.8	103.1	103.0	103.2	103.8	104.2	104.4	104.5	104.5	104.6	104.6	104.6
(4)食用油	107.4	108.9	109.9	110.6	111.1	111.1	110.9	110.4	109.7	109.2	108.2	107.4
(5)菜	107.0	118.0	121.8	120.2	117.3	114.9	113.1	111.9	111.4	111.1	111.4	111.3
(6)畜肉类	117.4	121.7	123.1	123.8	124.2	124.3	123.7	121.3	118.9	117.3	116.1	115.1
(7)禽肉类	93.1	92.8	92.1	92.2	93.2	93.7	94.3	94.1	93.9	93.9	94.1	94.3
(8)水产品	100.7	103.3	101.5	101.0	100.6	100.7	100.9	100.5	99.8	99.4	99.5	99.8
(9)蛋类	99.7	99.5	97.4	95.9	95.9	96.5	96.9	96.6	95.8	95.0	94.6	94.5
(10)奶类	100.0	100.1	99.9	99.4	98.8	98.1	97.5	97.1	96.9	96.9	96.9	96.8
(11)干鲜瓜果类	99.4	98.5	98.5	99.3	98.0	98.9	99.1	99.8	100.3	100.0	99.9	100.2
(12)糖果糕点类	101.4	100.4	101.4	102.0	102.3	102.5	102.0	101.8	101.8	101.9	102.0	102.1
(13)调味品	100.0	100.0	99.5	99.7	99.7	99.8	99.7	99.8	99.8	99.8	99.8	99.7
(14)其他食品类	98.4	98.6	97.3	97.0	96.9	97.0	96.8	96.6	96.6	96.7	96.8	96.9
2. 茶及饮料	99.8	99.9	99.5	98.9	98.2	98.0	97.7	97.5	97.4	97.4	97.3	97.3
3. 烟酒	99.9	99.3	99.9	99.6	99.1	98.9	98.8	98.8	98.8	98.7	98.7	98.7

中心城区居民消费价格各月累比指数(上年同期(1-X月)为100)(续)

项　　目	1月	2月	3月	4月	5月	6月	7月	8月	9月	10月	11月	12月
4. 在外餐饮	102.3	102.3	102.3	102.3	102.3	102.2	102.1	101.8	101.6	101.5	101.4	101.3
二、衣着	100.1	100.0	99.8	99.7	99.6	99.6	99.6	99.6	99.5	99.5	99.5	99.5
1. 服装	100.0	99.9	99.8	99.8	99.8	99.8	99.7	99.7	99.7	99.7	99.7	99.7
2. 服装材料	100.0	100.0	100.0	100.0	100.0	100.0	100.0	100.0	100.0	100.0	100.0	100.0
3. 其他衣着及配件	97.9	98.9	99.3	99.5	99.6	99.6	99.7	99.7	99.8	99.8	99.8	99.8
4. 衣着加工服务费	112.3	110.0	109.2	108.8	108.6	108.4	108.3	108.3	108.2	108.1	108.1	107.4
5. 鞋类	100.0	100.0	99.4	99.1	98.9	98.8	98.7	98.7	98.6	98.6	98.5	98.5
三、居住	97.5	97.4	98.7	99.7	100.1	100.4	100.9	101.2	101.5	101.6	101.8	102.0
1. 租赁房房租	92.3	92.3	92.6	92.8	92.9	92.7	92.6	92.5	92.4	92.2	92.0	91.8
2. 住房保养维修及管理	100.5	100.5	100.5	100.5	100.5	100.4	100.3	100.3	100.2	100.2	100.2	100.1
3. 水电燃料	99.6	99.3	99.2	99.2	99.2	99.2	99.2	99.3	99.3	99.3	99.4	99.4
4. 自有住房	96.4	96.4	98.6	100.5	101.1	101.8	102.7	103.3	103.8	104.2	104.5	104.8
四、生活用品及服务	100.0	100.0	99.9	99.8	99.7	99.5	99.4	99.3	99.2	99.1	99.0	98.9
1. 家具及室内装饰品	98.4	98.4	98.4	98.4	98.4	98.4	98.4	98.5	98.6	98.8	98.9	99.0
2. 家用器具	99.7	99.7	99.7	99.4	99.4	99.4	99.3	99.3	99.3	99.2	99.2	99.2
3. 家用纺织品	100.0	100.0	99.2	98.8	98.6	98.4	98.3	98.2	98.2	98.1	98.1	98.0
4. 家庭日用杂品	100.6	100.8	100.6	100.7	100.3	99.8	99.6	99.1	98.8	98.5	98.2	97.9
5. 个人护理用品	100.8	100.8	100.7	100.7	100.7	100.9	100.9	101.0	100.9	100.8	100.8	100.7
6. 家庭服务	100.0	100.0	100.0	100.0	100.0	100.0	100.0	100.0	100.0	100.0	100.0	100.0
五、交通和通信	97.8	97.7	97.8	98.1	98.1	98.2	98.3	98.4	98.8	98.9	99.0	99.2
1. 交通	96.4	96.1	96.4	96.8	96.9	97.1	97.2	97.5	98.1	98.3	98.6	98.9
2. 通信	100.0	100.0	100.0	100.0	99.9	99.9	99.8	99.8	99.8	99.7	99.7	99.7
六、教育文化和娱乐	104.9	102.3	102.6	102.7	103.0	103.3	103.7	103.6	103.3	103.5	103.1	103.0
1. 教育	103.1	103.1	103.1	102.9	102.8	102.7	102.7	102.6	102.3	102.1	101.9	101.7
2. 文化娱乐	106.7	101.5	102.2	102.5	103.1	103.8	104.7	104.6	104.2	104.8	104.4	104.3
七、医疗保健	100.0	100.0	100.4	100.6	100.7	100.8	100.9	101.0	101.3	101.5	101.7	102.0
1. 药品及医疗器具	99.9	100.0	100.8	101.4	101.7	101.9	102.0	102.3	102.9	103.5	104.0	104.5
2. 医疗服务	100.0	100.0	100.0	100.0	100.0	100.0	100.0	100.0	100.0	100.0	100.0	100.0
八、其他用品和服务	100.2	100.4	100.9	101.2	101.3	101.6	101.9	102.2	102.4	102.6	102.8	102.8
1. 其他用品类	97.1	97.3	98.5	99.0	99.4	100.0	100.8	101.4	102.0	102.4	102.8	102.9
2. 其他服务类	102.6	102.8	102.8	102.8	102.8	102.8	102.7	102.7	102.7	102.7	102.7	102.7

城市调查住户家庭基本情况（2016 年）

指　　标	计量单位	合计
调查样本住户数	户	453
人均住房建筑面积	平方米	42.36
调查样本常住人员数	人	1498
（一）性别		
（1）男性	人	762
（2）女性	人	736
（二）常住成员从业人数	人	816
（1）男性	人	433
（2）女性	人	383
（三）主要从事行业		
（1）第一产业	人	106
（2）第二产业	人	127
（3）第三产业	人	583
（四）就业类型		
（1）雇主	人	6
（2）公职人员	人	50
（3）事业单位人员	人	91
（4）国有企业职员	人	26
（5）其他雇员	人	334
（6）农业自营	人	94
（7）非农业自营	人	215
信息化调查（每百户）		
1. 接入互联网的移动电话	部	139
2. 接入有线电视网络的电视机	台	71
3. 接入互联网的计算机	台	40

城镇住户人均可支配收入情况（2016年）

项　　目	计量单位	合计
可支配收入	元	25041
一、工资性收入	元	13602.83
（一）工资	元	13195.65
（二）实物福利	元	12.82
（三）其他	元	394.36
二、经营净收入	元	5671.84
（一）第一产业经营净收入	元	342.20
（二）第二产业经营净收入	元	224.74
（三）第三产业经营净收入	元	5104.90
三、财产净收入	元	1931.69
（一）利息净收入	元	–27.20
（二）红利收入	元	71.54
（三）储蓄性保险净收益	元	
（四）转让承包土地经营权租金净收入	元	
（五）出租房屋财产性收入	元	898.68
（六）出租机械专利版权等资产的收入	元	63.64
（七）其他财产净收入	元	7.59
（八）房屋虚拟租金	元	917.44
四、转移净收入	元	3834.85
（一）转移性收入	元	4661.45
1. 养老金或离退休金	元	3890.58
2. 社会救济和补助	元	132.24
3. 政策性生活补贴	元	15.97
4. 报销医疗费	元	68.99
5. 家庭外出从业人员寄回带回收入	元	197.33
6. 赡养收入	元	289.35
7. 其他经常转移收入	元	58.02
8. 从政府和组织得到的实物产品和服务折价	元	5.72
9. 现金政策性惠农补贴	元	3.25
（二）转移性支出	元	826.60

城镇住户家庭支出情况（2016年）

项目	计量单位	合计
家庭总支出	元	21446.92
一、消费支出	元	14151.23
（一）食品烟酒	元	4672.94
（二）衣着	元	1200.89
（三）居住	元	2943.85
（四）生活用品及服务	元	932.77
（五）交通通信	元	1667.82
（六）教育文化娱乐	元	1701.70
（七）医疗保健	元	695.40
（八）其他用品和服务	元	335.86
二、生产经营费用支出	元	2241.84
（一）第一产业经营费用支出	元	226.72
（二）第二产业经营费用支出	元	41.03
（三）第三产业经营费用支出	元	1974.09
三、财产性支出	元	74.59
（一）生活贷款利息支出	元	73.87
（二）其他财产性支出	元	0.72
四、转移性支出	元	826.60
（一）个人所得税	元	12.62
（二）社会保障支出	元	654.17
（三）外来从业人员寄给家人的支出	元	0.07
（四）赡养支出	元	123.33
（五）其他转移性支出	元	36.41
五、部分商业保险支出	元	72.62
六、购置资产及非经常性转移支出	元	3242.68
（一）购置资产支出	元	880.90
（二）非经常性转移支出	元	2361.78
七、借贷性支出	元	837.36

城镇居民人均收支情况（2016 年）

单位：元

指标名称	毕节市	七星关区	大方县	黔西县	金沙县	织金县	纳雍县	威宁县	赫章县
可支配收入	25041	26681	24129	24804	26778	24131	24208	24109	24103
一、工资性收入	13603	13183	11051	7611	14742	18224	12976	15804	16667
二、经营净收入	5672	6916	5927	4660	9337	4550	6328	4302	2302
三、财产净收入	1931	1611	3538	2082	1084	1887	1998	1693	1938
四、转移净收入	3835	4971	3613	10451	1615	–530	2906	2310	3196
总支出	21447	17349	15067	21098	33848	26283	21693	16310	29997
一、消费支出	14151	12534	11004	13310	15730	20199	15809	11123	18485
（一）食品烟酒	4673	4628	4033	4380	5245	5401	5743	3543	5683
（二）衣着	1201	900	927	814	1501	1817	1684	1152	1349
（三）居住	2944	2791	2568	2544	3038	4951	2652	2225	3425
（四）生活用品及服务	933	785	462	936	1293	1536	787	681	1364
（五）交通通信	1668	1012	994	1440	1398	3556	2335	1213	2714
（六）教育文化娱乐	1701	1454	1584	1564	1799	1675	1713	1673	2844
（七）医疗保健	695	498	311	1320	1043	690	515	533	789
（八）其他用品和服务	336	466	125	312	413	573	380	103	317
二、生产经营费用支出	2242	383	909	1218	13037	2063	1483	992	97
（一）第一产业经营费用支出	227	378	468	387	30	177	153	4.3	80
（二）第二产业经营费用支出	41		58	81	56	158			
（三）第三产业经营费用支出	1974	5	383	750	12951	1728	1330	988	17
三、财产性支出	74	68	1.5	53	230	158	35	13	80
四、转移性支出	827	811	686	307	1116	995	1338	538	1435
五、部分商业保险支出	73	65		369	1.3		17	44	
六、购置资产及非经常性转移支出	3243	3205	2212	5136	3094	1974	2131	2688	6277
七、借贷性支出	837	283	255	705	640	894	880	912	3623

城镇居民每百户主要消费品拥有量（2016年）

指标名称	计量单位	毕节市	七星关区	大方县	黔西县	金沙县	织金县	纳雍县	威宁县	赫章县
1. 家用汽车	辆	22	27	19	15	21	27	27	11	35
2. 摩托车	辆	21	5	27	34	50	24	23	13	3
3. 助力车	辆	6	1	1	17	2	23			12
4. 洗衣机	台	98	91	97	98	106	100	100	100	102
5. 电冰箱（柜）	台	90	85	78	96	101	92	82	88	106
6. 微波炉	台	28	28	31	33	28	20	25	30	31
7. 彩色电视机	台	105	100	105	106	108	105	101	104	116
8. 空调	套	9	8		2	24	6	8	15	10
9. 热水器	架	72	60	73	83	101	63	78	66	75
10. 消毒碗柜	架	27	22	18	18	48	21	31	33	33
11. 排油烟机	件	41	34	25	56	54	43	25	47	48
12. 固定电话	台	13	9	15	7	32	2	8	22	11
13. 移动电话	台	243	223	224	262	268	259	238	229	274
14. 计算机	台	53	55	64	49	49	71	57	33	58
15. 摄像机	台	2	1	5		4	2	3		
16. 照相机	台	10	8	8	4	10	8	18	19	10
17. 中高档乐器	套	2	1	5	2	1				5
18. 健身器材	部	4	1	5	8	1	4	5	6	5
19. 组合音响	部	15	9	12	11	16	23	4	23	24

城镇住户人均购买生活消费品及服务情况（一）（2016年）

项　　目	计量单位	合 计
购买生活消费品及服务	元	12283.37
一、食品烟酒	元	4556.55
（一）食品	元	3351.97
1. 谷物	元	490.58
2. 薯类	公斤	24.47
金额	元	69.25
3. 豆类	公斤	18.00
金额	元	125.68
4. 食用油	公斤	11.69
金额	元	203.78
5. 蔬菜和食用菌	公斤	74.25
金额	元	445.69
6. 肉类	公斤	27.12
金额	元	928.08
7. 禽类	公斤	6.24
金额	元	184.94
8. 水产品	公斤	2.45
金额	元	66.57
9. 蛋类	公斤	5.33
金额	元	92.23
10. 奶类	公斤	5.71
金额	元	113.07
11. 干鲜瓜果类	公斤	36.95
金额	元	317.35
12. 糖果糕点类	公斤	5.24
金额	元	113.03
13. 其他食品	元	201.72
①调味品	元	118.76
②其他食品	元	82.96
（二）饮料	元	122.81
1. 茶叶	元	31.19
2. 咖啡	元	1.16
3. 其他固体饮料	元	3.78
4. 瓶装饮用水	元	32.77
5. 果汁饮料	元	5.50
6. 其他液体饮料	元	48.40
（三）烟酒	元	544.18
1. 烟草	元	407.07
2. 酒类	元	137.11

城镇住户人均购买生活消费品及服务情况（二）（2016年）

项　　目	计量单位	合 计
（四）饮食服务	元	537.60
1. 食堂用餐	元	11.59
2. 其他在外饮食	元	521.99
3. 食品加工服务费	元	4.02
二、衣着	元	1200.78
（一）衣类	元	855.99
1. 服装	元	811.38
2. 服装材料	元	4.91
3. 其他衣类及配件	元	38.75
4. 衣类加工服务费	元	0.95
（二）鞋类	元	344.79
1. 鞋	双	2.78
金额	元	341.41
2. 鞋类配件及加工服务费	元	3.38
三、居住	元	1248.94
（一）租赁房房租	元	150.06
1. 租赁公房房租	元	2.45
2. 租赁私房房租	元	147.61
（二）住房维修及管理	元	284.64
1. 住房装潢	元	134.47
2. 住房维修	元	109.24
3. 物业管理费	元	30.48
4. 其他	元	10.46
（三）水电燃料及其他	元	814.24
1. 水	吨	47.38
金额	元	127.52
2. 电	度	860.68
金额	元	460.39
3. 燃料	元	223.50
①柴	公担	0.04
金额	元	0.50
②煤炭	公担	145.36
金额	元	137.85
③管道天然气	公斤	2.67
金额	元	3.95
④管道煤气	立方米	0.65
金额	元	1.94
⑤管道液化石油气	立方米	0.04
金额	元	0.23

城镇住户人均购买生活消费品及服务情况（三）（2016年）

项　　目	计量单位	合计
⑥罐装液化石油气	立方米	13.44
金额	元	77.27
⑦汽油（生活燃料）	立方米	0.12
金额	元	0.95
⑧其他油（生活燃料）	公斤	0.06
金额	元	0.29
⑨其他生活燃料	升	0.54
4. 其他	元	2.83
四、生活用品及服务	元	931.43
（一）家具及室内装饰品	元	131.63
1. 家具	元	122.98
2. 家具材料	元	5.30
3. 室内装饰品	元	3.35
（二）家用器具	元	199.05
1. 耐用消费品	元	150.97
①洗衣机	台	0.02
金额	元	24.27
②电冰箱（柜）	台	0.01
金额	元	32.43
③空调器	台	0.005
金额	元	3.94
④吸尘器	台	0.00
金额	元	0.10
⑤抽油烟机	台	0.001
金额	元	8.04
⑥微波炉	台	0.01
金额	元	0.16
⑦非太阳能热水器	台	0.01
金额	元	7.13
⑧太阳能热水器	台	0.002
金额	元	1.87
⑨燃气炉具	套	0.06
金额	元	30.24
⑩太阳能炉具	套	
金额	元	
⑪洗碗机	台	
金额	元	
⑫消毒碗柜	台	0.002
金额	元	0.55

城镇住户人均购买生活消费品及服务情况（四）（2016年）

项目	计量单位	合计
⑬其他	元	42.25
2. 小家电	元	48.09
（三）家用纺织品	元	94.14
1. 床上用品	元	70.36
2. 窗帘门帘	元	6.63
3. 其他家用纺织品	元	17.14
（四）家庭日用杂品	元	291.72
1. 洗涤及卫生用品	元	84.11
2. 厨具、餐具、茶具	元	37.93
3. 家用手工工具	元	1.50
4. 其他	元	168.18
（五）个人用品	元	190.08
1. 化妆品	元	66.54
2. 其他个人用品	元	123.53
（六）家庭服务	元	24.81
1. 家政服务	元	6.61
2. 家庭设备修理费	元	18.20
五、交通通信	元	1612.78
（一）交通	元	904.43
1. 交通工具	元	339.96
①汽车	辆	0.01
金额	元	322.10
②摩托车	辆	0.002
金额	元	2.57
③自行车	辆	0.01
金额	元	3.25
④电动自行车	辆	0.002
金额	元	4.52
⑤其他交通工具	元	7.52
2. 交通费	元	186.13
①飞机	元	22.43
②火车	元	19.76
③长途汽车	元	58.42
④市内公共交通	元	26.95
⑤出租汽车费	元	34.28
⑥其他交通费	元	24.29
3. 交通工具用燃料	元	262.60
①汽油	升	42.94
金额	元	260.37

城镇住户人均购买生活消费品及服务情况（五）（2016年）

项　　目	计量单位	合计
②柴油	升	0.11
金额	元	0.63
③其他燃料和润滑剂	元	1.60
4. 交通工具使用及维修	元	115.73
①交通工具零配件和维修	元	56.24
②停车费	元	1.69
③车辆使用税费（含过桥过路费）	元	48.77
④其他	元	9.03
（二）通信	元	708.35
1. 通信工具	元	209.09
①电话机	部	0.002
金额	元	0.75
②移动电话机	部	0.21
金额	元	200.78
③其他通信工具及零配件	元	7.56
2. 通信服务	元	499.26
①固定电话费	元	9.83
②移动电话费	元	410.38
③上网费	元	74.45
④邮费	元	1.22
⑤其他通信服务费	元	3.39
六、教育文化娱乐	元	1701.70
（一）教育	元	1120.83
1. 学前教育	元	69.21
①教育用品	元	1.12
②学杂费	元	29.32
③培训费	元	1.37
④赞助费	元	0.01
⑤一揽子教育服务（含食宿）	元	33.66
⑥其他费用	元	3.72
2. 小学教育	元	61.28
①教育用品	元	12.15
②学杂费	元	19.07
③培训费	元	10.52
④赞助费	元	0.09
⑤一揽子教育服务（含食宿）	元	8.88
⑥其他费用	元	10.57
3. 初中教育	元	120.03
①教育用品	元	5.78

城镇住户人均购买生活消费品及服务情况（六）（2016年）

项　　目	计量单位	合计
②学杂费	元	10.64
③培训费	元	11.30
④赞助费	元	0.24
⑤一揽子教育服务（含食宿）	元	74.98
⑥其他费用	元	17.09
4. 高中教育	元	355.21
①教育用品	元	6.05
②学杂费	元	77.64
③培训费	元	14.58
④赞助费	元	
⑤一揽子教育服务（含食宿）	元	203.06
⑥其他费用	元	53.88
5. 中专职高教育	元	25.21
①教育用品	元	0.49
②学杂费	元	1.29
③培训费	元	
④一揽子教育服务（含食宿）	元	21.63
⑤其他费用	元	1.79
6. 大专及以上教育	元	439.28
①教育用品	元	1.00
②学杂费	元	65.88
③培训费	元	37.40
④一揽子教育服务（含食宿）	元	310.01
⑤其他费用	元	25.00
7. 成人教育	元	50.62
①教育用品	元	0.50
②培训费	元	36.17
③其他费用	元	13.96
（二）文化娱乐	元	580.87
1. 文娱耐用消费品	元	137.49
①组合音响	台	0.003
金额	元	2.27
②彩色电视机	台	0.02
金额	元	42.32
③影碟机	台	0.001
金额	元	0.27
④摄像机	台	
金额	元	
⑤照相机	台	0.002
金额	元	0.62

城镇住户人均购买生活消费品及服务情况（七）（2016年）

项　　目	计量单位	合计
⑥家用台式电脑	台	0.01
金额	元	23.66
⑦家用笔记本电脑	台	0.01
金额	元	18.93
⑧中高档乐器	元	0.53
⑨健身器材	元	2.25
⑩其他文娱耐用消费品	元	36.48
⑪文娱耐用消费品的零配件及维修	元	10.16
2. 其他文娱用品	元	141.92
①书、报、杂志及音像制品	元	21.75
②文具纸张	元	30.72
③体育户外用品	元	7.08
④游戏用品和玩具	元	20.57
⑤园艺花卉及有关产品	元	20.35
⑥宠物及有关产品	元	4.49
⑦其他文娱用品及维修	元	36.96
3. 文化娱乐服务	元	301.46
①团体旅游	元	139.46
②景点门票	元	22.71
③体育健身活动	元	4.54
④电影、话剧、演出票	元	9.21
⑤有线电视费	元	81.42
⑥其他文化娱乐服务	元	44.12
七、医疗保健	元	695.40
（一）医疗器具及药品	元	275.67
1. 药品	元	230.09
2. 滋补保健品	元	35.67
3. 医疗卫生器具	元	4.39
4. 保健器具	元	5.52
（二）医疗服务	元	419.73
1. 门诊医疗总费用	元	182.96
2. 住院医疗总费用	元	236.77
八、其他用品和服务	元	335.79
（一）其他用品	元	135.97
1. 首饰及手表	元	34.36
2. 其他杂项用品	元	101.60
（二）其他服务	元	199.82
1. 旅馆住宿费	元	30.67
2. 美容美发洗浴	元	57.71
3. 其他杂项服务	元	111.44

城镇住户家庭人均食品消费情况（含自产自用）（一）（2016年）

项　　目	计量单位	合　计
一、粮食消费量	公斤	131.65
（一）谷物消费量	公斤	107.89
1. 小麦	公斤	17.75
2. 稻谷	公斤	76.59
3. 玉米	公斤	5.15
4. 其他谷物	公斤	8.39
（二）薯类消费量	公斤	5.39
1. 红薯	公斤	0.26
2. 马铃薯	公斤	4.95
3. 其他薯类	公斤	0.18
（三）豆类消费量	公斤	18.37
1. 大豆	公斤	0.95
2. 其他豆类	公斤	17.42
二、油脂类消费量	公斤	11.76
（一）植物油	公斤	9.64
（二）动物油	公斤	2.12
三、蔬菜及菜制品消费量	公斤	81.71
（一）鲜菜	公斤	77.50
（二）干菜及菜制品	公斤	2.86
（三）鲜菌	公斤	1.13
（四）干菌及菌制品	公斤	0.21
四、肉类	公斤	30.12
（一）猪肉	公斤	25.46
（二）牛肉	公斤	1.28
（三）羊肉	公斤	0.21
（四）其他肉类及制品	公斤	3.17
五、禽类	公斤	6.66
（一）鸡	公斤	5.51
（二）鸭	公斤	0.30
（三）鹅	公斤	0.10

城镇住户家庭人均食品消费情况（含自产自用）（二）（2016年）

项　　目	计量单位	合计
（四）其他禽类及制品	公斤	0.74
六、水产品	公斤	2.45
（一）鱼类	公斤	1.98
（二）虾、贝、蟹类	公斤	0.16
（三）藻类	公斤	0.21
（四）其他	公斤	0.10
七、蛋类及蛋制品	公斤	5.58
（一）鲜蛋	公斤	5.08
（二）蛋制品	公斤	0.50
八、奶和奶制品	公斤	5.71
（一）鲜奶	公斤	3.92
（二）酸奶	公斤	0.95
（三）奶粉	公斤	0.21
（四）其他奶制品	公斤	0.63
九、干鲜瓜果类	公斤	37.48
（一）鲜瓜果	公斤	32.02
（二）瓜果制品	公斤	0.21
（三）坚果类	公斤	5.26
十、糖果糕点类	公斤	5.24
（一）食糖	公斤	1.49
（二）糖果	公斤	0.48
（三）糕点	公斤	2.73
（四）其他糖果糕点	公斤	0.54
十一、饮料	公斤	0.35
（一）茶叶	公斤	0.35
十二、烟叶消费量	公斤	25.58
十三、酒	公斤	5.44
（一）白酒	公斤	3.10
（二）啤酒	公斤	2.31
（三）果酒	公斤	0.02

农村调查住户家庭基本情况（2016 年）

项　　目	计量单位	合计
调查样本住户数	户	622
人均住房建筑面积	平方米	36.23
调查样本常住人员数	人	2220
（一）性别		
（1）男性	人	1167
（2）女性	人	1053
（二）常住成员从业人数	人	1256
其中：（1）男性	人	660
（2）女性	人	596
（三）主要从事行业		
（1）第一产业	人	851
（2）第二产业	人	187
（3）第三产业	人	218
（四）就业类型		
（1）雇主	人	12
（2）公职人员	人	4
（3）事业单位人员	人	20
（4）国有企业职员	人	2
（5）其他雇员	人	260
（6）农业自营	人	838
（7）非农业自营	人	120

农村住户人均可支配收入情况（2016 年）

项　　目	计量单位	合计
可支配收入	元	7668
一、工资性收入	元	2875.38
（一）工资	元	2842.44
（二）实物福利	元	0.78
（三）其他	元	32.16
二、经营净收入	元	3369.17
（一）第一产业经营净收入	元	2552.90
（二）第二产业经营净收入	元	136.55
（三）第三产业经营净收入	元	679.72
三、财产净收入	元	19.07
（一）利息净收入	元	-11.73
（二）红利收入	元	0.71
（三）储蓄性保险净收益	元	0.39
（四）转让承包土地经营权租金净收入	元	11.52
（五）出租房屋财产性收入	元	7.41
（六）出租机械专利版权等资产的收入	元	7.03
（七）其他财产净收入	元	3.74
（八）房屋虚拟租金	元	
四、转移净收入	元	1404.50
（一）转移性收入	元	1608.35
1. 养老金或离退休金	元	283.51
2. 社会救济和补助	元	114.85
3. 政策性生活补贴	元	37.20
4. 报销医疗费	元	59.43
5. 家庭外出从业人员寄回带回收入	元	728.39
6. 赡养收入	元	225.89
7. 其他经常转移收入	元	74.87
8. 从政府和组织得到的实物产品和服务折价	元	28.24
9. 现金政策性惠农补贴	元	55.97
（二）转移性支出	元	203.85

农村住户家庭支出情况（2016年）

项　　目	计量单位	合计
家庭总支出	元	12644.00
一、消费支出	元	7253.11
（一）食品烟酒	元	2753.36
（二）衣着	元	422.74
（三）居住	元	1542.17
（四）生活用品及服务	元	425.03
（五）交通通信	元	674.66
（六）教育文化娱乐	元	929.75
（七）医疗保健	元	410.46
（八）其他用品和服务	元	94.94
二、生产经营费用支出	元	2647.38
（一）第一产业经营费用支出	元	2082.30
（二）第二产业经营费用支出	元	69.46
（三）第三产业经营费用支出	元	495.62
三、财产性支出	元	18.12
（一）生活贷款利息支出	元	16.01
（二）其他财产性支出	元	2.11
四、转移性支出	元	203.85
（一）个人所得税	元	7.68
（二）社会保障支出	元	163.05
（三）外来从业人员寄给家人的支出	元	0.10
（四）赡养支出	元	15.86
（五）其他转移性支出	元	17.16
五、部分商业保险支出	元	2.05
六、购置资产及非经常性转移支出	元	2087.18
（一）购置资产支出	元	934.37
（二）非经常性转移支出	元	1152.81
七、借贷性支出	元	432.31

农村居民人均收支情况（2016 年）

单位：元

指标名称	毕节市	七星关区	大方县	黔西县	金沙县	织金县	纳雍县	威宁县	赫章县
可支配收入	7668	7821	7741	7751	8647	7627	7295	7643	7269
一、工资性收入	2875	3245	3120	2600	4616	3567	2993	1822	2258
二、经营净收入	3369	2857	3237	3672	2765	3091	2889	4592	2994
三、财产净收入	19	–2	8.	73	178	–24	17	2	–0.4
四、转移净收入	1405	1721	1376	1406	1088	993	1396	1227	2017
总支出	12644	10210	12651	18581	14504	11085	10793	14622	10099
一、消费支出	7253	6361	7036	7684	8098	7610	7281	7532	6773
（一）食品烟酒	2753	2368	2362	2649	2651	2695	3010	3289	2672
（二）衣着	423	406	345	423	497	501	449	423	369
（三）居住	1542	1468	1560	1428	2016	2103	1361	1384	1245
（四）生活用品及服务	425	359	351	473	489	661	346	420	334
（五）交通通信	675	551	528	814	893	851	612	609	713
（六）教育文化娱乐	930	775	1349	1122	777	592	1032	898	900
（七）医疗保健	410	352	477	638	611	159	352	465	360
（八）其他用品和服务	95	82	64	137	164	48	119	44	180
二、生产经营费用支出	2647	1957	2345	3579	2638	2364	1764	4303	1553
（一）第一产业经营费用支出	2082	1810	1709	2614	1485	1233	1116	4097	1376
（二）第二产业经营费用支出	69			275	1	145	130	17	43
（三）第三产业经营费用支出	496	147	636	690	1152	986	518	189	134
三、财产性支出	18	9	9	31	29	43	8	16	9
四、转移性支出	204	158	447	146	292	75	97	289	97
五、部分商业保险支出	2		1	5			12		
六、购置资产及非经常性转移支出	2087	1373	2329	6333	2771	904	1444	1905	1233
七、借贷性支出	432	352	484	803	676	89	187	577	434

农村住户人均购买生活消费品及服务情况（一）（2016年）

项　　目	计量单位	合 计
购买生活消费品及服务	元	5242.70
一、食品烟酒	元	1777.33
（一）食品	元	1290.20
1. 谷物	元	435.81
2. 薯类	公斤	9.14
金额	元	18.11
3. 豆类	公斤	8.90
金额	元	52.86
4. 食用油	公斤	7.90
金额	元	122.79
5. 蔬菜和食用菌	公斤	16.84
金额	元	84.39
6. 肉类	公斤	9.22
金额	元	259.12
7. 禽类	公斤	1.20
金额	元	26.47
8. 水产品	公斤	0.53
金额	元	11.11
9. 蛋类	公斤	1.07
金额	元	14.73
10. 奶类	公斤	1.63
金额	元	36.24
11. 干鲜瓜果类	公斤	21.43
金额	元	116.57
12. 糖果糕点类	公斤	3.10
金额	元	32.67
13. 其他食品	元	79.32
①调味品	元	62.32
②其他食品	元	17.00
（二）饮料	元	46.89
1. 茶叶	元	13.91
2. 咖啡	元	0.01
3. 其他固体饮料	元	0.90
4. 瓶装饮用水	元	6.79
5. 果汁饮料	元	2.11
6. 其他液体饮料	元	23.16
（三）烟酒	元	381.10
1. 烟草	元	274.10
2. 酒类	元	106.99

农村住户人均购买生活消费品及服务情况（二）（2016 年）

项　　目	计量单位	合 计
（四）饮食服务	元	59.14
1. 食堂用餐	元	9.59
2. 其他在外饮食	元	47.59
3. 食品加工服务费	元	1.97
二、衣着	元	421.77
（一）衣类	元	276.15
1. 服装	元	264.06
2. 服装材料	元	2.31
3. 其他衣类及配件	元	9.64
4. 衣类加工服务费	元	0.15
（二）鞋类	元	145.61
1. 鞋	双	2.63
金额	元	143.43
2. 鞋类配件及加工服务费	元	2.18
三、居住	元	537.83
（一）租赁房房租	元	6.98
1. 租赁公房房租	元	0.03
2. 租赁私房房租	元	6.95
（二）住房维修及管理	元	122.43
1. 住房装潢	元	40.94
2. 住房维修	元	74.29
3. 物业管理费	元	0.96
4. 其他	元	6.23
（三）水电燃料及其他	元	408.43
1. 水	吨	6.16
金额	元	12.94
2. 电	度	355.00
金额	元	177.20
3. 燃料	元	217.42
①柴	公担	0.0023
金额	元	0.04
②煤炭	公担	234.12
金额	元	191.91
③管道天然气	公斤	0.20
金额	元	0.38
④管道煤气	立方米	0.03
金额	元	0.33
⑤管道液化石油气	立方米	0.01
金额	元	0.04

农村住户人均购买生活消费品及服务情况（三）（2016年）

项　　目	计量单位	合计
⑥罐装液化石油气	立方米	5.05
金额	元	23.84
⑦汽油（生活燃料）	立方米	0.06
金额	元	0.38
⑧其他油（生活燃料）	公斤	0.01
金额	元	0.13
⑨其他生活燃料	升	0.06
4. 其他	元	0.87
四、生活用品及服务	元	415.33
（一）家具及室内装饰品	元	42.69
1. 家具	元	38.82
2. 家具材料	元	1.46
3. 室内装饰品	元	2.40
（二）家用器具	元	125.48
1. 耐用消费品	元	105.02
①洗衣机	台	0.02
金额	元	18.77
②电冰箱（柜）	台	0.01
金额	元	20.49
③空调器	台	0.0004
金额	元	0.43
④吸尘器	台	0.0009
金额	元	0.41
⑤抽油烟机	台	0.0012
金额	元	1.58
⑥微波炉	台	0.0007
金额	元	0.25
⑦非太阳能热水器	台	0.01
金额	元	5.16
⑧太阳能热水器	台	0.0021
金额	元	2.09
⑨燃气炉具	套	0.07
金额	元	22.41
⑩太阳能炉具	套	0.0015
金额	元	1.20
⑪洗碗机	台	
金额	元	
⑫消毒碗柜	台	0.0016
金额	元	1.26
⑬其他	元	30.98
2. 小家电	元	20.45

农村住户人均购买生活消费品及服务情况（四）（2016年）

项　　目	计量单位	合计
（三）家用纺织品	元	37.22
1. 床上用品	元	29.79
2. 窗帘门帘	元	3.33
3. 其他家用纺织品	元	4.10
（四）家庭日用杂品	元	156.60
1. 洗涤及卫生用品	元	45.38
2. 厨具、餐具、茶具	元	25.10
3. 家用手工工具	元	4.56
4. 其他	元	81.56
（五）个人用品	元	45.28
1. 化妆品	元	2.85
2. 其他个人用品	元	42.44
（六）家庭服务	元	8.05
1. 家政服务	元	2.31
2. 家庭设备修理费	元	5.74
五、交通通信	元	663.01
（一）交通	元	339.82
1. 交通工具	元	77.90
①汽车	辆	0.001
金额	元	32.19
②摩托车	辆	0.01
金额	元	35.57
③自行车	辆	0.01
金额	元	2.24
④电动自行车	辆	0.002
金额	元	5.25
⑤其他交通工具	元	2.64
2. 交通费	元	105.14
①飞机	元	2.00
②火车	元	5.31
③长途汽车	元	32.97
④市内公共交通	元	24.03
⑤出租汽车费	元	1.16
⑥其他交通费	元	39.66
3. 交通工具用燃料	元	113.14
①汽油	升	16.74
金额	元	102.52
②柴油	升	1.36
金额	元	7.63
③其他燃料和润滑剂	元	2.99

农村住户人均购买生活消费品及服务情况（五）（2016年）

项　　目	计量单位	合计
4. 交通工具使用及维修	元	43.64
①交通工具零配件和维修	元	32.38
②停车费	元	0.21
③车辆使用税费（含过桥过路费）	元	7.51
④其他	元	3.54
（二）通信	元	323.19
1. 通信工具	元	102.04
①电话机	部	0.002
金额	元	0.69
②移动电话机	部	0.19
金额	元	96.65
③其他通信工具及零配件	元	4.70
2. 通信服务	元	221.15
①固定电话费	元	1.43
②移动电话费	元	209.66
③上网费	元	6.83
④邮费	元	0.31
⑤其他通信服务费	元	2.92
六、教育文化娱乐	元	929.74
（一）教育	元	813.48
1. 学前教育	元	22.07
①教育用品	元	0.30
②学杂费	元	6.18
③培训费	元	1.80
④赞助费	元	0.72
⑤一揽子教育服务（含食宿）	元	10.70
⑥其他费用	元	2.37
2. 小学教育	元	33.32
①教育用品	元	4.00
②学杂费	元	3.86
③培训费	元	0.35
④赞助费	元	1.52
⑤一揽子教育服务（含食宿）	元	17.37
⑥其他费用	元	6.21

农村住户人均购买生活消费品及服务情况（六）（2016年）

项　　目	计量单位	合计
3. 初中教育	元	172.26
①教育用品	元	6.26
②学杂费	元	19.61
③培训费	元	3.96
④赞助费	元	0.17
⑤一揽子教育服务（含食宿）	元	99.42
⑥其他费用	元	42.85
4. 高中教育	元	292.58
①教育用品	元	3.45
②学杂费	元	50.15
③培训费	元	7.28
④赞助费	元	1.13
⑤一揽子教育服务（含食宿）	元	145.28
⑥其他费用	元	85.29
5. 中专职高教育	元	47.47
①教育用品	元	2.53
②学杂费	元	16.71
③培训费	元	
④一揽子教育服务（含食宿）	元	13.45
⑤其他费用	元	14.78
6. 大专及以上教育	元	214.08
①教育用品	元	1.73
②学杂费	元	62.78
③培训费	元	
④一揽子教育服务（含食宿）	元	108.74
⑤其他费用	元	40.84
7. 成人教育	元	31.69
①教育用品	元	0.57
②培训费	元	23.81
③其他费用	元	7.31
（二）文化娱乐	元	116.25
1. 文娱耐用消费品	元	46.53
①组合音响	台	0.002
金额	元	0.19
②彩色电视机	台	0.02
金额	元	23.65
③影碟机	台	0.003
金额	元	0.89
④摄像机	台	
金额	元	
⑤照相机	台	
金额	元	

农村住户人均购买生活消费品及服务情况（七）（2016年）

项　　目	计量单位	合计
⑥家用台式电脑	台	0.002
金额	元	6.26
⑦家用笔记本电脑	台	0.001
金额	元	2.88
⑧中高档乐器	元	
⑨健身器材	元	0.03
⑩其他文娱耐用消费品	元	8.25
⑪文娱耐用消费品的零配件及维修	元	4.38
2. 其他文娱用品	元	61.35
①书、报、杂志及音像制品	元	8.91
②文具纸张	元	25.08
③体育户外用品	元	1.30
④游戏用品和玩具	元	5.29
⑤园艺花卉及有关产品	元	0.91
⑥宠物及有关产品	元	1.68
⑦其他文娱用品及维修	元	18.17
3. 文化娱乐服务	元	8.38
①团体旅游	元	1.20
②景点门票	元	0.13
③体育健身活动	元	
④电影、话剧、演出票	元	0.13
⑤有线电视费	元	2.11
⑥其他文化娱乐服务	元	4.81
七、医疗保健	元	410.46
（一）医疗器具及药品	元	112.82
1. 药品	元	108.59
2. 滋补保健品	元	2.63
3. 医疗卫生器具	元	0.13
4. 保健器具	元	1.46
（二）医疗服务	元	297.64
1. 门诊医疗总费用	元	133.45
2. 住院医疗总费用	元	164.19
八、其他用品和服务	元	87.24
（一）其他用品	元	59.60
1. 首饰及手表	元	3.42
2. 其他杂项用品	元	56.18
（二）其他服务	元	27.64
1. 旅馆住宿费	元	2.76
2. 美容美发洗浴	元	7.90
3. 其他杂项服务	元	16.98

农村住户家庭人均食品消费情况（含自产自用）（一）（2016年）

项　　目	计量单位	合计
一、粮食消费量	公斤	164.85
（一）谷物消费量	公斤	138.68
1. 小麦	公斤	12.56
2. 稻谷	公斤	95.07
3. 玉米	公斤	26.30
4. 其他谷物	公斤	4.75
（二）薯类消费量	公斤	11.22
1. 红薯	公斤	0.35
2. 马铃薯	公斤	10.81
3. 其他薯类	公斤	0.06
（三）豆类消费量	公斤	14.95
1. 大豆	公斤	4.83
2. 其他豆类	公斤	10.12
二、油脂类消费量	公斤	8.91
（一）植物油	公斤	6.59
（二）动物油	公斤	2.31
三、蔬菜及菜制品消费量	公斤	67.10
（一）鲜菜	公斤	66.27
（二）干菜及菜制品	公斤	0.55
（三）鲜菌	公斤	0.25
（四）干菌及菌制品	公斤	0.03
四、肉类	公斤	37.18
（一）猪肉	公斤	36.27
（二）牛肉	公斤	0.37
（三）羊肉	公斤	0.22
（四）其他肉类及制品	公斤	0.32
五、禽类	公斤	3.97
（一）鸡	公斤	3.65
（二）鸭	公斤	0.12
（三）鹅	公斤	0.03

农村住户家庭人均食品消费情况（含自产自用）（二）（2016年）

项　　目	计量单位	合计
（四）其他禽类及制品	公斤	0.16
六、水产品	公斤	0.53
（一）鱼类	公斤	0.44
（二）虾、贝、蟹类	公斤	0.02
（三）藻类	公斤	0.04
（四）其他	公斤	0.02
七、蛋类及蛋制品	公斤	3.36
（一）鲜蛋	公斤	3.31
（二）蛋制品	公斤	0.06
八、奶和奶制品	公斤	1.64
（一）鲜奶	公斤	0.80
（二）酸奶	公斤	0.23
（三）奶粉	公斤	0.13
（四）其他奶制品	公斤	0.49
九、干鲜瓜果类	公斤	27.55
（一）鲜瓜果	公斤	23.17
（二）瓜果制品	公斤	0.07
（三）坚果类	公斤	4.30
十、糖果糕点类	公斤	3.10
（一）食糖	公斤	1.38
（二）糖果	公斤	0.30
（三）糕点	公斤	1.20
（四）其他糖果糕点	公斤	0.21
十一、饮料	公斤	0.36
（一）茶叶	公斤	0.36
十二、烟叶消费量	公斤	31.48
十三、酒	公斤	10.82
（一）白酒	公斤	5.99
（二）啤酒	公斤	4.82
（三）果酒	公斤	0.01

公共图书馆情况（2016年）

指标名称	毕节市	市本级	七星关区	大方县	黔西县	金沙县	织金县	纳雍县	威宁县	赫章县
藏量（册、件）	1207608	305223	203640	95159	91221	140000	70325	70090	75750	156200
图书（册）	836206	268343	180100	86790	19303	104650	56420	21000	74500	25100
盲文图书	1639	1500	100	10				29		
古籍（册）	3050		3000						50	
善本	250		200						50	
报刊（件）	212188	31880	20340	7000	71918	250	1517	49083	200	30000
视听文献（件、套）	8306	5000	200	1369		100	1130	7	500	
其他（册）	147858					35000	11258		500	101100
在藏量中										
开架书刊（册）	569390	253312	100000	83978		5000	46600	6500	74000	
少儿文献（册）	90042	51911	3000	11181		2000	4400	2000	2550	13000
电子图书（册）	1368005	158000		1050000				5005	55000	100000
本馆外购	1063000	58000		1000000					5000	
从其他机构免费共享	305005	100000		50000				5005	50000	100000
总流通人次（人次）	478712	104305	40000	163997	19200	44000	30000	3210	44000	30000
书刊文献外借人次	211847	56037	18000	56400	19200		24000	3210	25000	10000
书刊文献外借册次（册次）	391047	113105	32000	105206	53200		30715	3821	43000	10000
为读者举办各种活动										
组织各类讲座次数（次）	58	1	5	13		1	30	6	2	
参加人次（人次）	9017	81	200	910		26	5000	2000	800	
举办展览（个）	38	5	13	10		3		6	1	
参观人次（人次）	50700	1800	10000	36000		500		2000	400	
举办培训班（个）	35	4	2	12		4	7	4	2	
培训人次（人次）	2835	160	100	600		110	1205	300	360	
图书馆延伸服务情况										
流动图书车数（辆）	7		1	1	1		1	1	1	1
流动图书馆车书刊借阅人次（人次）	33691	2891	18000	3300			3500	1000	1500	3500
流动图书馆车书刊借阅人次（册次）	21852	3986	3000	4500			2866	2500	1500	3500

注：文化、广电数据由市文化广电新闻出版局提供。

群众艺术馆、文化馆基本情况（2016年）

指标名称	毕节市	市本级	七星关区	大方县	黔西县	金沙县	织金县	纳雍县	威宁县	赫章县
组织品牌节庆活动（个）	12	5	5	2						
组织文艺活动次数（次）	256	40	24	30	55	12	21	50	12	12
观众人次（人次）	223015	7000	50000	15	80000	9500	17000	50000	5000	4500
在文艺活动中（次）										
为老年人组织专场	21	10	4	3		1	2		1	
为未成年人组织专场	20	8	2	3		1	1	5		
为残障人士组织专场	6	1	1	1		1	1	1		
为农民工组织专场	23	2	2	2		1	7	8	1	
举办训练班班次（次）	76	30	12	6		6	12	3	5	2
培训人次（人次）	9020	5500	500	500		300	1100	300	560	260
对业余文化队伍开展培训人次（人次）	5685	5000	300	4		60		1	320	
举办展览个数（个）	38	2	2	3		6	11	5	3	6
参观人次（人次）	31164	10000	2000	14		2950	12400	1500	900	1400
组织公益性讲座次数（次）	28	12	3	3		1	4	3		2
参加人次（人次）	3970	2400	200	700		40	270	100		260
流动舞台车数量（辆）	2					1		1		
利用流动舞台车演出场次	39					8		30	1	
利用流动舞台车演出观众人次	59110					9000		50000	110	
志愿者服务队伍个数	31	1		6		3	21			
志愿者服务队伍人数	1616	60		500		50	1003		3	
由本馆指导的单位（个）										
馆办文艺团体	27	5	4	4		5	4	4	1	
演出场次	162	25	15	50		40	21	6	5	
观众人次	151600	15000	4000	60000		15000	7000	50000	600	
馆办老年大学	1					1				
群众业余文艺团队	115	15	35	10		4	45	3	3	
群众业余团队人数（人）	4313	450	2500	200		60	1003	40	60	

文化站基本情况（2016 年）

指标名称	毕节市	市本级	七星关区	大方县	黔西县	金沙县	织金县	纳雍县	威宁县	赫章县
机构数	252	44	34	29	24	30	25	35	27	4
组织文艺活动次数（次）	1685	643	207	61	245	197		171	137	24
观众人次（人次）	554313	195370	83030	26050	96355	77381		38420	31907	5800
举办训练班班次（次）	683	280	102		112	82		45	42	20
培训人次（人次）	45438	19429	10358		6368	3498		2393	1822	1570
对业余文化队伍开展培训人次（人次）	8532	2199	1553		1639	633		1978	98	432
举办展览个数（个）	264	70	33	2	42	69		37	8	3
参观人次（人次）	137580	55675	7780	500	11560	52890		5089	1586	2500
藏书（册）	868950	318070	43980		102350	169400	17650	158050	46250	13200
计算机（台）	1808	366	192	29	254	328	120	247	248	24
本站指导群众业余文艺团队（支）	726	133	87	29	212	117		79	53	16
辖区内社区文化活动场所（个）	331	15	47	29	117	18		59	11	35
社区文化活动室	255	14	38	29	87	10		42	8	27
辖区内社区文化活动场所面积（平方米）	153571	3720	17220	8700	81775	12220		11166	10930	7840
社区文化活动室室内面积	39562	1480	3497	8700	20505	970		2400	790	1220
辖区内村文化活动场所（个）	2568	505	308	2	256	619		390	441	47
村文化活动室	2159	451	294	2	221	514		199	440	38
辖区内村级文化活动场所面积（平方米）	557432	73531	103670	230	98885	147586		44640	71450	17440
村文化活动室室内面积	129002	14207	15540	230	27202	41997		6541	22135	1150

电视覆盖情况（2016 年）

县　区	电视综合覆盖覆盖率（%）					农村电视综合覆盖率（%）	
		中央电视节目	省级电视节目	地市级电视节目	县级电视节目		中央电视节目
毕节市	95.05	95.03	94.46	31.63	12.77	94.84	94.82
七星关区	95.07	95.07	91.89	33.95	19.84	94.90	94.90
大方县	94.36	94.36	94.36	53.43	8.44	94.05	94.05
黔西县	94.29	94.29	94.29	35.28	13.13	94.19	94.19
金沙县	94.97	94.72	94.72	28.19	10.76	94.49	94.28
织金县	96.35	96.35	96.35	17.96	11.65	96.33	96.33
纳雍县	96.26	96.26	96.26	20.15	13.41	95.95	95.95
威宁县	94.24	94.24	94.24	35.49	12.21	93.91	93.91
赫章县	94.97	94.97	94.97	22.10	8.27	94.92	94.92

广播覆盖情况（2016 年）

县　区	电视综合覆盖覆盖率（%）					农村电视综合覆盖率（%）	
		中央电视节目	省级电视节目	地市级电视节目	县级电视节目		中央电视节目
毕节市	91.92	88.43	91.92	10.29	—	91.75	88.22
七星关区	89.58	77.28	89.58	57.38	—	89.58	74.89
大方县	90.52	82.69	90.52	—	—	90.49	82.65
黔西县	88.91	88.48	88.91	—	—	88.45	88.45
金沙县	94.97	92.18	94.97	—	—	94.96	94.96
织金县	96.32	96.32	96.32	—	—	96.28	96.28
纳雍县	93.05	93.05	93.05	—	—	92.64	92.64
威宁县	91.61	91.61	91.61	—	—	91.36	91.12
赫章县	92.31	92.31	92.31	—	—	91.87	91.87

旅游业基本情况（2016 年）

县　区	国内旅游总人数（万人次）	入境旅游人数（万人次）	国内旅游收入（亿元）	旅行社（个）
毕节市	5494.26	7.70	444.46	15
七星关区	792.93	0.89	64.29	9
大方县	749.55	0.71	62.83	
黔西县	692.47	1.13	54.16	1
金沙县	537.16	0.48	47.40	2
织金县	915.71	1.08	71.54	1
纳雍县	362.47	0.59	27.15	
威宁县	783.95	0.49	64.76	
赫章县	483.61	0.37	40.66	1
百里杜鹃管理区	176.42	1.96	14.02	1

注：旅游数据由市旅发委提供。

A 级景区情况（2016 年）

景区名称	等　级	所在县（区）
毕节市百里杜鹃景区	5A 级旅游景区	百丽杜鹃管理区
毕节市织金洞风景名胜区	4A 级旅游景区	织金县
毕节市大方慕俄格古城	4A 级旅游景区	大方县
草海生态旅游度假区	4A 级旅游景区	威宁县
毕节市泰丰农业生态植物观光园	3A 级旅游景区	七星关区
毕节市国家森林公园拱拢坪景区	3A 级旅游景区	七星关区
毕节市金沙温泉	3A 级旅游景区	金沙县
毕节市织金桂果旅游区	3A 级旅游景区	织金县
毕节市百里杜鹃米底河景区	3A 级旅游景区	百里杜鹃管理区
毕节市黔西县水西泰丰园景区	3A 级旅游景区	黔西县
毕节市赫章县阿西里西・韭菜坪景区	3A 级旅游景区	赫章县
毕节市金沙冷水河景区	3A 级旅游景区	金沙县
毕节市大方县油杉河景区	3A 级旅游景区	大方县
毕节市威宁县泰丰生态农业观光园	3A 级旅游景区	威宁县
毕节市织金桂花林场景区	3A 级旅游景区	织金县
毕节市纳雍县枪杆岩红色生态旅游区	3A 级旅游景区	纳雍县
毕节市纳雍县总溪河旅游景区	3A 级旅游景区	纳雍县
毕节市赫章县国家森林公园水塘景区	3A 级旅游景区	赫章县

风景名胜区情况（2016 年）

风景区名称	织金洞风景名胜区	百里杜鹃风景名胜区
风景名胜区面积（平方公里）	307	246
可游览面积	80	126
游人量（万人次）	228	423
境外游人	0.8	9.0
当年施工建筑面积（平方米）	50	1400
景区资金收入（万元）	11976	23600
国家拨款	2600	
经营收入	6876	15800
门票	6523	7800
景区资金支出	11871	3240
固定资产投资支出	6249	2000
经营支出	5187	1000
维护支出	991	240

注：本表数据由市住建局提供。

科普基本情况（2016年）

指　　标	单　位	数　值
科普人员		
1. 科普专职人员	人	169
2. 科普兼职人员	人	1071
科普经费		
一、年度科普经费筹集额	万元	1740
1. 政府拨款	万元	1360
其中：科普专项经费	万元	239
2. 自筹资金	万元	143
3. 其它收入	万元	237
二、年度科普经费使用额	万元	1651
1. 行政支出	万元	1072
2. 科普活动支出	万元	457
3. 科普场馆基建支出	万元	95
展品、设施支出	万元	95
4. 其他支出	万元	27
三、科技活动周经费专项统计		
科技活动周经费筹集额	万元	42
其中：政府拨款	万元	42
科普传媒		
一、科普期刊		
出版种数	种	2
年出版总册数	册	5500
二、电视台播出科普（技）节目时间	小时	17
三、电台播出科普（技）节目时间	小时	100
四、科普网站个数	个	5
五、发放科普读物和资料	万份	43.3
六、电子科普屏数量	块	10

注：科普、专利情况数据由市科技局提供。

科普活动情况（2016 年）

指　　标	单　位	数　值
一、科普（技）讲座		
举办次数	次	153
参加人数	人次	53396
二、科普（技）展览		
专题展览次数	次	120
参观人数	人次	65850
三、科普（技）竞赛		
举办次数	次	7
参加人数	人次	4800
四、青少年科普		
成立青少年科技兴趣小组		
个数	个	14
参加人数	人次	590
五、科技活动周		
科普专题活动次数	次	123
参加人数	人次	24022
六、举办实用技术培训	次	531
参加人次	人次	109060
七、重大科普活动次数	次	8

专利基本情况（2016 年）

指标名称	单　位	数　值
发明专利申请量	件	124
发明专利授权量	件	26
发明专利拥有量	件	141
实用新型专利申请量	件	257
实用新型专利授权量	件	171
外观设计专利申请量	件	270
外观设计专利授权量	件	213

科普场地情况（2016年）

指　　标	单　位	数　值
一、科普场馆		
科技馆	个	1
建筑面积	平方米	6470
展厅面积	平方米	4199
参观人次	人次	3500
常设展品	件	138
年累计免费开放天数	天	220
二、非场馆类科普基地		
个数	个	5
科普展览区面积	平方米	5200
当年参观人数	人次	228720
三、公共场所科普宣传场地		
1. 城市社区科普（技）专用活动室	个	1
2. 农村科普（技）活动场地	个	24
3. 科普宣传专用车	辆	6
4. 科普画廊	个	11
四、科普（技）教育基地		
省级科普（技）教育基地	个	3
参观人次	人次	229220

幼儿园基本情况（2016年）

单位：所、人

县　　区	幼儿园数	班数	入园人数	在园人数	离园人数	教职工数	专任教师
毕节市	1283	7449	198478	277202	125103	16654	11458
七星关区	379	1691	40599	50346	23216	5217	3525
大方县	71	730	13944	26599	11153	1596	1107
黔西县	194	727	20402	26049	10169	2064	1244
金沙县	224	611	19760	23206	9152	2171	1191
织金县	34	1023	24737	38399	14736	989	516
纳雍县	65	598	18379	27375	16627	1100	980
威宁县	122	864	34992	39209	28494	905	802
赫章县	144	861	17576	35364	8025	1794	1552
百里杜鹃	25	93	2436	2901	1275	280	218
金海湖	25	251	5653	7754	2256	538	323
城市	55	621	13497	18667	12189	2001	1290
七星关区	53	598	13061	18049	11733	1927	1244
金海湖	2	23	436	618	456	74	46
县镇	346	3033	78012	115006	50983	7217	4777
七星关区	46	363	7670	10914	9257	1075	756
大方县	26	308	5402	11677	5366	845	569
黔西县	89	467	12136	16527	5646	1429	792
金沙县	57	294	10672	12263	5313	1095	599
织金县	17	665	15960	24595	8736	678	346
纳雍县	24	215	5544	9953	5539	531	468
威宁县	46	370	13368	15908	7917	645	553
赫章县	35	253	5002	10039	2719	709	582
金海湖	6	98	2258	3130	490	210	112
农村	882	3795	106969	143529	61931	7436	5391
七星关区	280	730	19868	21383	2226	2215	1525
大方县	45	422	8542	14922	5787	751	538
黔西县	105	260	8266	9522	4523	635	452
金沙县	167	317	9088	10943	3839	1076	592
织金县	17	358	8777	13804	6000	311	170
纳雍县	41	383	12835	17422	11088	569	512
威宁县	76	494	21624	23301	20577	260	249
赫章县	109	608	12574	25325	5306	1085	970
百里杜鹃	25	93	2436	2901	1275	280	218
金海湖	17	130	2959	4006	1310	254	165

注：幼儿园、中小学及职高、中专学校教育数据由市教育局提供。

小学基本情况（2016年）

单位：所、人

县　　区	学校数	毕业生数	招生数	在校生数	毕业班学生数	教职工数	专任教师
毕节市	1882	150490	146691	832862	148078	41594	39827
七星关区	267	25838	25814	147950	25311	7754	7393
大方县	182	12815	15169	81172	14526	4119	4054
黔西县	126	11130	12485	64738	10625	3378	3248
金沙县	86	10034	10701	62536	9981	3902	3560
织金县	276	17464	16743	94109	16602	4442	4236
纳雍县	222	17759	17246	97061	17135	4494	4167
威宁县	374	34767	27979	170257	34150	7796	7702
赫章县	248	15629	15164	87017	14873	4099	3984
百里杜鹃	30	1173	1357	6529	1101	461	352
金海湖	71	3881	4033	21493	3774	1149	1131
城市	43	8441	9114	49705	8277	2237	2156
七星关区	40	8257	8871	48473	8090	2152	2075
金海湖	3	184	243	1232	187	85	81
县镇	392	53102	53322	300980	54044	13835	13240
七星关区	37	5206	4967	29301	5229	1580	1498
大方县	44	5367	6223	33534	6406	1476	1441
黔西县	44	5567	6468	33723	5517	1683	1607
金沙县	23	5222	5275	30994	5192	1666	1556
织金县	69	7503	7591	42865	7551	1911	1824
纳雍县	50	6179	6211	34530	6005	1438	1353
威宁县	89	13111	11550	68064	13374	2855	2790
赫章县	26	3984	3875	22020	3847	952	906
金海湖	10	963	1162	5949	923	274	265
农村	1447	88947	84255	482177	85757	25522	24431
七星关区	190	12375	11976	70176	11992	4022	3820
大方县	138	7448	8946	47638	8120	2643	2613
黔西县	82	5563	6017	31015	5108	1695	1641
金沙县	63	4812	5426	31542	4789	2236	2004
织金县	207	9961	9152	51244	9051	2531	2412
纳雍县	172	11580	11035	62531	11130	3056	2814
威宁县	285	21656	16429	102193	20776	4941	4912
赫章县	222	11645	11289	64997	11026	3147	3078
百里杜鹃	30	1173	1357	6529	1101	461	352
金海湖	58	2734	2628	14312	2664	790	785

小学办学条件情况（2016 年）

单位：平方米

县区	学校占地面积	校舍建筑面积	教学及辅助用房	行政办公用房	生活用房	其他用房
毕节市	15424737	4987766	2586722	287750	1941864	171429
七星关区	2308690	756977	364798	42734	320026	29420
大方县	1627260	553783	289298	34016	227760	2709
黔西县	1315387	356037	180582	26441	134982	14033
金沙县	1677372	418021	207314	23626	128175	58906
织金县	1652850	650061	377137	31102	224740	17082
纳雍县	1524694	476530	236526	37077	193543	9384
威宁县	3247642	1030777	575142	44885	385459	25291
赫章县	1485046	529838	258888	36783	225687	8479
百里杜鹃	171990	63920	28087	4756	27515	3562
金海湖	413807	151822	68951	6331	73976	2564
城市	432114	149391	85517	13560	36899	13416
七星关区	420594	144105	82484	13264	34942	13416
金海湖	11520	5286	3033	296	1957	0
县镇	4537900	1537372	793320	110264	561893	71894
七星关区	552781	167647	76233	9510	76665	5240
大方县	511098	198705	102713	18025	77794	173
黔西县	449428	126347	68594	11830	39981	5942
金沙县	693159	178685	86405	9141	52759	30380
织金县	711512	243227	144366	13321	75103	10437
纳雍县	399417	136278	70094	14330	47403	4451
威宁县	890876	345378	178019	19365	135788	12206
赫章县	245267	100218	50381	13509	33280	3048
金海湖	84364	40886	16516	1233	23120	17
农村	10454724	3301003	1707885	163927	1343072	86119
七星关区	1335316	445225	206082	19960	208419	10764
大方县	1116163	355078	186586	15991	149965	2536
黔西县	865959	229690	111987	14611	95001	8091
金沙县	984213	239337	120910	14485	75416	28526
织金县	941338	406834	232771	17781	149637	6645
纳雍县	1125276	340252	166432	22747	146141	4933
威宁县	2356766	685399	397122	25520	249672	13084
赫章县	1239779	429620	208507	23274	192407	5431
百里杜鹃	171990	63920	28087	4756	27515	3562
金海湖	317923	105650	49402	4802	48899	2547

中学基本情况（一）（2016年）

单位：所

县区	总计	城市	县镇	农村	县区	总计	城市	县镇	农村
毕节市	458	42	206	210	初级中学	36		14	22
初级中学	295	17	122	156	九年一贯制学校	2		1	1
九年一贯制学校	86	14	25	47	完全中学	5		5	
完全中学	49	4	38	7	高级中学	3		3	
高级中学	24	5	19		纳雍县	45		14	31
十二年一贯制学校	4	2	2		初级中学	27		9	18
七星关区	97	41	27	29	九年一贯制学校	13		1	12
初级中学	49	16	18	15	完全中学	2		1	1
九年一贯制学校	30	14	3	13	高级中学	3		3	
完全中学	11	4	6	1	威宁县	68		44	24
高级中学	5	5			初级中学	52		28	24
十二年一贯制学校	2	2			九年一贯制学校	5		5	
大方县	46		28	18	完全中学	7		7	
初级中学	31		15	16	高级中学	4		4	
九年一贯制学校	4		4		赫章县	50		16	34
完全中学	7		5	2	初级中学	26		4	22
高级中学	4		4		九年一贯制学校	14		3	11
黔西县	56		33	23	完全中学	8		7	1
初级中学	34		18	16	十二年一贯制学校	2		2	
九年一贯制学校	14		7	7	百里杜鹃	5			5
完全中学	6		6		初级中学	4			4
高级中学	2		2		九年一贯制学校	1			1
金沙县	30		16	14	金海湖	15	1	5	9
初级中学	27		13	14	初级中学	9	1	3	5
高级中学	3		3		九年一贯制学校	4		1	3
织金县	46		23	23	完全中学	2		1	1

中学基本情况（二）（2016年）

单位：人

县　区	初中				高中				中学教职工数	专任教师		
	毕业生数	招生数	在校生数	毕业班学生数	毕业生数	招生数	在校生数	毕业班学生数			初中	高中
毕节市	173182	148396	462720	159933	55780	71510	201096	62309	43599	40965	25531	15434
七星关区	28901	28061	85517	28762	12319	15770	43102	14173	9315	8596	4884	3712
大方县	15130	12385	41461	16233	6264	7316	20785	6691	4402	4329	2531	1798
黔西县	13552	11442	36213	12949	5484	5510	17092	5739	4187	3656	2521	1135
金沙县	10489	9872	28922	9743	3727	4223	11812	3614	3159	2667	1900	767
织金县	21283	16438	54092	19164	5941	8448	24558	7452	4671	4556	2491	2065
纳雍县	17535	16828	49791	16051	4612	5152	16079	5037	4073	3850	2858	992
威宁县	43659	34623	104604	33622	11297	16620	45597	13294	7734	7553	4772	2781
赫章县	18059	15111	49902	18846	5870	7798	20546	5963	4931	4712	2743	1969
百里杜鹃	1056	717	2593	987	89	223	469	121	277	226	164	62
金海湖	3518	2919	9625	3576	177	450	1056	225	850	820	667	153
城市	10319	10405	31460	10721	9733	11828	32654	10951	4897	4378	1813	2565
七星关区	10026	10153	30606	10463	9733	11828	32654	10951	4825	4310	1745	2565
金海湖	293	252	854	258					72	68	68	
县镇	93733	81171	253727	87158	44684	56993	161789	49573	26002	24459	12546	11913
七星关区	11854	11017	34074	11323	2361	3277	8905	2817	2788	2678	1698	980
大方县	8882	7326	25733	10305	5780	6572	18630	6007	3147	3092	1606	1486
黔西县	9013	7974	24858	8718	5484	5510	17092	5739	3222	2739	1604	1135
金沙县	6818	6801	19749	6553	3727	4223	11812	3614	2426	2025	1258	767
织金县	13211	10663	34805	12318	5941	8448	24558	7452	3446	3408	1343	2065
纳雍县	7958	7523	22433	7298	4406	4732	15072	4816	2039	1896	1073	823
威宁县	27959	22395	67736	21627	11297	16620	45597	13294	5876	5738	2957	2781
赫章县	6706	6114	20251	7680	5654	7434	19679	5728	2730	2573	747	1826
金海湖	1332	1358	4088	1336	34	177	444	106	328	310	260	50
农村	69130	56820	177533	62054	1363	2689	6653	1785	12700	12128	11172	956
七星关区	7021	6891	20837	6976	225	665	1543	405	1702	1608	1441	167
大方县	6248	5059	15728	5928	484	744	2155	684	1255	1237	925	312
黔西县	4539	3468	11355	4231					965	917	917	
金沙县	3671	3071	9173	3190					733	642	642	
织金县	8072	5775	19287	6846					1225	1148	1148	
纳雍县	9577	9305	27358	8753	206	420	1007	221	2034	1954	1785	169
威宁县	15700	12228	36868	11995					1858	1815	1815	
赫章县	11353	8997	29651	11166	216	364	867	235	2201	2139	1996	143
百里杜鹃	1056	717	2593	987	89	223	469	121	277	226	164	62
金海湖	1893	1309	4683	1982	143	273	612	119	450	442	339	103

中学校舍基本情况（2016年）

单位：平方米

县　　区	初中						高中					
	学校占地面积	校舍建筑面积	教学及辅助用房	行政办公用房	生活用房	其他用房	学校占地面积	校舍建筑面积	教学及辅助用房	行政办公用房	生活用房	其他用房
毕节市	10017870	3439947	1327794	158237	1868971	84945	5421757	2323153	858670	188619	1174447	101417
七星关区	1695878	602031	238696	28218	308741	26377	1838113	698079	239294	63505	365445	29835
大方县	894882	313999	117308	17542	177377	1772	507676	209708	83607	12306	112477	1318
黔西县	991790	322261	125618	16933	164428	15282	392587	146318	55906	13174	62692	14546
金沙县	855447	330623	116213	13362	184456	16592	468152	171015	34822	8391	96039	31763
织金县	1228219	387376	186912	13122	181970	5372	686719	389797	140583	36877	204045	8292
纳雍县	1128612	384839	144285	25835	205334	9385	354625	137269	56333	10762	69771	403
威宁县	1702368	593946	217417	20771	350363	5396	595170	327151	133316	23919	158273	11644
赫章县	1199813	394290	131647	18445	240879	3319	409550	211393	94966	18949	94020	3457
百里杜鹃	80460	24017	8932	1369	13391	325	116034	17573	11344	450	5729	50
金海湖	240401	86564	40767	2640	42032	1126	53131	14850	8499	287	5955	109
城市	480116	198145	84631	15725	78231	19557	1418105	559238	176996	60290	293254	28698
七星关区	457116	192481	80984	15559	76380	19557	1418105	559238	176996	60290	293254	28698
金海湖	23000	5664	3647	166	1851							
县镇	4997789	1652537	622369	80034	910685	39448	3607943	1637361	629065	124573	811969	71753
七星关区	681759	213347	74229	6513	127471	5134	368508	122077	55328	3215	63204	330
大方县	573853	192721	70809	12745	107557	1610	419528	173845	70928	11466	90133	1318
黔西县	609429	204939	77539	10953	104789	11658	392587	146318	55906	13174	62692	14546
金沙县	527002	212235	72710	8698	118488	12339	468152	171015	34822	8391	96039	31763
织金县	736012	193015	95082	7182	89392	1359	686719	389797	140583	36877	204045	8292
纳雍县	358974	133051	52596	11510	64606	4339	285639	113130	50401	9113	53213	403
威宁县	1086730	374405	133966	14437	223342	2659	595170	327151	133316	23919	158273	11644
赫章县	325924	95467	30251	6845	58291	80	386240	188813	85210	18309	81836	3457
金海湖	98107	33356	15186	1152	16749	270	5400	5215	2571	110	2534	
农村	4539965	1589266	620795	62477	880054	25940	395709	126554	52609	3756	69223	966
七星关区	557003	196204	83482	6146	104890	1686	51500	16764	6970		8987	807
大方县	321029	121278	46499	4797	69820	162	88148	35863	12679	840	22344	
黔西县	382361	117322	48079	5980	59639	3624						
金沙县	328445	118388	43503	4664	65968	4253						
织金县	492207	194361	91830	5940	92578	4013						
纳雍县	769638	251788	91689	14325	140728	5046	68986	24139	5932	1649	16558	
威宁县	615639	219541	83450	6334	127020	2736						
赫章县	873889	298823	101396	11600	182588	3239	23310	22580	9756	640	12184	
百里杜鹃	80460	24017	8932	1369	13391	325	116034	17573	11344	450	5729	50
金海湖	119294	47544	21934	1322	23432	856	47731	9635	5928	177	3421	109

职高、中专基本情况（2016年）

单位：人

学校	毕业生数	招生数	在校生数	毕业班学生数	教职工数	校本部教职工数	专任教师
毕节市	18424	20660	61361	22475	2452	2452	2093
毕节市财贸学校	785	777	1876	593	210	210	148
毕节市工业学校	1580	1319	5108	2388	216	216	165
毕节市农业学校	831	1836	5864	806	64	64	60
毕节市卫生学校	3490	2804	9274	3877	120	120	100
毕节市体育职业学校			85	40	66	66	42
毕节市幼专附设中专部	3762	3067	7643	2284			
毕节市特校中专部		30	75	24			
毕节市七星关区中等职业学校	803	1541	2252	268	148	148	143
毕节同心农工中等技术学校	1166	1022	3814	1630	98	98	85
黔西县中等职业学校	454	1265	5202	2913	186	186	182
金沙县中等职业学校	2057	2120	5794	1796	326	326	221
织金县职业技术高级中学	479	864	2642	1129	121	121	116
织金县精诚职业高级中学	60	95	371	159	26	26	16
纳雍县中等职业学校	972	1003	3393	1501	95	95	95
毕节彝文双语职业学校	20	80	144	47	17	17	9
威宁县职业技术高级中学	966	2098	4271	1258	568	568	557
赫章县平山农业技术高级中学	999	739	3553	1762	191	191	154

普通高校教职工情况（2016年）

单位：人

指　　标	合计	正高级	副高级	中级	初级	无职称
教职工数	1664	66	395	481	401	321
专任教师	1243	58	360	380	338	107
博士研究生	52	11	30	4	7	
硕士研究生	517	15	164	241	80	17
本科	866	38	189	207	291	141
专科及以下	117		10	24	14	69
行政人员	216	2	10	54	30	120
教辅人员	126	6	20	43	34	23
工勤人员	82					82
科研机构人员	20	2	6	9	2	1
其他附设机构人员	6		2	2	2	
聘请校外教师	103		28	65	8	2

注：普通高校数据由贵州工程应用技术学院、毕节职业技术学院和毕节医学高等专科学校提供。

贵州工程应用技术学院普通本科、专科分专业学生情况（一）（2016年）

单位：年、人

学院	招生数		学制	一年级	二年级	三年级	四年级	院系合计人数	毕业生数（本）	授予学位数
		应届生								
经济与管理学院								688	112	105
人力资源管理	64	36	4	64	55	71	40			
经济学			4				79			
财务管理	62	32	4	74						
物业管理	55	43	3	45						
会计	94	68	3	95	95	70				
人文学院								1107	139	132
汉语言文学	173	93	4	184	108	67	133			
历史学			4				43			
广播电视学	60	26	4	55	46	47	50			
汉语	59	44	3	61						
预科			1	313						
外国语学院								352	97	97
英语	42	26	4	55	67	77	66			
英语教育	84	69	3	87						
生态工程学院								603	97	96
生物科学	59	41	4	63	46	48	42			
地理科学	59	37	4	61		58	56			
地理信息科学	56	39	4	55	42					
风景园林	56	38	4	55						
旅游服务与管理	61	52	3	55		22				
师范学院								996	160	150
小学教育（文科方向）			4				59			
小学教育（理科方向）			4				49			
特殊教育	48	26	4	39	40	36	34			
学前教育	56	34	4	52	40	94	80			
特殊教育（康复）			4			30				
小学教育（语文）			4			46				
小学教育（数学）			4			46				
小学教育（全科）	116	77	4	122	51					
学前教育	91	74	3	103	75					
马克思主义学院								50	56	53
思想政治教育			4				50			
机械工程学院								520	49	43
机械设计制造及其自动化			4		46	98	88			
机械制造与自动化	43	33	3	40	15					
机械电子工程			4		42					
车辆工程			4		42					
机械类	149	97	4	149						
艺术学院								1025	284	271
音乐学	70	47	4	71	77	46	74			
舞蹈表演	49	45	4	49	49	45	60			
美术学	48	34	4	45	43	66	103			
视觉传达设计	43	35	4	46	47	31	92			
美术教育	39	32	3	39						
音乐教育	42	27	3	42						

贵州工程应用技术学院普通本科、专科分专业学生情况（二）（2016年）

单位：年、人

学院	招生数	应届生	学制	一年级	二年级	三年级	四年级	院系合计人数	毕业生数（本）	授予学位数
体育学院								398	78	76
体育教育	39	35	3		30					
体育教育	88	60	4	88	43	44	41			
社会体育指导与管理	45	35	4	45		39	28			
体育教育			3	40						
信息工程学院								808	42	31
计算机科学与技术			4				53			
信息管理与信息系统	97	73	4	96	53	36				
计算机科学与技术（软件）			4		41	25				
计算机科学与技术（移动互联网）	45	31	4	45		30				
计算机科学与技术（物联网）	44	30	4	44	31	29				
计算机科学与技术（移动3G4G）	59	45	4	61	55	57				
通信工程	62	40	4	61						
软件工程	46	26	4	48						
计算机应用技术（物联网方向）	43	31	3	43						
理学院								556	155	146
数学与应用数学	94	67	4	110	46	55	44			
物理学	58	36	4	63	49	48	47			
光电信息科学与工程			4				34			
应用物理学（应用电子技术）			4			28				
光电信息科学与工程	56	36	4	42						
化学工程学院								547	94	89
化学	90	63	4	93	55	51	49			
应用化学			4				34			
化学工程与工艺	50	31	4	43	44	45				
过程装备与控制工程	50	36	4	44	42					
制药工程	48	27	4	47						
矿业工程学院								515	131	120
采矿工程	40	23	4	30	33	50	92			
安全工程	40	24	4	40		52	46			
测绘工程	50	31	4	49			42			
地质工程	51	35	4	41	40					
土木建筑工程学院								859	68	65
土木工程	95	62	4	96	57	126	133			
工程管理	57	41	4	58		55	63			
建筑工程技术	58	45	3	58	58	47				
水利水电工程	59	39	4	59	49					

贵州工程应用技术学院成人本科分专业学生情况（2016年）

单位：年、人

专　　业	年　制	毕业生数	招生数	在校学生数				预计毕业生数
				合计	一年级	二年级	三年级	
成人本科								
思想政治教育	3		5	12	5	3	4	4
小学教育	3	8	9	21	9	4	8	8
体育教育	3		15	39	15	4	20	20
汉语言文学	3	98	59	235	59	70	106	106
数学与应用数学	3	20	26	67	26	6	35	35
物理学	3	8	4	8	4		4	4
化学	3							
计算机科学与技术	3	2		1		1		
人力资源管理	3		6	6	6			
采矿工程	3	91	8	64	8	19	37	37
学前教育	3	2	16	30	16	6	8	8
经济学	3	4	2	9	2	3	4	4
安全工程		9	4	12	4	4	4	4
土木工程			27		27		10	10
地质工程			1		1			
英语	3	9	9	21	9	2	10	10
体育教育	3	7						
音乐学	3	3	7	10	7		3	3
美术学	3	2	3	10	3		7	7
工程管理				14		14		

毕节职业技术学院专科分专业学生情况（一）（2016年）

单位：年、人

专　　业	年　制	毕业生数	招生数	在校学生数			
				合计	一年级	二年级	三年级
高职		2319	6213	11062	6213	2823	2026
矿井通风与安全	3	8					
工程造价	3		49	142	49	50	43
茶树栽培与茶叶加工	3		11	11	11		
矿山机电技术	3		1	1	1		
农产品加工与质量检测	3		10	21	10	11	
煤矿开采技术	3	61	2	58	2	20	36
机械制造与自动化	3		7	7	7		
园林工程技术	3	8	19	66	19	32	15
水利工程	3	21	41	115	41	41	33
市场营销	3		32	32	32		
市场营销类专业	3			25		25	
电子商务	3		62	62	62		
畜牧兽医	3	12	31	69	31	18	20
建筑工程技术	3	64	49	204	49	76	79
中草药栽培技术	3	8	21	77	21	38	18
学前教育	3	309	194	780	194	245	341
会计	3		146	298	146	76	76
旅游管理	3	6	29	57	29	15	13
酒店管理	3	11	18	50	18	21	11
医学影像技术	5	222	62	396	62	126	208
医学检验技术	3		52	407	52	162	193
财务管理	3	18	81	207	81	65	61
护理	3	583	278	1824	278	742	804
物流管理	3		19	55	19	24	12
软件技术	3		40	53	40	13	
环境艺术设计	3		14	49	14	35	
计算机网络技术	3	12	22	54	22	12	20
计算机应用技术	3		73	129	73	32	24
电子信息工程技术	3	13	3	13	3	10	
汽车制造与装配技术	3	5	10	62	10	33	19
汽车检测与维修技术	3		29	62	29	33	
对口招收中职生	3	419	2151	2525	2151	374	
农产品加工与质量检测	2		2	2	2		
茶树栽培与茶叶加工	2		8	8	8		
工程造价	2		2	2	2		
中草药栽培技术	2		7	7	7		
建筑工程技术	2	11	3	3	3		
畜牧兽医	2	21	38	59	38	21	
电子商务	2		5	5	5		

毕节职业技术学院专科分专业学生情况（二）（2016年）

单位：年、人

专业	年制	毕业生数	招生数	在校学生数			
				合计	一年级	二年级	三年级
市场营销	2		1	1	1		
水利工程	2		2	2	2		
园林工程技术	2	2	4	4	4		
机械制造与自动化	2		4	4	4		
汽车检测与维修技术	2		5	5	5		
汽车制造与装配技术	2		3	3	3		
电子信息工程技术	2	2	1	1	1		
计算机应用技术	2	21	31	52	31	21	
计算机网络技术	2		2	2	2		
环境艺术设计	2		23	23	23		
软件技术	2		3	3	3		
物流管理	2		2	2	2		
护理	2	213	1793	2006	1793	213	
财务管理	2		9	9	9		
医学检验技术	2		16	16	16		
医学影像技术	2	30	20	20	20		
酒店管理	2		4	4	4		
旅游管理	2		7	7	7		
会计	2	59	137	196	137	59	
学前教育	2	83	197	280	197	83	
五年制高职转入		60	253	313	253	60	
煤矿开采技术	2		14	14	14		
学前教育	2	37	61	98	61	37	
中职		831	1836	5864	1836	3222	806
畜牧兽医	3	31	32	85	32	22	31
茶叶生产与加工	3	105					
工艺美术	3	24	29	96	29	32	35
计算机应用	3	49	126	363	126	154	83
电子技术应用	3		24	24	24		
建筑装饰	3		17	17	17		
电子商务	3		107	107	107		
建筑工程施工	3			92		92	
酒店服务与管理	3		45	119	45	37	37
学前教育	3	294	1002	2272	1002	961	309
汽车制造与检修	3	93	114	321	114	125	82
会计电算化	3	84	94	289	94	145	50
护理	3	109	209	1991	209	1645	137
旅游服务与管理	3	22	37	61	37	9	15
采矿技术	3	20		27			27

毕节医学高等专科学校专科分专业学生数（2016年）

单位：年、人

专业名称	年制	招生数	在校学生数			
			总计	一年级	二年级	三年级
合计		2784	5496	2784	1864	848
护理	3	484	1380	484	618	278
药学	3	176	510	176	245	89
医学检验技术	3	247	758	247	338	173
助产	3	294	717	294	230	193
医学影像技术	3	237	572	237	220	115
中药	3	52	129	52	77	
康复治疗技术	3	61	197	61	136	
口腔医学技术	3	42	42	42		
眼视光技术	3	54	54	54		
健康管理	3	58	58	58		
中医养生保健	3	60	60	60		
医疗机械维护与管理	3	50	50	50		
老年保健与管理	3	56	56	56		
针灸推拿	3	110	110	110		
临床医学	3	418	418	418		
中医学	3	288	288	288		
中药生产与加工	3	47	47	47		
药品质量与安全	3	50	50	50		

毕节市医疗卫生机构、床位、

机构分类	机构个数	实有床位数	合计	卫生技术人员			
				小计	执业(助理)医师		注册护士
						执业医师	
总计	5016	33498	41667	27681	8315	5757	12146
一、医院	261	24492	20578	17244	4563	3862	8807
综合医院	216	18461	16660	14033	3673	3062	7251
中医医院	13	2551	2348	1944	600	565	784
中西医结合医院	3	182	161	137	35	27	79
专科医院	29	3298	1409	1130	255	208	693
口腔医院	1	15	30	24	9	6	13
眼科医院	1	50	73	35	5	5	28
妇产(科)医院	9	478	408	352	97	74	206
精神病医院	12	2366	622	477	91	81	305
骨科医院	1	150	71	61	11	11	30
康复医院	2	134	149	133	26	21	92
其他专科医院	3	105	56	48	16	10	19
二.基层医疗卫生机构	4594	8296	19105	8866	3128	1405	2940
社区卫生服务中心(站)	36	439	606	476	179	124	193
社区卫生服务中心	20	439	560	434	163	112	174
社区卫生服务站	16		46	42	16	12	19
卫生院	239	7857	9382	7434	2272	978	2485
街道卫生院	5	153	142	140	57	25	65
乡镇卫生院	234	7704	9240	7294	2215	953	2420
中心卫生院	97	4418	4689	3697	1174	524	1239
乡卫生院	137	3286	4551	3597	1041	429	1181
村卫生室	4079		8687	534	382	94	152
门诊部	6		36	29	13	10	13

注：卫生数据由市卫计委提供。本表人员合计中包括乡村医生5778人和卫生员2375人，不含乡镇卫生院在村卫

人员情况（一）（2016 年）

单位：个、张、人

在岗职工							
					其他技术人员	管理人员	工勤技能人员
药师（士）	技师（士）		其他				
		检验师		见习医师			
995	1617	889	4608	1665	1618	2586	1629
693	1053	566	2128	1165	880	1143	1311
535	887	470	1687	878	678	984	965
120	110	64	330	226	170	64	170
5	5	3	13	12	3	11	10
33	51	29	98	49	29	84	166
	2					5	1
1	1	1					38
13	20	12	16	4	4	20	32
12	11	8	58	29	17	40	88
	4	1	16	11	2	8	
4	7	3	4	2	5	6	5
3	6	4	4	3	1	5	2
269	457	247	2072	477	567	1278	241
25	31	20	48	9	32	87	11
25	30	19	42	8	30	86	10
	1	1	6	1	2	1	1
242	423	224	2012	463	531	1189	228
4	8	3	6	2		2	
238	415	221	2006	461	531	1187	228
121	210	108	953	224	265	582	145
117	205	113	1053	237	266	605	83
	3	3			4	2	1

生室工作的执业（助理）医师、注册护士数。

毕节市医疗卫生机构、床位、

机构分类	机构个数	实有床位数	合计	卫生技术人员			
				小计	执业（助理）医师	执业医师	注册护士
综合门诊部	1		4	4	3	1	1
专科门诊部	5		32	25	10	9	12
诊所．卫生所．医务室	234		394	393	282	199	97
诊所	225		374	373	265	186	95
卫生所、医务室	9		20	20	17	13	2
三．专业公共卫生机构	160	710	1974	1566	620	486	399
疾病预防控制中心	10		550	473	236	186	58
省辖市（地区）属	1		75	62	2	2	
地辖市属	1		74	70	39	37	4
县属	8		401	341	195	147	54
妇幼保健院（所、站）	11	710	856	741	314	245	253
省辖市（地区）属	1	70	177	146	41	41	65
地辖市属	1	50	85	77	30	23	24
县属	9	590	594	518	243	181	164
妇幼保健院	11	710	856	741	314	245	253
急救中心（站）	1		43	23	4	4	18
采供血机构	2		67	54	14	14	20
卫生监督所（中心）	10		202	166			
省辖市（地区）属	1		29	24			
地辖市属	1		28	24			
县属	8		145	118			
计划生育技术服务机构	126		256	109	52	37	50
四．其他卫生机构	1		10	5	4	4	
医学在职培训机构	1		10	5	4	4	

人员情况（二）（2016年）

单位：个、张、人

在岗职工							
					其他技术人员	管理人员	工勤技能人员
药师（士）	技师（士）		其　他				
		检验师		见习医师			
	3	3			4	2	1
2			12	5			1
2			11	5			1
			1				
32	107	76	408	23	167	164	77
9	32	24	138	13	9	44	24
			60			4	9
	4	4	23			2	2
9	28	20	55	13	9	38	13
18	60	37	96	10	45	58	12
5	19	9	16		20	6	5
	5	3	18			7	1
13	36	25	62	10	25	45	6
18	60	37	96	10	45	58	12
1					2	5	13
2	13	13	5		4	6	3
			166		2	24	10
			24		2		3
			24			3	1
			118			21	6
2	2	2	3		105	27	15
1					4	1	
1					4	1	

七星关区医疗卫生机构、

机构分类	机构个数	实有床位数	合计	卫生技术人员			
				小计	执业(助理)医师	执业医师	注册护士
总计	738	8031	8890	6026	2026	1599	2802
一、医院	57	6032	4949	4159	1344	1225	2153
综合医院	42	4503	3959	3346	1063	963	1789
中医医院	2	495	473	398	168	166	140
专科医院	13	1034	517	415	113	96	224
口腔医院	1	15	30	24	9	6	13
眼科医院	1	50	73	35	5	5	28
妇产(科)医院	3	130	132	124	37	28	71
精神病医院	4	609	165	138	40	35	70
骨科医院	1	150	71	61	11	11	30
康复医院	1	35	18	13	4	4	4
其他专科医院	2	45	28	20	7	7	8
二.基层医疗卫生机构	629	1879	3120	1291	501	217	474
社区卫生服务中心(站)	5	166	85	80	40	24	31
社区卫生服务中心	4	166	79	75	38	22	28
社区卫生服务站	1		6	5	2	2	3
卫生院	35	1713	1147	1050	323	156	420
乡镇卫生院	35	1713	1147	1050	323	156	420
中心卫生院	19	1147	723	652	209	111	260
乡卫生院	16	566	424	398	114	45	160
村卫生室	521		1817	90	67	9	23
诊所.卫生所.医务室	68		71	71	71	28	
诊所	66		69	69	69	26	
卫生所、医务室	2		2	2	2	2	
三.专业公共卫生机构	51	120	811	571	177	153	175
疾病预防控制中心	2		149	132	41	39	4
省辖市(地区)属	1		75	62	2	2	
地辖市属	1		74	70	39	37	4
妇幼保健院(所、站)	2	120	262	223	71	64	89
省辖市(地区)属	1	70	177	146	41	41	65
地辖市属	1	50	85	77	30	23	24
妇幼保健院	2	120	262	223	71	64	89
急救中心(站)	1		43	23	4	4	18
采供血机构	1		48	37	9	9	15
卫生监督所(中心)	2		57	48			
省辖市(地区)属	1		29	24			
地辖市属	1		28	24			
计划生育技术服务机构	43		252	108	52	37	49
四.其他卫生机构	1		10	5	4	4	
医学在职培训机构	1		10	5	4	4	

注：本表人员合计中包括乡村医生971人和卫生员756人，不含乡镇卫生院在村卫生室工作的执业（助理）医师、

床位、人员情况（2016 年）

单位：个、张、人

在岗职工							
药师（士）	技师（士）	检验师	其他	见习医师	其他技术人员	管理人员	工勤技能人员
197	345	214	656	192	404	376	357
164	227	143	271	141	222	281	287
120	178	111	196	87	179	211	223
28	25	20	37	34	23	36	16
16	24	12	38	20	20	34	48
	2					5	1
1	1	1					38
6	8	4	2	1	2	4	2
5	6	4	17	6	13	9	5
	4	1	16	11	2	8	
2	2	1	1		2	3	
2	1	1	2	2	1	5	2
24	77	42	215	51	49	35	18
2	6	3	1			3	2
2	6	3	1			3	1
							1
22	71	39	214	51	49	32	16
22	71	39	214	51	49	32	16
14	40	22	129	22	38	22	11
8	31	17	85	29	11	10	5
8	41	29	170		129	59	52
	4	4	83			6	11
			60			4	9
	4	4	23			2	2
5	24	12	34		20	13	6
5	19	9	16		20	6	5
	5	3	18			7	1
5	24	12	34		20	13	6
1					2	5	13
	11	11	2		2	6	3
			48		2	3	4
			24		2		3
			24			3	1
2	2	2	3		103	26	15
1					4	1	
1					4	1	

注册护士数。

大方县医疗卫生机构、

机构分类	机构个数	实有床位数	合计	卫生技术人员				
				小计	执业(助理)医师	执业医师	注册护士
总计	670	4928	5044	3728	1156	733	1529
一、医院	43	3503	2659	2282	600	488	1123
综合医院	35	2556	2106	1776	475	378	868
中医医院	3	373	343	317	86	79	133
中西医结合医院	2	96	81	68	16	13	38
专科医院	3	478	129	121	23	18	84
妇产(科)医院	1	50	33	33	11	6	22
精神病医院	2	428	96	88	12	12	62
二.基层医疗卫生机构	591	1375	2241	1321	509	216	382
社区卫生服务中心(站)	2	20	55	39	13	8	20
社区卫生服务中心	2	20	55	39	13	8	20
卫生院	35	1355	1447	1125	355	142	348
乡镇卫生院	35	1355	1447	1125	355	142	348
中心卫生院	12	699	620	475	146	63	146
乡卫生院	23	656	827	650	209	79	202
村卫生室	514		666	84	73	25	11
门诊部	1		4	4	3	1	1
综合门诊部	1		4	4	3	1	1
诊所.卫生所.医务室	39		69	69	65	40	2
诊所	36		61	61	57	36	2
卫生所、医务室	3		8	8	8	4	
三.专业公共卫生机构	36	50	144	125	47	29	24
疾病预防控制中心	2		61	53	25	16	3
县属	2		61	53	25	16	3
妇幼保健院(所、站)	2	50	65	55	22	13	21
县属	2	50	65	55	22	13	21
妇幼保健院	2	50	65	55	22	13	21
卫生监督所(中心)	2		18	17			
县属	2		18	17			
计划生育技术服务机构	30						

注：本表人员合计中包括乡村医生557人和卫生员25人，不含乡镇卫生院在村卫生室工作的执业（助理）医师、

床位、人员情况（2016年）

单位：个、张、人

在岗职工							
药师（士）	技师（士）	检验师	其　他	见习医师	其他技术人员	管理人员	工勤技能人员
149	231	116	663	317	256	318	160
102	154	75	303	217	80	165	132
77	138	65	218	141	68	146	116
21	12	8	65	63	10	9	7
2	2	1	10	9	1	6	6
2	2	1	10	4	1	4	3
2	2	1	10	4	1	4	3
44	70	36	316	97	167	146	25
1	3	2	2	1	1	12	3
1	3	2	2	1	1	12	3
42	67	34	313	95	166	134	22
42	67	34	313	95	166	134	22
21	26	14	136	45	56	76	13
21	41	20	177	50	110	58	9
1			1	1			
1			1	1			
3	7	5	44	3	9	7	3
1	4	3	20	3	6	1	1
1	4	3	20	3	6	1	1
2	3	2	7		3	5	2
2	3	2	7		3	5	2
2	3	2	7		3	5	2
			17			1	
			17			1	

注册护士数。

黔西县医疗卫生机构、

机构分类	机构个数	实有床位数	合计	卫生技术人员			
				小计	执业(助理)医师	执业医师	注册护士
总计	556	3277	4557	3038	897	653	1325
一、医院	24	2429	2420	1953	494	420	984
综合医院	21	1839	2019	1686	438	367	799
中医医院	1	200	230	130	37	35	81
专科医院	2	390	171	137	19	18	104
妇产(科)医院	1	60	69	47	10	9	36
精神病医院	1	330	102	90	9	9	68
二.基层医疗卫生机构	529	748	1859	855	307	161	284
社区卫生服务中心(站)	4	28	116	95	32	18	34
社区卫生服务中心	4	28	116	95	32	18	34
卫生院	27	720	804	668	210	112	224
乡镇卫生院	27	720	804	668	210	112	224
中心卫生院	11	401	431	344	105	58	107
乡卫生院	16	319	373	324	105	54	117
村卫生室	479		914	68	46	13	22
诊所.卫生所.医务室	19		25	24	19	18	4
诊所	19		25	24	19	18	4
三.专业公共卫生机构	3	100	278	230	96	72	57
疾病预防控制中心	1		101	83	44	34	14
县属	1		101	83	44	34	14
妇幼保健院(所、站)	1	100	152	125	52	38	43
县属	1	100	152	125	52	38	43
妇幼保健院	1	100	152	125	52	38	43
卫生监督所(中心)	1		25	22			
县属	1		25	22			

注：本表人员合计中包括乡村医生816人和卫生员30人，不含乡镇卫生院在村卫生室工作的执业（助理）医师、注册

床位、人员情况（2016 年）

单位：个、张、人

在岗职工							
					其他技术人员	管理人员	工勤技能人员
药师（士）	技师（士）		其他				
		检验师		见习医师			
127	175	98	514	90	219	254	200
85	126	67	264	47	154	152	161
80	117	63	252	35	56	141	136
3	9	4			96	4	
2			12	12	2	7	25
1					1	6	15
1			12	12	1	1	10
37	33	20	194	33	44	81	33
9	9	5	11		5	15	1
9	9	5	11		5	15	1
28	24	15	182	33	39	66	31
28	24	15	182	33	39	66	31
14	19	11	99	21	35	33	19
14	5	4	83	12	4	33	12
			1				1
			1				1
5	16	11	56	10	21	21	6
4	9	6	12	10	3	12	3
4	9	6	12	10	3	12	3
1	7	5	22		18	7	2
1	7	5	22		18	7	2
1	7	5	22		18	7	2
			22			2	1
			22			2	1

护士数。

金沙县医疗卫生机构、

机构分类	机构个数	实有床位数	合计	卫生技术人员			
				小计	执业（助理）医师		注册护士
						执业医师	
总计	535	2790	4503	2984	1004	613	1124
一、医院	23	1983	2061	1670	444	379	771
综合医院	19	1226	1316	1083	267	213	515
中医医院	2	514	646	529	165	156	218
专科医院	2	243	99	58	12	10	38
妇产（科）医院	1	58	36	31	6	5	20
精神病医院	1	185	63	27	6	5	18
二.基层医疗卫生机构	508	781	2314	1196	505	187	331
社区卫生服务中心（站）	5	1	58	42	18	13	16
社区卫生服务中心	2	1	40	24	11	10	8
社区卫生服务站	3		18	18	7	3	8
卫生院	25	780	1318	962	338	120	276
乡镇卫生院	25	780	1318	962	338	120	276
中心卫生院	9	513	663	514	178	65	151
乡卫生院	16	267	655	448	160	55	125
村卫生室	452		895	154	121	29	33
门诊部	3		17	12	5	5	4
专科门诊部	3		17	12	5	5	4
诊所.卫生所.医务室	23		26	26	23	20	2
诊所	21		23	23	21	18	2
卫生所、医务室	2		3	3	2	2	
三.专业公共卫生机构	4	26	128	118	55	47	22
疾病预防控制中心	1		35	32	19	16	4
县属	1		35	32	19	16	4
妇幼保健院（所、站）	1	26	62	58	31	26	13
县属	1	26	62	58	31	26	13
妇幼保健院	1	26	62	58	31	26	13
采供血机构	1		19	17	5	5	5
卫生监督所（中心）	1		12	11			
县属	1		12	11			

注：本表人员合计中包括乡村医生594人和卫生员147人，不含乡镇卫生院在村卫生室工作的执业（助理）医师、注册护士数。

床位、人员情况（2016 年）

单位：个、张、人

在岗职工							
药师（士）	技师（士）		其 他		其他技术人员	管理人员	工勤技能人员
		检验师		见习医师			
149	176	94	531	117	225	282	271
89	117	57	249	85	81	109	201
57	85	42	159	31	56	96	81
28	28	12	90	54	25		92
4	4	3				13	28
2	3	2				3	2
2	1	1				10	26
56	52	30	252	32	142	165	70
5	1	1	2	1	15		1
5					15		1
	1	1	2	1			
51	48	26	249	31	123	165	68
51	48	26	249	31	123	165	68
21	23	12	141	9	42	65	42
30	25	14	108	22	81	100	26
	3	3			4		1
	3	3			4		1
			1				
			1				
4	7	7	30		2	8	
	2	2	7			3	
	2	2	7			3	
2	3	3	9			4	
2	3	3	9			4	
2	3	3	9			4	
2	2	2	3		2		
			11			1	
			11			1	

织金县医疗卫生机构、

机构分类	机构个数	实有床位数	合计	卫生技术人员			
				小计	执业(助理)医师	执业医师	注册护士
总计	672	3936	4531	2859	810	542	1246
一、医院	30	2971	1944	1644	373	304	790
综合医院	25	2231	1591	1344	293	235	662
中医医院	2	330	220	205	57	54	74
专科医院	3	410	133	95	23	15	54
妇产(科)医院	1	50	45	42	10	8	25
精神病医院	1	300	60	25	4	4	18
其他专科医院	1	60	28	28	9	3	11
二.基层医疗卫生机构	639	834	2460	1109	386	196	442
社区卫生服务中心(站)	2	59	89	71	29	26	33
社区卫生服务中心	2	59	89	71	29	26	33
卫生院	30	775	967	914	295	127	353
街道卫生院	4	152	134	132	52	23	62
乡镇卫生院	26	623	833	782	243	104	291
中心卫生院	11	353	422	395	131	58	143
乡卫生院	15	270	411	387	112	46	148
村卫生室	569		1314	36	19	5	17
门诊部	1		6	4	2	2	2
专科门诊部	1		6	4	2	2	2
诊所.卫生所.医务室	37		84	84	41	36	37
诊所	37		84	84	41	36	37
三.专业公共卫生机构	3	131	127	106	51	42	14
疾病预防控制中心	1		40	33	20	19	2
县属	1		40	33	20	19	2
妇幼保健院(所、站)	1	131	72	60	31	23	12
县属	1	131	72	60	31	23	12
妇幼保健院	1	131	72	60	31	23	12
卫生监督所(中心)	1		15	13			
县属	1		15	13			

注:本表人员合计中包括乡村医生837人和卫生员441人,不含乡镇卫生院在村卫生室工作的执业(助理)医师、注册护士数。

床位、人员情况（2016年）

单位：个、张、人

在岗职工							
药师（士）	技师（士）		其 他		其他技术人员	管理人员	工勤技能人员
		检验师		见习医师			
88	177	91	538	300	71	175	148
56	113	61	312	214	57	103	140
38	89	47	262	179	57	80	110
15	15	9	44	30		11	4
3	9	5	6	5		12	26
2	4	2	1	1		2	1
			3	3		10	25
1	5	3	2	1			
31	56	27	194	79	14	53	6
3	2	1	4	2		18	
3	2	1	4	2		18	
27	54	26	185	75	14	33	6
4	8	3	6	2		2	
23	46	23	179	73	14	31	6
15	30	14	76	44	10	15	2
8	16	9	103	29	4	16	4
						2	
						2	
1			5	2			
1			5	2			
1	8	3	32	7		19	2
	2		9			5	2
	2		9			5	2
1	6	3	10	7		12	
1	6	3	10	7		12	
1	6	3	10	7		12	
			13			2	
			13			2	

纳雍县医疗卫生机构、

机构分类	机构个数	实有床位数	合计	卫生技术人员			
				小计	执业(助理)医师	执业医师	注册护士
总计	574	2905	3883	2561	648	471	1102
一、医院	22	1948	1906	1574	332	283	797
综合医院	20	1510	1594	1326	289	242	675
中医医院	1	299	256	206	40	38	89
专科医院	1	139	56	42	3	3	33
精神病医院	1	139	56	42	3	3	33
二.基层医疗卫生机构	523	857	1817	839	237	123	281
社区卫生服务中心(站)	7	95	66	54	17	14	23
社区卫生服务中心	2	95	44	35	10	7	15
社区卫生服务站	5		22	19	7	7	8
卫生院	26	762	793	704	172	85	227
街道卫生院	1	1	8	8	5	2	3
乡镇卫生院	25	761	785	696	167	83	224
中心卫生院	11	400	391	333	95	46	126
乡卫生院	14	361	394	363	72	37	98
村卫生室	477		919	42	28	7	14
门诊部	1		9	9	3	2	6
专科门诊部	1		9	9	3	2	6
诊所.卫生所.医务室	12		30	30	17	15	11
诊所	12		30	30	17	15	11
三.专业公共卫生机构	29	100	160	148	79	65	24
疾病预防控制中心	1		60	54	33	23	10
县属	1		60	54	33	23	10
妇幼保健院(所、站)	2	100	78	76	46	42	14
县属	2	100	78	76	46	42	14
妇幼保健院	2	100	78	76	46	42	14
卫生监督所(中心)	1		22	18			
县属	1		22	18			
计划生育技术服务机构	25						

注：本表人员合计中包括乡村医生366人和卫生员511人，不含乡镇卫生院在村卫生室工作的执业（助理）医师、注册护士数。

床位、人员情况（2016年）

单位：个、张、人

在岗职工							
					其他技术人员	管理人员	工勤技能人员
药师（士）	技师（士）		其 他				
		检验师		见习医师			
86	129	85	596	262	164	85	196
63	79	49	303	208	95	59	178
46	66	41	250	186	78	56	134
16	12	7	49	18	16	1	33
1	1	1	4	4	1	2	11
1	1	1	4	4	1	2	11
19	44	30	258	51	68	22	11
1	3	3	10	4	9	3	
1	3	3	6	4	7	2	
			4		2	1	
18	41	27	246	45	59	19	11
18	41	27	246	45	59	19	11
7	18	11	87	42	36	13	9
11	23	16	159	3	23	6	2
			2	2			
			2	2			
4	6	6	35	3	1	4	7
2	4	4	5			4	2
2	4	4	5			4	2
2	2	2	12	3	1		1
2	2	2	12	3	1		1
2	2	2	12	3	1		1
			18				4
			18				4

威宁县医疗卫生机构、

机构分类	机构个数	实有床位数	合计	卫生技术人员			
				小计	执业(助理)医师	执业医师	注册护士
总计	704	4389	6862	3981	1107	720	1794
一、医院	35	3204	2844	2411	625	503	1316
综合医院	31	2843	2590	2196	548	443	1224
中医医院	1	150	77	73	35	28	16
中西医结合医院	1	86	80	69	19	14	41
专科医院	2	125	97	73	23	18	35
妇产(科)医院	1	50	47	33	9	8	9
精神病医院	1	75	50	40	14	10	26
二.基层医疗卫生机构	666	1101	3817	1390	412	167	415
社区卫生服务中心(站)	2	22	98	59	15	8	17
社区卫生服务中心	2	22	98	59	15	8	17
卫生院	35	1079	2072	1250	358	139	356
乡镇卫生院	35	1079	2072	1250	358	139	356
中心卫生院	15	615	1072	653	202	72	197
乡卫生院	20	464	1000	597	156	67	159
村卫生室	610		1609	43	20	1	23
诊所.卫生所.医务室	19		38	38	19	19	19
诊所	19		38	38	19	19	19
三.专业公共卫生机构	3	84	201	180	70	50	63
疾病预防控制中心	1		60	52	29	21	15
县属	1		60	52	29	21	15
妇幼保健院(所、站)	1	84	117	104	41	29	48
县属	1	84	117	104	41	29	48
妇幼保健院	1	84	117	104	41	29	48
卫生监督所(中心)	1		24	24			
县属	1		24	24			

注：本表人员合计中包括乡村医生1179人和卫生员387人，不含乡镇卫生院在村卫生室工作的执业（助理）医师、注册护士数。

床位、人员情况（2016年）

单位：个、张、人

在岗职工							
					其他技术人员	管理人员	工勤技能人员
药师（士）	技师（士）	检验师	其 他	见习医师			
106	211	105	763	250	195	937	183
75	129	62	266	171	145	169	119
67	119	56	238	163	141	157	96
5	5	2	12	3		2	2
3	3	2	3	3	2	5	4
	2	2	13	2	2	5	17
	2	2	13	2	1	2	11
					1	3	6
27	67	32	469	79	49	750	62
3	6	4	18	1		35	4
3	6	4	18	1		35	4
24	61	28	451	78	49	715	58
24	61	28	451	78	49	715	58
15	28	12	211	8	33	349	37
9	33	16	240	70	16	366	21
4	15	11	28		1	18	2
	6	4	2			6	2
	6	4	2			6	2
4	9	7	2		1	12	
4	9	7	2		1	12	
4	9	7	2		1	12	
			24				
			24				

赫章县医疗卫生机构、

机构分类	机构个数	实有床位数	合计	卫生技术人员			
				小计	执业(助理)医师	执业医师	注册护士
总计	567	3242	3397	2504	667	426	1224
一、医院	27	2422	1795	1551	351	260	873
综合医院	23	1753	1485	1276	300	221	719
中医医院	1	190	103	86	12	9	33
专科医院	3	479	207	189	39	30	121
妇产(科)医院	1	80	46	42	14	10	23
精神病医院	1	300	30	27	3	3	10
康复医院	1	99	131	120	22	17	88
二.基层医疗卫生机构	509	721	1477	865	271	138	331
社区卫生服务中心(站)	9	48	39	36	15	13	19
社区卫生服务中心	2	48	39	36	15	13	19
社区卫生服务站	7						
卫生院	26	673	834	761	221	97	281
乡镇卫生院	26	673	834	761	221	97	281
中心卫生院	9	290	367	331	108	51	109
乡卫生院	17	383	467	430	113	46	172
村卫生室	457		553	17	8	5	9
诊所.卫生所.医务室	17		51	51	27	23	22
诊所	15		44	44	22	18	20
卫生所、医务室	2		7	7	5	5	2
三.专业公共卫生机构	31	99	125	88	45	28	20
疾病预防控制中心	1		44	34	25	18	6
县属	1		44	34	25	18	6
妇幼保健院(所、站)	1	99	48	40	20	10	13
县属	1	99	48	40	20	10	13
妇幼保健院	1	99	48	40	20	10	13
卫生监督所(中心)	1		29	13			
县属	1		29	13			
计划生育技术服务机构	28		4	1			1

注:本表人员合计中包括乡村医生458人和卫生员78人,不含乡镇卫生院在村卫生室工作的执业(助理)医师、注册护士数。

床位、人员情况（2016 年）

单位：个、张、人

在岗职工							
					其他技术人员	管理人员	工勤技能人员
药师（士）	技师（士）		其 他				
		检验师		见习医师			
93	173	86	347	137	84	159	114
59	108	52	160	82	46	105	93
50	95	45	112	56	43	97	69
4	4	2	33	24		1	16
5	9	5	15	2	3	7	8
2	3	2				3	1
1	1	1	12			1	2
2	5	2	3	2	3	3	5
31	58	30	174	55	34	26	16
1	1	1			2	1	
1	1	1			2	1	
30	57	29	172	55	32	25	16
30	57	29	172	55	32	25	16
14	26	12	74	33	15	9	12
16	31	17	98	22	17	16	4
			2				
			2				
3	7	4	13		4	28	5
2	1	1				7	3
2	1	1				7	3
1	6	3			2	5	1
1	6	3			2	5	1
1	6	3			2	5	1
			13			15	1
			13			15	1
					2	1	

村卫生室情况（一）（2016年）

指标	合计	按主办单位分					按行医方式分		
		村办	乡镇卫生院设点	联合办	私人办	其他	中医	西医	中西医结合
机构数(个)	4079	1229	145	37	1945	723	65	3638	376
执业(助理)医师(人)	382	162		4	190	26	6	283	93
注册护士(人)	152	60		2	72	18	3	126	23
乡村医生和卫生员(人)	8153	3124	436	87	2922	1584	87	7337	729
乡村医生	5778	1882	269	43	2558	1026	77	5142	559
其中：以中医、中西医结合或民族医为主的人数	407	130	15	2	199	61	11	291	105
当年考核合格的乡村医生数	4602	1362	230	39	2013	958	53	4053	496
卫生员	2375	1242	167	44	364	558	10	2195	170
年内培训人次数	42433	9178	825	133	18515	13782	493	37547	4393
在编制执业（助理）医师	49	24	1		22	2	2	30	17
执业（助理）医师和乡村医生中：									
参加城镇居民养老保险人数	193	94	18		65	16		161	32
年内培训人次数	14	5	1		8			12	2
设备数：简易呼吸器(个)	1720	537	88	29	666	400	19	1524	177
便携式高压消毒锅(带压力表)(个)	3364	1029	138	33	1565	599	47	3019	298
冷藏箱	3585	1146	166	35	1578	660	37	3239	309
诊查(观察)床(张)	4221	1202	154	41	2109	715	67	3691	463
无菌柜(个)	2895	966	121	21	1186	601	28	2613	254
中药柜(个)	2598	645	98	33	1277	545	40	2259	299
西药柜(个)	3914	976	127	39	2030	742	60	3445	409

注：乡镇卫生院下设的村卫生室人员中，执业医师227人、执业助理医师388人、注册护士686人。

村卫生室情况（二）（2016年）

指标	合计	按主办单位分					按行医方式分		
		村办	乡镇卫生院设点	联合办	私人办	其他	中医	西医	中西医结合
担架(付)	2748	934	113	33	1088	580	29	2479	240
处置台(个)	3013	938	117	19	1370	569	37	2701	275
总收入(万元)	22741	7549	925	131	10429	3706	377	19904	2461
其中：上级补助收入	6531	2102	205	53	2315	1857	79	5905	547
内：人员补助经费	3944	1288	111	42	1377	1126	45	3628	270
房屋设备补助经费	11	3			4	4		11	1
实施基本药物制度补助经费	1825	605	46	11	675	488	28	1625	171
村或集体补助收入	48	26	2		0	20		48	
医疗收入	15187	5107	681	75	7666	1658	290	13140	1757
药品收入	12136	4020	619	70	6011	1415	237	10481	1418
内：基本药物收入	11196	3914	610	70	5220	1382	207	9694	1295
总支出(万元)	17960	6079	723	136	7918	3105	268	15795	1897
其中：人员经费	4736	1596	148	52	1393	1548	32	4358	346
药品支出	12079	4205	556	83	5842	1393	217	10508	1354
内：基本药物收入	9317	3441	412	68	4324	1072	171	8189	957
诊疗人次数	7380578	2354019	311561	28070	3637190	1049738	131868	6406731	841979
其中:出诊人次数	374029	121634	13622	13099	91027	134647	2695	310132	61202
报告疑似传染病例数	2382	828	5	56	1453	40	16	2194	172
参加乡镇卫生院例会次数	49762	15345	1737	439	23152	9089	851	44114	4797
辖区内行政村数	3705								
其中设村卫生室的行政村数	3673								

分县村卫生室情况（一）（2016年）

指标	毕节市	七星关区	大方县	黔西县	金沙县	织金县	纳雍县	威宁县	赫章县
机构数(个)	4079	521	514	479	452	569	477	610	457
执业(助理)医师(人)	382	67	73	46	121	19	28	20	8
注册护士(人)	152	23	11	22	33	17	14	23	9
乡村医生和卫生员(人)	8153	1727	582	846	741	1278	877	1566	536
乡村医生	5778	971	557	816	594	837	366	1179	458
其中:以中医、中西医结合或民族医为主的人数	407	22	15	91	124	22	52	74	7
当年考核合格的乡村医生数	4602	531	154	797	479	794	329	1065	453
卫生员	2375	756	25	30	147	441	511	387	78
年内培训人次数	42433	2249	2069	5423	5376	12079	6634	2766	5837
在编执业（助理） 医师	49	3	2	2	34	1	5	0	2
执业（助理）医师和乡村医生中参保人数:									
参加城镇居民养老保险人数	193	56	24	35	33	16	1	14	14
参加职工养老保险人数	14	2	5	4	1	0	0	0	2
设备数:									
简易呼吸器(个)	1720	139	46	166	170	364	279	315	241
便携式高压消毒锅(带压力表)(个)	3364	445	368	354	338	498	417	543	401
冷藏箱	3585	490	210	436	321	561	445	675	447
诊查(观察)床(张)	4221	506	404	642	555	551	445	652	466
无菌柜(个)	2895	418	81	319	279	523	390	491	394
中药柜(个)	2598	149	201	301	381	475	418	278	395
西药柜(个)	3914	336	520	521	618	605	435	439	440
担架(付)	2748	392	73	307	244	484	394	536	318
处置台(个)	3013	399	324	334	349	510	292	474	331
总收入(万元)	22741.2	3969.6	3040.1	3303.5	2401.8	2958.7	2030.6	3191.7	1845.2
其中：上级补助收入	6531.3	968.9	612.6	629.9	550.4	1844.4	568.7	839.8	516.8
内：人员补助经费	3943.8	677.1	336.7	320.5	280.6	1142.3	269.8	544.7	372.2
房屋设备补助经费	11.4	1.2	0.2	0.5	0.81	4.5	0.0	1.0	3.2

分县村卫生室情况（二）（2016年）

指标	毕节市	七星关区	大方县	黔西县	金沙县	织金县	纳雍县	威宁县	赫章县
村或集体补助收入	47.6	2.6	0.00	0.00	0.02	21.9	19.8	3.3	0.07
医疗收入	15186.9	2793.1	2391.0	2465.0	1681.6	966.7	1372.0	2217.8	1299.8
药品收入	12135.5	2030.1	1795.5	1983.3	1284.4	770.1	1215.6	1957.2	1099.1
内：基本药物收入	11195.8	1990.3	1344.3	1961.4	1112.6	753.8	1169.4	1794.8	1069.2
总支出（万元）	17960.2	3204.7	2084.7	2779.4	1654.8	2547.2	1621.1	2509.4	1558.9
人员经费	4736.2	902.2	201.8	394.3	287.1	1649.1	324.8	522.9	454.1
药品支出	12078.9	2116.3	1819.5	1948.9	1211.7	759.6	1238.0	1933.3	1051.5
内：基本药物收入	9317.2	1946.0	1112.3	1883.6	584.6	519.3	1158.7	1166.3	946.3
诊疗人次数	7380578	1315655	933742	1415336	820225	688558	719589	941456	546017
其中：出诊人次数	374029	47879	22673	30361	41851	140313	25495	50084	15373
报告疑似传染病例数	2382	651	24	55	167	40	42	134	1269
参加乡镇卫生院例会次数	49762	6845	6006	6240	5120	7677	5624	6442	5808

城乡居民基本医疗保险基本情况（2016年）

县　　区	参保人数（万人）	基金收入（亿元）	基金支出（亿元）
毕节市	699.81	35.42	25.98
七星关区	111.29	5.53	4.61
大方县	76.68	3.91	2.76
黔西县	72.47	3.65	2.64
金沙县	59.05	3.04	1.91
织金县	87.54	4.46	2.81
纳雍县	77.42	3.99	2.50
威宁县	118.57	6.01	4.10
赫章县	65.76	3.29	2.24
百里杜鹃管理区	8.48	0.43	0.31
金海湖新区	22.55	1.09	0.74
市级（大病统筹保险利息）		0.02	1.35

社会保险基本

县　　区	参保人数（万人）						基金收入（万元）	
	城镇职工基本医疗保险	城镇职工基本养老保险	工伤保险	失业保险	生育保险	城乡居民基本养老保险	城镇职工基本医疗保险	城镇职工基本养老保险
合计	31.09	44.70	32.79	20.99	23.98	317.19	127748	157284
市直	4.60	5.83	3.39	2.74	4.00		18567	34107
七星关区	4.64	7.58	4.23	2.86	3.18	45.43	22682	21952
大方县	3.23	4.50	2.87	2.14	2.32	34.31	14412	13674
黔西县	2.91	4.10	2.83	1.89	2.16	29.85	9143	17606
金沙县	3.19	4.89	4.31	2.51	2.40	31.60	13530	16786
织金县	2.75	4.29	3.19	1.73	1.95	39.21	10251	11015
纳雍县	2.52	3.57	3.40	1.70	2.40	31.54	7407	11489
威宁县	3.95	4.89	4.23	2.96	3.08	58.65	15086	19256
赫章县	2.61	3.77	2.29	1.75	1.85	31.52	11962	8136
百里杜鹃	0.29	0.59	1.49	0.33	0.25	4.08	1387	1196
金海湖新区	0.39	0.69	0.57	0.38	0.39	11.00	3321	2067

注：本表数据由市人力资源和社会保障局提供。

情况（2016 年）

				基金支出（万元）					
工伤保险	失业保险	生育保险	城乡居民基本养老保险	城镇职工基本医疗保险	城镇职工基本养老保险	工伤保险	失业保险	生育保险	城乡居民基本养老保险
13860	11177	3989	107230	100509	112814	23025	5664	2931	78433
1113	2249	617	77620	22058	21651	460	3014	954	
1768	1375	343	4851	17542	18201	1197	625	321	12764
867	1303	474	2697	5265	11093	1595	225	190	8568
1206	1135	211	2276	11093	13638	1333	692	195	8632
3432	1036	526	3083	9385	11505	10821	378	272	7612
1643	973	457	4156	9013	8848	3146	122	189	10233
1106	682	204	2465	5171	9001	1732	280	256	8365
795	1145	756	5746	13922	9367	222	174	472	11498
1009	667	215	2905	6051	8842	837	122	50	7281
684	237	60	384	190	173	1508	31	6	1015
237	376	126	1047	819	495	174	1	26	2465

居民最低生活保障情况（2016 年）

单位：人、户

指　　标	毕节市	七星关区	大方县	黔西县	金沙县	织金县	纳雍县	威宁县	赫章县
城市居民最低生活保障人数	59651	26357	3377	5604	1729	6913	1956	5810	7905
城市居民最低生活保障户数	29472	11645	1780	3090	1178	3797	1425	3159	3398
农村最低生活保障人数	644452	102431	81979	40547	27142	81546	86029	148085	76693
农村最低生活保障户数	310502	50681	44769	22456	13973	46780	36338	57875	37630

注：本表及后表数据均由市民政局提供。

农村五保集中分散供养对象情况（2016 年）

单位：人

指　　标	毕节市	七星关区	大方县	黔西县	金沙县	织金县	纳雍县	威宁县	赫章县
供养人数	23587	4528	3200	2591	2525	2142	2263	4356	1982
集中供养人数	7027	962	296	1007	421	901	1134	1790	516
分散供养人数	16560	3566	2904	1584	2104	1241	1129	2566	1466

老龄事业情况（2016 年）

单位：人

指　　标	毕节市	七星关区	大方县	黔西县	金沙县	织金县	纳雍县	威宁县	赫章县
60 岁以上老年人口	1710352	911151	112025	101471	98755	133058	115934	149389	88569
65 岁以上老年人口	1137932	610940	49781	68436	71241	98755	74303	106642	57834
80 岁以上老年人口	174516	93758	18873	11539	9804	11061	9727	9888	9866
100 岁以上老年人口	407	214	45	21	25	26	32	23	21
纯老年人家庭人口	98146	72729	4270	0	1318	0	13520	4891	1418
享受高龄补贴的老年人数	135382	74137	18918	11539	9804	11061	0	832	9091
享受护理补贴的老年人数	9681	5308	1954	1814	0	0	0	0	605
享受养老服务补贴的老年人数	31414	15707	3563	11539	0	0	0	0	605

婚姻登记情况（2016 年）

单位：人

指　　标	毕节市	七星关区	大方县	黔西县	金沙县	织金县	纳雍县	威宁县	赫章县
登记结婚人数	182806	28064	21888	19060	12836	26004	21164	37766	16024
初婚人数	179339	27341	21444	18670	12520	25354	20706	37568	15736
再婚人数	3467	723	444	390	316	650	458	198	288
恢复结婚件数	1538	355	222	195	158	164	229	99	116
离婚登记件数	11454	2159	1414	2147	1865	1604	1310	382	573

民间组织登记（社团）情况（2016 年）

单位：个

指　　标	毕节市	市本级	七星关区	大方县	黔西县	金沙县	织金县	纳雍县	威宁县	赫章县
社会团体数	618	174	57	51	95	68	29	49	49	46
民办非企业数	405	48	149	34	42	51	5	44	44	17

社区服务设施情况（2016 年）

单位：个

单　　位	毕节市	市本级	七星关区	大方县	黔西县	金沙县	织金县	纳雍县	威宁县	赫章县
社区服务指导中心设施	1	1								
社区服务中心设施	263		46	37	31	25	32	26	39	27
社区服务站设施	3461		552	381	383	239	573	427	610	296
社区养老机构	16					15		1		

社会福利救济情况（2016 年）

单位：人

指　　标	毕节市	市本级	七星关区	大方县	黔西县	金沙县	织金县	纳雍县	威宁县	赫章县
本年实际支出万元	262870	9594	51967	30151	30067	14879	33666	24272	41229	27045
抚恤万元	25400	238	5243	2982	3798	2025	3497	3056	2914	1647
退役安置万元	3757	910	651	227	705	265	270	234	248	247
社会福利万元	27472	6236	3284	3186	5264	2226	2073	1963	1898	1342
社会救助万元	179542	364	39245	19536	17509	8645	22626	16569	33108	21941
自然灾害生活救助万元	10738	25	1302	1731	1123	1386	2103	1343	924	801
民政管理事务万元	14331	1821	2079	2455	1270	333	2752	757	2102	762
其他款项用于民政支出万元	1632		163	34	399		346	350	35	305